AF474158

ÉTUDES ÉCONOMIQUES ET SOCIALES
Publiées avec le concours du Collège libre des Sciences sociales

VII

LES
CROYANCES POPULAIRES

Leçons sur l'Histoire des Religions
professées à l'Université Nouvelle de Bruxelles

PREMIÈRE SÉRIE

LA SURVIE DES OMBRES

PAR

ELIE RECLUS

AVANT PROPOS
PAR

Maurice VERNES
Directeur d'Études à l'École pratique des Hautes Études
Section des Sciences Religieuses

PARIS (5e)

V. GIARD & E. BRIÈRE
LIBRAIRES-ÉDITEURS
16, RUE SOUFFLOT ET 12, RUE TOULLIER

1908

Tous droits réservés

LES CROYANCES POPULAIRES

PREMIÈRE SÉRIE

LA SURVIE DES OMBRES

BIBLIOTHÈQUE NATIONALE IMPRIMÉS

Les Croyances populaires constituent la Religion universelle, celle de tous les peuples dans tous les temps et tous les lieux.

ÉLIE RECLUS.

Le fait religieux, primitif, essentiel, demeure constant et semblable à lui-même, malgré les variations apparentes de la théorie.

MAURICE VERNES.

ÉTUDES ÉCONOMIQUES ET SOCIALES
Publiées avec le concours du Collège libre des Sciences sociales
VII

LES CROYANCES POPULAIRES

Leçons sur l'Histoire des Religions professées à l'Université Nouvelle de Bruxelles

PREMIÈRE SÉRIE

LA SURVIE DES OMBRES

PAR

ELIE RECLUS

AVANT PROPOS
PAR

Maurice VERNES
Directeur d'Études à l'École pratique des Hautes Études
Section des Sciences Religieuses

2244

PARIS (5e)
V. GIARD & E. BRIÈRE
LIBRAIRES-ÉDITEURS
16, RUE SOUFFLOT ET 12, RUE TOULLIER

1908

Tous droits réservés

AVANT-PROPOS

Dans les derniers jours de janvier 1904, je recevais de M. le Dr Paul Reclus, membre de l'Académie de médecine, frère d'Elie et d'Elisée Reclus, le billet suivant : « Mon neveu Paul Reclus, fils de mon frère aîné Elie Reclus atteint depuis quinze jours d'une maladie très grave, m'envoie cette lettre, que je vous communique. »

Je résume et reproduis ici la lettre en question adressée par M. Paul-Elie Reclus à son oncle : « Je t'écris au sujet d'un désir que mon père exprimait ce matin... En prévision d'une issue fatale, il me disait que tous ses papiers sur l'*Histoire des Religions* et l'*Histoire du Pain* devaient être remis à M. Maurice Vernes, professeur à l'Ecole pratique des Hautes-Etudes (section des Sciences religieuses). Il résulta de la conversation engagée à ce propos que mon père ne connaît pas personnellement M. Vernes ; depuis longtemps, il avait l'intention de lui rendre visite et, de délai en délai, la chose n'a pas été faite... Ne pourrais-tu voir M. Vernes et savoir si l'idée de recueillir les papiers, documents imprimés ou manuscrits, lui sourirait. — Cela ferait plaisir à mon père d'avoir l'assurance que ses travaux trouvent accueil quelque part. »

Le docteur Reclus joignait à sa communication une caractéristique générale des papiers et matériaux divers dont il était question. « Je crois, m'écrivait-il, qu'il y a là des documents considérables assemblés depuis cinquante ans, des notes classées, étiquetées, merveilleusement en ordre, etc. »

Je m'empressai de répondre à mes deux correspondants que j'acceptais avec une respectueuse émotion la mission de confiance pour laquelle M. Elie Reclus avait bien voulu songer à moi ; que, à défaut de relations personnelles, tout ce que je savais de sa vie et de ses travaux m'avait, de tout temps, fait considérer son nom et son œuvre comme dignes d'être particulièrement honorés ; qu'ils voulussent bien, en conséquence, lui faire savoir sans plus tarder qu'il pouvait compter sur mon concours.

Par retour du courrier, M. Paul-Elie Reclus me manda qu'il avait pu donner connaissance à son père de mon acceptation. Puis il entrait dans quelques indications utiles pour la tâche qui m'incombait.

« Il y a d'abord, m'écrivait-il, de nombreux documents sur les mythes, cérémonies et croyances. Ces papiers, coupures, notes manuscrites, etc., sont classés en deux cent vingt cartons. Autant que j'ai compris, l'idée maîtresse de la classification était de montrer que toute religion était une question de nourriture ; plus tard mon père trouva le point de vue trop étroit, mais n'en respecta pas moins l'ordre primitif. — La seconde catégorie de papiers comprend les manuscrits des cours sur l'*Histoire des Religions*, qu'il professait depuis dix ans à l'Université Nouvelle de Bruxelles. »

Suivait une remarque du plus haut intérêt, qui projette une vive lumière sur cette existence admirable de dévouement, de désintéressement et de modestie : « Mon père m'a souvent dit qu'il importait peu que ses travaux fussent publiés ou non. Il se savait un *neurone humain* et pensait que tout travail fait par lui, toute vérité élucidée dans le silence du cabinet entrait en peu d'années dans la conscience générale. » Et M. Paul-Elie Reclus terminait : « Quoique nous trouvions la conclusion légèrement exagérée, je crois pouvoir vous dire au nom de ses plus proches, ma mère, mon oncle Elisée Reclus et d'autres, que le but principal de cette transmission de papiers n'est pas une publicité posthume des œuvres de mon père, mais le désir que les documents et notes manuscrites assemblés par lui puissent être intelligemment utilisés par quelqu'un de ceux qui, comme vous et vos élèves, recherchent l'affranchissement de l'esprit humain. »

Ces réflexions précisaient la nature exacte de ce qu'on me demandait, qui n'était pas une simple besogne d'éditeur, mais la très honorable et enviable charge d'assurer des continuateurs convaincus à l'œuvre de libération intellectuelle qu'Elie Reclus poursuivait depuis tant d'années par de patientes et prolongées investigations dans le vaste domaine des croyances et des pratiques religieuses.

Différentes circonstances retardèrent le moment où il me serait loisible de prendre connaissance à Bruxelles des papiers et manuscrits d'Elie Reclus. Je me trouvai alors en présence d'une véritable bibliothèque, deux cent vingt cartons in-folio et une série de manuscrits.

Les cartons contenaient une accumulation extraordinaire de notes manuscrites et d'extraits de journaux, parfois des pages entières, dans d'autres cas quelques lignes détachées. C'était le résultat de l'énorme dépouillement accompli par l'écrivain au cours de ses lectures : livres, journaux, estampes, revues en diverses langues, tout avait été mis à contribution, puis réparti selon des rubriques déterminées. Et cela avait constitué une mine, une véritable carrière, au sens le plus matériel du mot, de données authentiques.

D'autre part, une dizaine de cartons, de moindres dimensions, contenaient les leçons données à l'Université Nouvelle de Bruxelles, de 1894 à 1903 ; un carton renfermait, sous l'indication *Esca* inscrite au dos, l'étude sur le Pain, dont il sera parlé à part.

*
* *

Je dus, tout d'abord, résoudre une première question. Pouvait-on utiliser les « grands cartons » en les classant dans une bibliothèque publique, soit à Bruxelles, soit à Paris, à la section des Sciences religieuses de l'Ecole pratique des Hautes-Etudes, comme « matériaux à consulter pour l'histoire des religions » ? L'examen me convainquit bientôt que la chose se heurtait à des difficultés matérielles, peut-être insolubles, et que, d'autre part, elle serait sans utilité réelle. En effet, pour le premier point, ces extraits et coupures étaient « inconsultables » dans l'état où ils se présentaient ; et pour le second point, il n'y avait plus rien à en tirer, parce que l'écrivain y avait pris tout ce qui était nécessaire pour la rédaction de ses travaux mis sur pied.

Une seule réserve serait ici de mise : Elie Reclus

n'avait pas achevé son programme ; il lui fallait, après avoir exposé les croyances et rites populaires, traiter des grandes religions historiques de l'antiquité, puis de l'évolution religieuse et philosophique des temps modernes. Mais ces derniers chapitres ne constituaient, à le bien prendre, qu'un complément de l'œuvre entreprise, et en somme, une partie non essentielle du cadre à remplir. En effet, l'éminent philosophe et sociologue s'était proposé avant tout d'étudier « la Religion » dans les faits, rites et pratiques qui forment son substratum, dans ce qui constitue sa couche profonde, constante, identique à elle-même aussi bien dans les cultes savants professés par les nations modernes, — christianisme dans ses différentes branches, islamisme, religions de l'Inde, de la Chine et de l'Extrême-Orient, — que dans les religions primitives, dites des non-civilisés. Après avoir, sinon épuisé, tout au moins traité d'une façon très suffisamment complète ce sujet dans ses leçons de Bruxelles, il n'avait plus, pour achever sa tâche, qu'à travailler sur les ouvrages imprimés, à la portée de tous, qui ont mis les études d'histoire religieuse dans une si satisfaisante condition, qu'il s'agisse de l'Inde ou de la Perse ancienne, de l'Egypte ou de l'Assyrie-Babylonie, des religions de la Grèce, de l'Italie ou de l'Empire romain et du groupe, toujours capital à nos yeux, des religions issues du judaïsme. Sur tous ces points, Elie Reclus ne pouvait pas — et n'avait certes pas la prétention — d'apporter une œuvre nouvelle ; tout au plus pourrait-on dire, qu'il aurait rajeuni ces grands sujets d'étude et de méditation par la génialité primesautière d'une psychologie très avisée et par les qualités de pénétrante intuition, qu'on appréciera dans le volume mis aujourd'hui sous les yeux du public.

*
* *

J'ai estimé, considérant avant tout les instructions si nettes du défunt, qu'il n'y avait pas lieu de mettre les « grands cartons » à la disposition du public, par la raison décisive que l'auteur lui-même en avait extrait tout ce qu'il y avait à prendre. La bibliothèque qui les recueillera un jour ou l'autre, devra les conserver comme témoignage d'une admirable et infatigable probité scientifique ; mais je n'en vois pas l'utilisation par les savants ou étudiants en cet ordre d'études.

Tout autrement en est-il des cartons, des « petits cartons » qui renferment, sauf quelques lacunes sans importance, l'ensemble du remarquable enseignement donné par Elie Reclus à l'Université Nouvelle de Bruxelles. Ce sont une centaine de leçons d'une forme achevée, munies de sommaires qui en indiquent avec précision le contenu, et dont un certain nombre ont été communiquées à des recueils périodiques tels que la *Société Nouvelle* et l'*Humanité Nouvelle*, où elles ont obtenu un très légitime et naturel succès.

Quel parti prendre à l'égard de ces études complètement rédigées ? Fallait-il en détacher quelques-unes, les plus attrayantes par le sujet traité ? Fallait-il y faire un choix, pour présenter au public ce qui paraît de nature à servir le plus utilement la science de la Religion ? L'examen m'a bientôt convaincu que toutes ces leçons se valaient en solidité comme en intérêt et que le très grand art de l'exposition s'y maintenait, d'un bout à l'autre de la série, sans défaillance. Pourquoi donc et par l'emploi de quel critérium, donner et déterminer une préférence en faveur de l'une ou de l'autre ?

Voici, par exemple, un groupe de conférences représentant l'enseignement d'Elie Reclus en l'année scolaire 1899-1900 : *Les Pressentiments et la Prophétie*; *les Présages et les « Petites Divinations »*; *les Rêves et les Songes*; *les Oracles*; *les Ordalies*; *les Amulettes et les Talismans*; *les Amulettes et les Symboles*; *la Symbolique et le Symbolisme, les Tatouages*; *le Rituel magique*; *le Magistère ou le Grand Rêve des Magiciens*. — Et pour l'année 1900-1901 : *Le Sacrifice*; *la Victime humaine et ses équivalents*; *le Repas du Lare et du Dieu national, le Pain et l'Autel de la Patrie*; *le « Circulus » ou Sacrifice entretenant la Vie dans la Nature*; *l'Eminent Sacrifice ou le Mystère de l'Eucharistie*; *l'« Opus operatum » ou les Vertus de la Formule magique*; *la Transsubstantiation dans ses rapports avec la Digestion*; *les Usages secondaires de l'Hostie*; *les Pénitences et les Mérites*.

Qui ne voit qu'il y aurait une véritable impiété à promener les ciseaux dans une œuvre aussi profondément mûrie, qui n'est, à le bien prendre, que le substantiel résumé d'un énorme travail préparatoire? A un pareil triage, à une telle profanation, doit être opposée une seconde considération, non moins décisive, tirée de la forme adoptée par Elie Reclus. Cette forme n'est pas celle de l'exposition régulière, que recherche le plus généralement le professeur et qui, en pareille matière, peut dépendre essentiellement de l'ordre logique de la pensée ou suivre les compartiments d'un cadre géographique et historique tout ensemble. Or, si l'ordre déduit de vues méthodiques a présidé à la constitution du plan général, chacun des sujets traités — qu'il comporte une ou plusieurs leçons ou seulement, en raison de sa moindre importance, partie d'une leçon — est développé comme un thème de psychologie, de manière à rattacher les idées ou pratiques les plus étrangères en apparence à nos habitudes contemporaines, à des expériences familières à tous.

Voici, dans le présent volume, une leçon (la deuxième) intitulée « La Mort et la Survie » ; l'auteur a disposé ses matériaux dans l'ordre suivant : « De tous les spectacles, celui de la mort est le plus émouvant. Nous autres civilisés, nous avons accepté la fatalité et la mort ; mais les peuplades sauvages continuent à croire que la mort ne devrait pas être, qu'elle est le résultat d'un accident ou qu'elle est causée par la haine des ennemis ou de méchants sorciers. En tout cas, on voulut que la vie continuât outre-tombe. Les primitifs font de cette vie posthume la continuation pure et simple de la vie actuelle ; les peuples civilisés admettent qu'elle la continue pour punir le vice et récompenser la vertu. De ces Paradis et de ces Enfers, les sorciers rapportèrent des révélations, qui constituèrent la première science et la première morale, etc. »

On saisit par cette simple lecture l'habile progression qui a permis à l'écrivain de rattacher à de fortes émotions, auxquelles nul n'a pu échapper, — et je recommande particulièrement la page éloquente, toute vibrante encore d'une expérience de la première enfance de l'auteur, par laquelle s'ouvre la leçon, — le travail de réflexion aboutissant, selon les âges et les milieux, à des vues qui n'apparaissent souvent à l'homme instruit que comme des fantaisies de l'esprit, des rêves de l'imagination, ou d'artificielles combinaisons de la faculté raisonnante.

Elie Reclus excelle dans ces dramatisations, qui éclairent du jour le plus vif la raison d'être profonde de rites ou de conceptions, trop volontiers ridiculisés et rabaissés au rang d'absurdités intolérables ou de misérables survivances. Et il est curieux de voir à combien de reprises le tact du perspicace observateur, du vigoureux analyste, remet dans leur véritable lumière tant de pratiques ou de traditions encore chères aux citadins comme aux paysans de l'Europe occidentale.

Il était donc impossible de mutiler de sang-froid l'œuvre remarquable de l'homme, qui s'est montré en ces matières à la fois savant parfaitement documenté et consciencieux, sociologue aux vues larges et hardies, psychologue avisé et maître écrivain. Et si, chez moi, l'homme d'étude n'avait pas protesté énergiquement contre le « procédé des coupes sombres », le lettré, qui sait quelle force de pénétration la langue sûrement maniée confère à l'idée, n'eût pas consenti à sacrifier des études aussi achevées.

*
* *

Avant d'entreprendre la série de ses travaux sur l'*Histoire des Religions*, on a vu qu'Elie Reclus avait fait porter ses recherches sur « le Pain », base de l'alimentation humaine, dont la poursuite aurait été le principe des religions comme le fondement de la vie civilisée. La masse des documents, légendes, pratiques populaires recueillis sur ce point a fourni la matière d'un manuscrit assez étendu, que je serais porté à tenir pour le chef-d'œuvre de l'écrivain, parce qu'on y retrouve toutes ses qualités et que, par la nature même du sujet, il échappe au reproche qu'on pourrait peut-être faire au remarquable volume des *Primitifs*, d'être trop touffu, trop riche, — reproche assurément peu commun, puisqu'il est l'excès d'une qualité que l'on voudrait voir plus répandue. Le *Pain* est un traité d'une merveilleuse aisance, où l'auteur manie la plume avec une exquise supériorité. Je ne résiste pas au plaisir d'en donner la table des matières : I, La culture, labourage, semailles, protection de la plante, moisson et engrangement ; — II, La fabrication du pain, meunerie et boulangerie ; — III, Le respect du pain ; — IV, Pain porte-Bonheur, symbole et moyen de fertilité, de fécondité, de richesse et d'abondance ; — V, Le pain, le blé, la paille comme remèdes et prophylactiques ; — VI, Le pain et le blé comme véhicules magiques ; — VII, Présages et ordalies par le pain, la paille, la charrue, etc ; — VIII, Offrandes de pain aux morts, aux génies et aux dieux ; — IX, Pains bénits, hosties, etc. ; — X, L'Eucharistie et la transsubstantiation ; — XI, Magisme de l'Eucharistie, *opus operatum*, ordalies, remède ; — XII, Le grain de blé, symbole de résurrection.

On ferait un volume incomparable si l'on imprimait, à la suite du mémoire sur « le Pain », quelques morceaux de longue haleine, parus à différentes places et pour ainsi dire introuvables. Je signalerai particulièrement une étude sur X. Doudan ; Elie Reclus y flagelle âprement l'état d'esprit politico-littéraire des salons les plus réputés de la monarchie de Juillet ; il accable des traits d'une ironie acérée l'oligarchie, à la fois académique et parlementaire, qui, de 1830 à 1848, prétendit à diriger la France. J'ai également pris connaissance avec le plus vif intérêt du compte rendu de la visite faite par l'auteur à des congrégations américaines, qui unissent le respect pour ainsi dire superstitieux de la Bible, aux hardiesses de la doctrine communiste. Enfin, l'on donnait tout récemment à un périodique paraissant en Belgique une étude fort suggestive sur *Luther et son attitude dans les questions d'enseignement populaire,* qui compléterait très heureusement cet ensemble (1).

*
* *

J'ai dit que M. Elie Reclus m'avait, dans le secret de sa pensée, désigné pour son héritier intellectuel, pour le continuateur de son grand effort d'exégèse religieuse, alors que nous ne nous étions jamais rencontrés, alors que nous n'avions jamais eu l'occasion d'échanger une ligne. Aussi cette désignation de la part d'un des très rares hommes qui ont su sans défaillance conformer leur vie à leurs convictions, m'a été très douce ; j'en ai éprouvé une véritable fierté, estimant que M. Reclus avait dû trouver dans mes propres publications quelque chose de l'indépendance et de la droiture qu'il plaçait au-dessus de tout. Je pense aussi qu'il appréciait dans mes recherches l'effort constant pour écarter l'esprit de système, pour subordonner mes vues d'ensemble à l'examen consciencieux des faits et des documents, au lieu de subordonner les faits à un système arrêté à l'avance.

Les Reclus n'avaient jamais été pour moi complè–

1. *La Société nouvelle*, juillet 1907. — Nous espérons que le volume ainsi composé pourra être prochainement livré au public.

tement des inconnus. J'avais entendu, dès mes années d'étudiant, signaler les frères Elie et Elisée Reclus comme des hommes d'une haute tenue morale. Si le hasard ne m'avait pas rapproché d'eux, il m'avait mis jadis, dans l'ancienne, pittoresque et quelque peu somnolente ville d'Orthez, en contact avec leurs parents, avec le pasteur Reclus, vieillard respecté qui se livrait avec un goût particulier à des spéculations prophétiques sur l'Apocalypse, avec Mme Reclus mère, qui dirigeait l'éducation des jeunes filles protestantes de la vieille cité calviniste.

Quand M. Elie Reclus m'eut désigné pour assurer la suite de ses études religieuses, je fus tout naturellement désireux de me mettre en relations avec les siens : avec son fils, dévoué lui aussi aux causes paternelles, avec son frère Elisée qui n'a pu survivre que de peu à la disparition de son aîné, avec sa veuve, également défunte depuis et chez laquelle la paralysie n'empêchait pas de surprendre, inextinguible comme la lampe des églises, la flamme du culte voué à celui dont elle avait partagé l'existence. Mme Reclus fit l'effort de me recevoir, voulut bien m'exprimer sa gratitude et manifesta par un accueil, dont j'ai gardé un profond souvenir, combien son cœur s'ouvrait pour ceux que son mari avait jugés dignes de son amitié. Elle me remit un portrait d'Elie Reclus, que je reçus avec une respectueuse émotion de ses mains tremblantes et auquel j'ai réservé une place d'honneur parmi les objets familiers de mon cabinet de travail.

*
* *

Mais c'était l'homme dans ses livres et dans son

enseignement, — en dehors de l'attitude bien connue d'Elie Reclus en matières politiques et sociales, dont je n'avais point à m'occuper, — c'était l'hiérologue, l'exégète, le psychologue que je tenais tout particulièrement à connaître de plus près ; je tenais à former et asseoir mon jugement sur la valeur de l'œuvre d'Elie Reclus par le dépouillement de ses papiers, par la lecture des leçons imprimées ou manuscrites mises à ma disposition, par l'étude des morceaux d'ensemble dont il a été question plus haut et où j'ai particulièrement goûté les pages consacrées à Doudan.

Comme savant, par l'étendue de l'information ainsi que par le choix des données, Elie Reclus doit être placé au premier rang des écrivains modernes qui ont traité de l'ensemble des phénomènes religieux. Maintenant que le public est mis à même d'en juger par la publication des leçons de Bruxelles, je puis en appeler sur ce point à l'opinion des juges les plus compétents. Si, pour lui, l'idée religieuse n'a plus sa place dans les conceptions modernes, il excelle à montrer le rôle de premier ordre qu'elle a joué dans toute l'histoire des civilisations, depuis les infimes commencements des organisations sociales jusqu'à nos temps ; il fait voir — plus exactement, toucher — jusqu'à quel point elle est encore mêlée aux fibres de la conscience populaire ; et qui de nous n'est point resté *peuple* par quelque endroit ?

Sous ce rapport, le sommaire de la leçon d'inauguration de la série entière est à citer ; on en appréciera la sereine impartialité.

La Religion, question vitale entre toutes. Elle est au fond de toute politique, donne la clé de l'Histoire. Les Religions prétendent qu'elles ne sont pas justiciables de la raison. Si cette prétention était fondée, il n'y aurait qu'à les ignorer complètement, à ne pas s'en occuper. Alors les Religions de protester : Il nous faut être étudiées ; si nous avons des mystères, c'est pour mieux piquer votre curiosité. Vous avez champ libre. — Quelle modestie il nous faut pour aborder cette étude ! Nous sommes de simples individus prétendant juger de croyances collectives. Quelle difficulté à ne pas avoir de parti-pris ! Au moins aurons-nous l'intention d'être impartiaux. Le meilleur garant de notre impartialité sera notre méthode, celle de l'Evolution. Savoir que toute croyance est condamnée à périr, rend indulgent. La science fait la paix dans les intelligences. La critique religieuse date de l'*Encyclopédie*. A l'origine, elle fut mesquine. Les éléments d'appréciation faisaient défaut. Mais, à partir de la traduction du *Zend-Avesta*, la critique entra dans des voies nouvelles. On fonda la science des Religions comparées. Mais les Religions savantes ne nous suffisent pas. Nous les complétons par l'étude des *Croyances populaires* qui constituent, selon nous, la Religion universelle, celle de tous les peuples dans tous les temps et tous les lieux. Nous n'expliquons pas les superstitions par la religion, mais nous expliquons les religions par la superstition.

J'aurais ici bonne envie d'appliquer aux définitions préliminaires d'Elie Reclus sa théorie, — de laquelle il a été question plus haut, — de la transmission, en quelque sorte automatique et réflexe, des vérités nouvellement reconnues en science, et la comparaison qu'il en proposait avec l'élément nerveux primaire, le *neurone*, selon le rôle que les plus récents travaux lui assignent. « Il se savait, m'avait écrit son fils, un *neurone humain* et pensait que tout travail fait par lui, toute vérité élucidée dans le silence du cabinet, entrait en peu d'années dans la conscience générale. » Or, il m'était arrivé, quelques années après Elie Reclus et dans l'ignorance absolue de l'enseignement qu'il donnait à Bruxelles, de donner pour conclusion à mes études de religion générale l'équivalent des formules rapportées ci-dessus. Moi aussi, moi à mon tour, j'avais retrouvé — et proposé qu'on se décidât à constater — dans les croyances et pratiques des cultes populaires « la Religion universelle de tous les temps et de tous les lieux ». Cette rencontre avec l'éminent sociologue et psychologue a constitué à mes yeux la plus précieuse confirmation de la justesse des vues, que j'étais arrivé à dégager d'études poursuivies pendant de longues années. J'écrivais, en effet, ceci en 1903 :

L'étude de la Religion dans les sociétés anciennes nous fait-elle reconnaître un développement logique interne, par lequel elle s'élèverait d'un premier état encore grossier à une conception unitaire, capable de donner satisfaction aux réclamations de l'intelligence ? A cette question, qui peut se ramener à des termes plus précis encore, tels que : La Religion est-elle susceptible de progrès ? L'histoire atteste-t-elle un progrès de cette espèce ? — nous avouerons franchement que nous inclinons, de plus en plus, à répondre négativement. En d'autre termes, entre le type de religion dit animiste, fétichiste ou naturiste, le type dit polythéiste et le type monothéiste, nous ne saisissons pas de différence appréciable. Le fait religieux primitif, essentiel, demeure constant et semblable à lui-même malgré les variations apparentes de la théorie (c'est-à-dire de la doctrine mise sur pied par les théologiens). L'explication théologique n'a fait que voiler et fausser le fait religieux initial, très simple, très intelligible, en vertu duquel on a érigé un objet animé ou inanimé à la dignité de vertu ou puissance divine. Nous demandons, en conséquence, qu'on veuille bien tenir pour non démontrée la thèse très répandue, qui fait voir la religion s'élevant d'une sorte de localisation matérielle des forces divines à de larges vues d'ensemble. L'homme dit civilisé croit, en somme, ce que croyait son ancêtre de l'époque quaternaire, et il ne croit pas autre chose (1).

Revenons-en — ou restons-en — à cette définition d'Elie Reclus, que nous avons mise en épigraphe à ce volume : « Les Croyances populaires constituent la Religion universelle, celle de tous les peuples dans tous les temps et tous les lieux. » C'est l'équivalent de notre conclusion personnelle : « Le fait religieux primitif, essentiel, demeure constant et semblable à lui-même malgré les variations apparentes de la théorie. » Je n'y veux ajouter qu'une belle et pacifique déclaration d'Ernest Renan : « L'histoire de l'humanité est pour moi un vaste ensemble, où tout est essentiellement inégal et divers, mais où tout est du même ordre, sort des mêmes causes, obéit aux mêmes lois. — Ces lois, disait Renan, je les recherche sans autre intention que de découvrir l'exacte nuance de ce qui est. »

*
* *

Si Elie Reclus est un savant probe et pénétrant, destiné à laisser une empreinte durable dans le

1. *L'histoire des Religions et l'Anthropologie*, leçon d'ouverture d'un cours libre professé à l'Ecole d'Anthropologie.

domaine des études religieuses, ce sera par l'alliance rare des mérites les plus sérieux du chercheur intègre et des qualités particulières à l'écrivain de race. C'est un côté de cette éminente personnalité, que le moment est venu de mettre en pleine lumière. Reclus appartient, en effet, à la lignée de ces savants qui, peu suspects de tendresse pour la formule équivoque de « l'art pour l'art », sentent que la justesse de l'expression constitue un des éléments de la vérité historique ou philosophique. L'étude consacrée à Doudan m'avait révélé l'homme maître de sa langue, conscient des ressources, pour ainsi dire indéfinies, qu'elle renferme et sachant en tirer des effets aussi inattendus que variés. La lecture des *Primitifs* (1) me confirma dans mon jugement ; l'examen des leçons sur l'*Histoire des Religions* acheva, s'il était nécessaire, la démonstration.

Du volume mis aujourd'hui à la disposition du public, j'extrais deux citations caractéristiques, qui me dispenseront d'une plus longue analyse. Elles sont empruntées, l'une et l'autre, à la leçon traitant des *Visions aériennes*. C'est d'abord la chasse menée par le « Grand Veneur ».

En l'an de grâce 314, au Concile d'Ancyre, un des premiers qu'ait tenus l'Église chrétienne, le canon dit *Episcopi* mentionne déjà les chasses auxquelles président Diane et Hérodiade :

— Séduites par des illusions et des fantômes diaboliques, des femmes criminelles qui se sont replacées sous le joug de Satan, affirment qu'elles font de nocturnes chevauchées avec

1. Un volume in-12, chez Schleicher frères.

Hérodiade ou bien avec Diane, la déesse des païens. Elles disent franchir de grands espaces au milieu du silence nocturne, obéissant à cette déesse comme à une souveraine et quelquefois appelées auprès d'elle pour la servir.

La fuite des âmes vivantes devant les âmes mortes, cela s'appelle en Danemark la chasse du roi Wolmer ou de Waldemar Atterdag. Monté sur un coursier blanc de lait, suivi de chiens noir de charbon, il porte sa tête sous l'aisselle gauche. Galope aussi le roi Abel, Abel le fratricide. Notons la chasse de Caïn en quelques cantons français. Les Bretons racontent la chasse Artus ou du roi Arthur.

Les Allemands ont la chasse de Charles Quint, dénomination qui fait pendant en France à celles de l'empereur Charlemagne et du roi Hugon ou Hugues Capet. En pays d'empire on prend noms d'empereurs, et noms de rois en royaumes ; en comtés ou baronies, ceux de sires qui, par leur faste ou leur cruauté, ont le plus émerveillé les populations.

Ces grands équipages sont menés par le « Grand Veneur » des forêts royales, Epping en Angleterre, Fontainebleau en France.

Un chasseur d'homme que ce Veneur, une meute infernale que ces mâtins, limiers et grands dogues. A toute autre forme, les démons préfèrent celle de chiens, surtout s'ils sont de forte espèce, noirs avec des charbons rouges en manière d'yeux. Les démons figurent en chevaux noirauds ou couleur de feu. Quelquefois ils oublient de prendre une tête ; celle du cavalier leur suffit. Tel braque fut un scélérat qui se pendit ; tel cheval avait été un goujat de capitaine, vraie brute de sous-off ; telle jument vous représente une dame avare et vaniteuse, laquelle voulut être enterrée avec ses colliers et ses belles robes. On l'appelle « la cavale d'Obrik », parce qu'elle retourne la tête quand on prononce ce nom.

Une ménagerie, que cette chasse. Poursuivis et poursuivants apparaissent, lièvres monstrueux, cerfs à cors phosphorescents, corps sans tête ou têtes sans corps, lancées comme boules roulantes. S'amènent bissextres, hommes-singes, femmes-guenons, taureaux soufflant flammes et étincelles. Kiff-Kiff, hot-ho ! La bande passe, marquant sa route par os et charognes, troncs et bras, jambes encore chaussées tombant sur le sol. Hot-ho !

D'une émotion plus pénétrante encore, est l'interprétation de la figure et du rôle d'Arlequin, rattachés par Reclus, d'après l'autorité de J-J. Ampère, à la légende de la « bande à Arlequin » ou « bande Hellequine », dont l'Arlequin bergamasque, vêtu et masqué de noir, représenterait le suprême avatar :

Voilà une surprise ! Ainsi les Arlequinades, ces désopilantes bouffonneries, furent jadis un mystère religieux. Ainsi l'on changea en divertissement ce qui avait été un sujet d'épouvante ? Oui ; l'on mua sa peur, sa peur bleue en plaisanteries, grimaces et esclaffements de rire. Les Etrusques d'antan avaient représenté leur terrible dieu de la Mort en géant armé d'une lourde massue et concassant les crânes. Cette massue, les frivoles Bergamasques et ces farceurs de Florentins, la changèrent en une batte légère, que prit en main le mauvais plaisant d'Arlequin.

Et, caché derrière son masque noir, Arlequin regarde le spectacle que lui donnent les allants et venants, suit avec une ironie sinistre les acteurs de la comédie humaine.

— C'est le signor Pantalon, vieux juge, vêtu de brun, entre deux âges, imbécile et avare, égoïste fieffé, petit bourgeois jusqu'au bout des ongles.

— C'est notre ami Pierrot, le fils à papa ; il est cousu de blanc, et ses malices aussi. Gourmand, lâche et voleur, il feint l'imbécile, le deviendra, si on lui en laisse le temps. — C'est Colombine en basquine rose, trottinant ses jambes fines et alertes : c'est la vicieuse et charmante Colombine.

Et ce sournois d'Arlequin arrive par derrière. Il glisse, furète de-ci de-là, lugubre et bouffon ; son œil éclaire le masque de velours. Paf ! Arlequin frappe Pantalon. Paf ! Arlequin frappe Pierrot. Paf ! Arlequin frappe la pauvre Colombine. Paf ! paf ! Arlequin frappe tout le monde ; Arlequin n'en manque pas un, n'en manquera pas une ; tous, trétous y passeront.

*
* *

On s'est suffisamment rendu compte du procédé de mise en œuvre de la matière, recueillie par Elie Reclus au cours de longues années en puisant dans les trésors du passé comme dans ceux des littératures étrangères et dans le fond si riche des traditions populaires.

Qu'est-ce donc que Reclus s'est proposé de faire et quel est le caractère exact de l'œuvre dont nous présentons aujourd'hui au public le premier volume ?

Ce n'est point une Histoire générale des Religions, ce n'est point une Histoire des religions primitives ou de type primaire ; c'est un tableau des *Croyances populaires*, distribué, non point suivant le point de vue géographico-historique adopté par les Manuels, mais d'après les cadres de la psychologie la plus simple, la plus accessible à tous, selon un principe de classement qui laisse apparaître — je dirais mieux : qui fait apparaître — et dégage les groupes naturels, sans infliger aux faits rapportés aucune déformation, mais en faisant comprendre leur évolution, c'est-à-dire leur adaptation aux circonstances éminemment variables des temps et des milieux. C'est ainsi que l'auteur s'appuie volontiers et fréquemment sur les expériences présentes de la vie, de manière à faire comprendre les formes — au premier abord, étranges, choquantes — auxquelles ont donné lieu dans le passé des émotions semblables.

Ce titre général *Les Croyances populaires* comporte, en conséquence, les divisions qui suivent, correspondant à autant de volumes : *La survie des Ombres*, objet de la première série, puis *Magisme et Démonisme*, — *Sorcellerie et Présages*, — *Sacrifices et Dieux de la Nature*.

***

La dernière question à poser est celle-ci : Quelle est la relation de l'œuvre d'Elisée Reclus avec l'état présent des études d'histoire religieuse ?

Les personnes qui suivent les travaux de l'hiérologie ou hiérographie savent que, si l'accord règne entre savants sur les principes généraux du dépouillement et de la critique des documents,— qui comportent l'établissement rigoureux des textes et leur interprétation d'après la confrontation des rites ou doctrines avec un milieu connu, — le conflit s'élève entre écoles rivales, et se poursuit avec âpreté, dès qu'on aborde les questions touchant l'explication et la portée du phénomène religieux,en d'autres termes dès qu'on franchit les bornes de l'*Histoire des religions* prise au sens le plus strict du mot, pour entrer sur le terrain de la *Philosophie des religions*. Or, qui ne sait combien il est difficile, pour ne pas dire impossible, à l'*historien* de s'abstenir de toute incursion sur le territoire où le *philosophe* prétend régner en maître, au *philosophe* de ne pas inquiéter l'*historien* qui lui fournit les éléments de ses généralisations ? Qui ne sait aussi de quels dédains le philosophe poursuit l'historien, lequel à son tour refuse de voir dans le premier un homme de science ?

Nous ne voulons point attirer ici l'attention du public sur ce qu'on pourrait appeler des querelles de ménage ; mais nous protestons à l'avance de toute nos forces et hautement, en qualité de spécialiste travaillant sur un domaine déterminé du vaste champ des religions, contre toute appréciation qui se refuserait à reconnaître la haute valeur des leçons de Bruxelles, sous le prétexte que les pages n'en sont pas encombrées de fastidieuses références et de renvois multiples aux sources tant inédites qu'imprimées, sous le prétexte que l'auteur a fait œuvre de psychologue et a cherché à faire pénétrer le lecteur dans l'intelligence des croyances et rites populaires, sous le prétexte enfin que Reclus a voulu faire œuvre d'écrivain.

Pour notre part, nous n'apportons ici aucun esprit d'exclusivisme ; nous sommes prêt à reconnaître ce que chaque école apporte de nouveau à nos connaissances en fait d'histoire religieuse en modifiant le point de vue précédemment admis, en envisageant des faits déjà connus sous un angle différent.

Nous rendrons très volontiers justice à une monographie consciencieuse, détaillant les pratiques cultuelles d'une tribu australienne ou indienne; mais nous tenons que la recherche du détail, — indispensable assurément, infiniment louable, — serait de bien mince profit pour les hautes disciplines de l'esprit, s'il ne se trouvait des intelligences de grande envergure, capables de dominer la poussière des petits faits pour en dégager le sens et faire comprendre la saveur, toute spéciale, de ce qui reste encore la caractéristique la plus essentielle de l'être humain, l'émotion religieuse. Cette émotion, Elie Reclus l'a sentie, et il la fait sentir. Cela pourra déplaire à telle coterie qui dira : Il devait l'ignorer ; — à telle autre qui dira : Il devait l'écraser sous le mépris !

*
* *

Tout de même, nous sommes loin avec Reclus de la sotte théorie des religions, professée par le XVIIIe siècle et qui traîne encore dans les bas fonds de certaine soi-disant libre pensée, — des religions produit de l'imbécillité et de l'ignorance primitives, que des clergés cupides et menteurs ont su imposer à l'humanité pendant des siècles et des siècles, se faisant d'elles une source de revenus comme d'influence et maintenant sous un joug intéressé les populations chargées d'entretenir leur luxurieuse fainéantise.

Aujourd'hui que les peuples qui marchent en tête de la civilisation, ont revendiqué avec succès l'indépendance civile et politique et conquis les franchises intellectuelles, la seule excuse à une conception aussi inepte des institutions et pratiques religieuses, a cessé d'exister. Philosophes, psychologues, historiens peuvent puiser largement dans cette carrière pour ainsi dire sans fond et offrir à la haute curiosité du public les matériaux de tout ordre, propres à satisfaire l'imagination et le sentiment comme à livrer le secret des grands organismes sociaux.

Les *Croyances populaires* d'Elie Reclus seront en bonne place dans la bibliothèque du sociologue comme dans celle de l'exégète.

MAURICE VERNES

25 février 1908.

LEÇONS

SUR

L'HISTOIRE DES RELIGIONS

I

SUR LE SEUIL DES RELIGIONS

SOMMAIRE.

La Religion, question vitale entre toutes ; elle est au fond de toute politique, donne la clé de l'histoire. — Les Religions prétendent qu'elles ne sont pas justiciables de la raison. Si cette prétention était fondée, il n'y aurait qu'à les ignorer complètement, à ne pas s'en occuper. Alors les Religions de protester : il nous faut être étudiées. — Quelle modestie il nous faut pour aborder cette étude ! Nous sommes de simples individus prétendant juger des croyances collectives. Quelle difficulté à ne pas avoir de parti-pris ! Au moins aurons-nous l'intention d'être impartiaux. — Le meilleur garant de notre impartialité sera notre méthode, celle de l'Évolution. Savoir que toute croyance est condamnée à périr, rend indulgent. La Science fait la paix dans les intelligences.

Grand travail que nous entreprenons. Aucune matière n'est plus vaste et plus difficile à débrouiller que l'ensemble des religions, aucune n'exige des connaissances plus variées, dont plusieurs et même un grand nombre d'importantes nous manquent tout à fait. Souvent nous regrettâmes d'avoir entrepris l'œuvre d'ensemble, au lieu de nous en tenir à l'élucidation de quelques points spéciaux. Mais nous avions trop souvent senti que la science dont s'agit étouffe sous le poids du détail accumulé, et que, coûte que coûte, il y faut enfin des idées générales. Nous nous sommes donc engagé dans le grand œuvre. Nos successeurs feront mieux et profiteront même de nos erreurs ; car elles auront été commises de bonne foi.

Avant de constituer des agrégats politiques et géographiques, des États, peuples et races, les hommes se groupent par religions : bouddhistes par ci, musulmans par là, chrétiens, tant grecs que romains et protestants, brahmanes, confuciens, shintoïstes, puis les païens quelconques. C'était officiellement que la religion englobait naguère la vie des nations et celle de ses individus, se donnant pour la seule et universelle science. Apparente ou cachée, elle inspirait les événements politiques et sociaux, fonctionnait en moteur apparent ou caché des mouvements collectifs. A la fin du XIXe siècle et aux approches du XXe, son rôle se fait plus discret, mais les yeux exercés suivent ses agissements, et la découvrent parfois où des non-initiés ne l'eussent jamais soupçonnée. Les partis se classent ou pourraient se classer suivant leur attitude devant la religion d'État, suivant leurs affinités secrètes avec l'action cléricale ou anticléricale. L'affirmation ou la négation de la religion impulse toujours les peuples, les nations et les partis qui les divisent. N'était cette clé du mystère, l'histoire serait une indéchiffrable énigme, la chorée démente, le grand bal à la Salpêtrière.

*

— Démêler le secret de religions dont chacune prétend être une révélation, une individualité d'essence divine, y parviendra-t-on ?

— « Certes. Colligeons les documents, rassemblons les faits, distinguons les authentiques et les douteux. Etablissons des séries, trouvons les raisons constantes, formulons la loi des progressions et des régressions... »

Mais la Religion proteste. Elle récuse la juridiction de la science. Elle n'entend pas être investiguée à la façon d'un cas ou d'un problème, n'admet point que ses dogmes soient apportés dans un laboratoire pour y être soumis aux macérations et manipulations des chimistes. Elle proteste contre la simple inspection de ses bagages à la douane, comment se prêterait-elle aux investigations des physiologistes, qui tout aussitôt dirigeraient leurs rayons X sur sa poitrine et ses tempes pour savoir ce que contiennent ses viscères et sa cervelle ? Les religions ont toujours protesté qu'elles ne sont pas justiciables de la raison, à laquelle elles se prétendent incommensurablement supérieures. Chacune se présente avec un diadème marqué Alpha et Oméga — « Je suis le mystère, disent-elles, le commencement et la fin. Nulle main ne soulèvera les voiles qui m'enveloppent. L'être débile qui naît, vit et meurt dans le temps, comment penserait-il une pensée d'éternité ? Comment les mortels que vous êtes, dialogueraient-ils avec l'éclair ? C'est ce qu'on vous disait, à Thèbes déjà, dans le mythe de Sémélé, de Sémélé foudroyée pour avoir voulu voir Jupiter autrement que sous le déguisement d'un mortel. »

— « Fort bien », fut-il répondu. Nous nous le tenons pour dit. En conséquence, nous n'examinerons pas les prétentions que chacune de vous affiche à la domination et à la surexcellence. C'est entendu : Allah, le Christ, Quetzalcoatl, nous ne saurions distinguer. Puisque nous ne pouvons que déraisonner sur ces choses qui dépassent notre compétence, cessons d'y penser et même de nous en soucier. Si nous arrivons à vivre dans l'éternité, alors, mais pas avant, nous nous occuperons des choses qui sont par delà le temps !

Ainsi parlèrent des rationalistes du siècle passé, ainsi dirent de nos jours des positivistes, et quelques savants de race pratique et robuste.

Mais l'eussiez-vous deviné ? Les religieux accueillirent cette déclaration de mauvaise humeur, n'y voulurent entendre, affirmèrent qu'elle sape les bases de toute religion ; ils se plaignirent :

— « Ces Agnostisants nous suppriment en prétextant nous ignorer. Ils se disent incompétents pour n'avoir pas à nous répondre, pour nous mettre hors le monde, hors l'intelligence et l'humanité. Ils voudraient nous attirer dans un cabanon de fous, et nous y enfermer — respectueusement, — sous le prétexte que le petit local serait propice pour la contemplation des secrets insondables. Mais qui donc imagina le mythe de Sémélé, sinon des philosophes de leur cru, Béotiens épais, oiseaux de basse-cour, incapables de haut vol ! Mais contrairement au dire des Aristotéliciens et autres sectateurs du médiocre bon sens, les sciences valent par la quantité de mystère qu'elles contiennent. Nos connaissances, tantes et quantes, n'ont plus haute vertu que celle de nous faire soupçonner l'incognoscible vérité. Une énigme fut proposée à l'homme, une énigme insoluble, afin que s'y débattant, il en devinât les profondeurs. Nos vies y passeront. Sur les marches du sanctuaire veille le sphinx, à la porte il se tient accroupi. Pour entrer dans le temple d'éternité, il faut avoir senti des griffes lacérant les chairs et fouillant jusqu'au cœur ! »

Ainsi parlèrent des ardents.

Sans brûler de cette foi héroïque, la plupart des religieux permettent l'examen de leurs mystères, y initient volontiers, par instruction préalable. Les religions, celles des peuples policés, comme celles des non-policés, affirment que l'homme n'eût jamais sondé les mystères de son origine ni de sa destinée, s'il eût été abandonné à ses propres ressources, mais que la Révélation lui ayant été apportée, il lui faut en tirer le meilleur parti. Les professeurs de spiritualisme ont abondé dans ce sens, les musulmans comme les bouddhistes. Il n'est prédicateur chrétien qui ne démontre à ses ouailles le mystère de la Rédemption, il n'est desservant qui n'explique aux catéchumènes des deux sexes ce qu'il appelle « le plan de Dieu » ; faisant autant que possible appel à l'intelligence et à la compréhension, il explique, donc il discute ; parfois il raconte que le mystère fut institué pour tenter l'homme, auquel il suffit de dire : « Voilà un mystère », pour qu'il s'acharne à le deviner ; il le tourne et retourne, son regard en fouille le dehors afin d'en deviner l'intérieur, si possible.

N'insistons pas. De nos jours, le droit à la libre recherche est reconnu officiellement, officiellement surtout. Même quelques-uns nous reprocheront d'en avoir rappelé la nécessité.

Mais en matière religieuse, un soupçon de légèreté nous disqualifierait, une ombre d'outrecuidance nous rendrait suspect. — Comment donc ! Vous ou moi, tel ou tel, un quidam citera les religions à comparoir devant le tribunal de sa conscience ? A sa guise et sans appel, ce particulier jugera d'une croyance professée par quelques millions d'hommes ! Sur une doctrine laquelle persista pendant des siècles, il portera son arrêt, le rédigera brièvement, oubliant peut-être qu'elle fit l'objet des longues méditations de profonds penseurs, qu'elle reçut l'adhésion de grands génies ? — Avec quelle sincérité, avec quelle modestie, — non, avec quelle humilité — devrons-nous prononcer nos jugements !

Sans doute nous aborderons cette étude avec la ferme résolution de chercher, non la démonstration d'aucune idée préconçue, mais la vérité, rien que la vérité. Qui s'embarquerait avec un parti pris, dans tout le voyage ne verrait que son parti pris.

Et ce serait une grave erreur de croire qu'il suffit de la bonne volonté pour se dégager du parti pris. Le parti pris, c'est notre manière même de penser, c'est la modalité suivant laquelle fonctionne notre jugement, c'est notre acquis intellectuel, c'est nous-mêmes.

Voici, par exemple, la lutte que pendant plusieurs générations, Dionysos et Apollon se livrèrent sur toutes idées et tous sentiments ; la religion, l'art et la philosophie étant leurs champs de bataille. Apollon et Dionysos représentaient deux conceptions différentes du monde et de la vie. Chacun de nous, même sans le savoir, est apollonien ou dionysiaque ; — comment son verdict ne s'en ressentirait-il pas ? — Bien plus, en ces matières — les plus graves — on change plusieurs fois d'opinion. Il y a l'opinion de la jeunesse, l'opinion de l'âge mûr, l'opinion des années intermédiaires. On ne saurait raconter les péripéties de la controverse entre le brahmanisme et le bouddhisme, sans y mettre du sien. Quelque conscience qu'on y mette, ou même à cause de cette conscience, l'opinion personnelle transparaîtra toujours...

Allons plus loin. Voudrait-on que nous tinssions la balance égale entre le juste et l'injuste, ou ce que nous prenons pour tel ? Que l'on assistât à un meurtre sans secourir la victime ? Alors, on ne serait plus témoin, mais complice !

Quelle est donc difficile à obtenir cette impartialité, si délicate que nous aurions peine à la définir ! Néanmoins, nous l'exigeons pure et parfaite, tout au moins dans l'intention. Pourvu qu'elle soit sincère, nous ne lui en demanderons pas davantage. Nous la tiendrons pour vraie, si l'amour de la vérité l'inspire.

Encore la stricte impartialité n'y suffirait pas. L'exactitude s'applique aux faits, et non pas aux sentiments, mesure les quantités, non les qualités. Un cœur n'est compris que par un autre cœur. La vérité intime ne se révèle point à ceux qui n'étudient les choses que par le dehors. Il ne s'agit pas de procéder à la façon d'un juge d'instruction — fût-il honnête — évaluant en un procès pour vol les quotes-parts de responsabilité qu'il attribuera au pègre, au cambrioleur et à la recéleuse. Bien plutôt serons-nous le frère qui interroge sa sœur sur l'amour naissant qu'il a cru surprendre. Mille fois on l'a dit, et mille fois c'était vrai : « Ne comprend que celui qui aime. »

— Fort bien ! Mais que souvent il nous faudra prononcer entre deux hommes qui se détestent, entre deux systèmes qui se contredisent ! L'*Enfer* du Dante a été inspiré par la pensée catholique, et le *Paradis* de Milton par la pensée protestante ; comment faire ?

— Ce que nous ferons ? Nous les laisserons s'entre-maudire, et nous goûterons dans le poète florentin ce qui dépasse le catholicisme, et dans le poète anglais ce qui dépasse le protestantisme. Cela ne sera pas toujours facile, mais il faudra en trouver le moyen.

Ce moyen nous n'avons pas à le découvrir. Tous, nous connaissons la loi d'Evolution et la loi de la Conservation des Forces, lois que notre siècle n'inventa point, car elles furent pressenties, tantôt clairement, tantôt obscurément, par les penseurs de tous les âges, — même par le peuple, surtout par le peuple, ce grand ignorant qui se doute de tout. La gloire de notre époque sera de les avoir mieux comprises, de les avoir démontrées par les expériences et par les mathématiques, de les avoir montrées, agissant dans la faune et la flore, dans l'humanité et l'animalité, en physiologie comme en psychologie. Ainsi que l'individu, les collectivités passent de la naissance à la mort, en traversant des développements analogues. Les idées aussi, les systèmes pareillement, qu'il s'agisse de philosophie, d'art ou d'économie politique. Même loi pour les dogmes et les croyances, même fatalité pour les sociétés religieuses comme pour les sociétés civiles. Sont logés à la même enseigne les républiques et les empires.

Tout ce qui vit mourra, tout ce qui s'agrège se désagrègera, tout ce qui se développe se décomposera en attendant combinaisons nouvelles.

La doctrine que nos savants prouvent par d'irrésistibles arguments, le Mahabharata l'avait formulée avec mélancolie et l'Ecclésiaste avec tristesse ; l'évidence des faits s'était imposée aux esprits intelligents.

Nous n'étudierons pas les dogmes en eux-mêmes, nous ne ferons qu'esquisser leur formation et leur histoire. Il nous suffira de raconter, laissant à d'autres le soin de plaider ou le plaisir de discuter. Nous tenons que l'évolution est à elle-même sa propre justification. Ce qui se produit n'a jamais manqué de raison suffisante.

Aux théologiens de l'antique Sorbonne, il arrivait de se jeter leurs perruques à la tête, quand ils discutaient l'orthodoxie des divers commentaires sur le miracle de Josué arrêtant le soleil, quand ils fixaient l'année précise de la création du monde, quand ils ratiocinaient si le Seigneur Dieu se reposa de son œuvre prodigieuse — fut-ce un samedi, en l'honneur de l'ancienne alliance ? — fut-ce un dimanche, en l'honneur de la nouvelle ? A la chaleur de la dispute on eût pu mesurer l'ignorance des disputants. Vous échoueriez à réconcilier celui qui n'a vu qu'un côté de la question et celui qui n'a vu que l'autre. Éternelles sont les discussions entre ceux qui n'ont tort qu'à demi et ceux qui n'ont raison qu'à moitié. Mais ce n'est point ici qu'on s'engagera en d'irritantes discussions, en de haineuses controverses. Notre intention n'est point de juger ni de condamner, mais seulement de comprendre. Bienveillante pour tous, la science fait la paix dans les esprits et dans les cœurs.

A ceux qui se mettent résolument sur le terrain de l'évolution, combien l'impartialité devient facile ! Quel intérêt auraient-ils à combattre un système, à démanteler une doctrine, sachant que doctrines et systèmes mourront, tôt ou tard, de leur belle mort? Le temps ne faillira pas à les détruire. Le Temps, un Saturne, a la manie de dévorer ses enfants.

II

LA MORT ET LA SURVIE

Sommaire

De tous les spectacles, celui de la mort est le plus émouvant. — Nous autres civilisés, nous avons accepté la fatalité de la mort ; mais les peuples et les sauvages continuent à croire que la mort ne devrait pas être et qu'elle est le résultat d'un accident, ou qu'elle est causée par la haine des ennemis ou de méchants sorciers. — En tous cas, on voulut que la vie continuât outre-tombe. Les Primitifs font de cette vie posthume la continuation pure et simple de la vie actuelle ; les peuples civilisés admettent qu'elle la continue pour punir le vice et récompenser la vertu. — De ces Paradis et de ces Enfers, les sorciers rapportèrent des révélations qui constituèrent la première science et la première morale. — De cette morale, le grand, le seul élément fut le châtiment par la peine de mort. Et sur cette morale-là, toute notre société est constituée. Quelle est sa valeur ? — Mais qu'est-ce donc que la mort ? — Rien ! — Alors pourquoi nous en occuper ? — Pour connaître la vie.

J'étais un enfant de sept à huit ans, et ma famille demeurait à la campagne.

Certain jour que je m'étais éloigné de notre demeure, je remarquai plusieurs personnes qui entraient dans une maisonnette sur le bord du chemin. Je les suivis.

La demeure était pauvre, n'avait guère que deux pièces, la cuisine et une chambre à coucher où j'entrai derrière quelqu'un, personne ne prenant garde à moi. Il y avait là du monde. On se taisait ou l'on ne parlait qu'en chuchotant. Le contrevent entre-bâillé ne laissait entrer qu'une lueur douteuse. Une douzaine de personnes se tenaient immobiles autour de ce qui devait être un lit et d'où partait un bruit singulier que j'entendais pour la première fois, bruit bizarre... des ahan ! ahan ! monotones et inquiétants. Voilà que les assistants s'agenouillèrent. Quelqu'un était couché dans ce lit, une vieille femme. J'entrevis une tête renversée, des cheveux en désordre, une figure jaune et dévastée, des yeux éteints, une lèvre baveuse. Celui que je savais être le pasteur protestant priait avec une voix passionnée, et je comprenais vaguement qu'il parlait de Dieu ou parlait à Dieu. On sanglotait autour du lit et dans tous les coins. La scène se prolongeait, se prolongeait, mais la prière se faisait plus vibrante à mesure que s'affaiblissaient les hoquets. Voilà qu'ils cessèrent et la prière aussi ; il y eut un instant de silence profond, puis éclatèrent de bruyants gémissements, qu'on étouffait dans les mouchoirs... Une infection subtile flotta dans l'air ; elle me semblait partir de la tête échevelée, de la bouche ouverte.

Alors, je fus pris de terreur. J'avais peur de quelque chose, — quoi ? quoi donc ? — et saisi de crise nerveuse, je me pris à hurler.

Et tandis que l'on me ramenait à la maison : « Tais-toi ! tais-toi donc ! Ce que tu as vu n'avait rien d'extraordinaire. Bien souvent tu le reverras, car cela arrive à tout le monde. Papa et maman y passeront, et toi aussi, à ton tour, quand tu seras devenu vieux comme la vieille Jeannette. » — Toutes choses qui me stupéfiaient. Je protestais faiblement : « Je ne veux pas, moi ! » On me laissait dire. Peu à peu la vue du paysage accoutumé, les arbres, les buissons de la route, les chardons du fossé me réconfortèrent et je rentrai en mon état normal.

Mais la secousse avait été forte. Un grand problème avait surgi. — Le grand problème, je pouvais le perdre de vue, mais non pas l'oublier.

*
* *

Pour peu que l'on ait dépassé la jeunesse, on a vu tomber tant de parents, tant d'amis, tant de connaissances, qu'une mort nouvelle ne nous frappe plus de stupeur. Sans doute, un cadavre reste toujours étrange et chose désagréable à voir. On jette un regard rapide : « Comme il a changé ! » Et l'on passe, préférant n'y plus penser. On a mille affaires en train ; la routine quotidienne nous emporte. Avec la multiplicité de nos occupations, comment ne pas devenir superficiel ? D'un enterrement il faut courir à un mariage. Demain, il y a baptême. De jour en jour la vie s'écoule, et l'on ne peut s'arrêter pour prendre le temps de méditer.

Malgré tout, la mort reste le plus émouvant des spectacles. Tel se croyait blasé, mais il voit expirer une personne chérie, et, soudain, il perd pied, s'enfonce dans le désespoir et les vagues de l'angoisse roulent sur sa tête.

De la vie tomber dans la mort... Être, et, un moment après, n'être plus ! Invisible, muette et silencieuse, la mort se glisse, elle approche, elle est là. Du doigt, elle touche le cœur ; le cœur cesse de battre, et l'œil se ferme, plongé désormais dans l'éternelle nuit. Le front, naguère le palais de l'intelligence, a durci en bloc de marbre ; cependant une sueur glacée le mouille encore, la sueur de la dernière lutte. Où il y avait un homme, il n'y a plus que des chairs qui vont entrer en décomposition. Il n'a fallu qu'un instant, la durée d'un éclair, et voici que le Temps n'est plus et l'on entre au Pays Immuable.

Fatale est la catastrophe. A chacun son tour. « Aujourd'hui moi, toi demain », répètent volontiers les crânes sculptés sur les dalles funèbres, et ils grimacent un rire hideux. Sur les navires qui traversent le Grand Océan, les matelots se savent suivis par un requin. Le monstre ne se montre guère, mais parfois on le devine à une ombre grise entrevue dans le sillage. Tombe n'importe quoi, tombe n'importe qui, le ravisseur s'en saisit ; la proie morte lui est bonne, et meilleure encore la proie vivante... Une autre Ombre Grise s'acharne après les voyageurs qui traversent la vie, ombre infatigable et tenace. Tôt ou tard nous glisserons par-dessus bord, d'énormes mâchoires nous happeront, des ciseaux nous broieront, des marteaux nous écraseront.

*
* *

« Nous ne le savons que trop », pensez-vous peut-être. Ce sont là de tristes réalités. Était-il besoin de les rappeler ? Y a-t-il quelqu'un qui en ignore ?

— Eh oui, il y en a.

Que la Mort soit chose fatale et nécessaire, que l'homme naisse pour mourir, les sauvages contemporains n'en croient rien, et les Primitifs ne le croyaient pas davantage. De braves cœurs, de naïves intelligences supposaient, ou supposent encore, que la Mort ne devrait pas exister. « Si elle arrive, c'est par le fait de quelque crime. Sans doute, on voit tous les hommes mourir les uns après les autres, — les animaux aussi, — mais ils sont morts parce qu'on les a tués, parce que les sorciers ou de méchants esprits les ont assassinés. » Il n'y a pas de mort naturelle, prétendent-ils ; l'homme, s'il naquit en de bonnes conditions, est fait pour vivre toujours ; n'étaient les perfidies et les machinations des ennemis, il vivrait de siècle en siècle, comme font les arbres de la forêt, les cèdres et les chênes. La Mort ne vient, ne peut venir que du dehors !

On est stupéfait de la ténacité avec laquelle cette erreur se maintient dans les populations arriérées. Mais, parmi nos civilisés, il y a longtemps que la chose ne se discute plus ; on sait, à n'en point douter, que tout organisme est voué à la destruction. La science moderne enseigne que la mort est le dernier acte de la vie, comme la naissance en fut le premier. L'une et l'autre se nécessitent mutuellement, à la façon de la balance, dont un plateau ne peut monter sans que l'autre ne descende d'autant.

— « Il est vrai que tous les hommes tombent les uns après les autres », fut-il répondu. « Sans doute, nous n'en voyons guère qui reviennent, s'ils reviennent. Il se peut aussi que le corps soit voué à une destruction fatale, ainsi que vous dites. Vous avez peut-être raison en affirmant que l'union de la chair et du sang ne forme qu'une combinaison instable. N'empêche, après cette vie-ci, la vie continue ; elle continue indéfinie, éternelle. L'esprit qui anime ce corps périssable est d'essence immortelle : l'esprit ne peut périr, il ne périra jamais ! »

Cette hypothèse fut acceptée. On en fit la Doctrine, la grande Doctrine. Elle constitue l'essence des religions, toutes fondées sur le principe de l'Animisme. Que les profanes appellent Animisme ce que les dévots et fidèles appellent Spiritualisme, il importe peu, puisque les deux mots ne diffèrent que par une nuance délicate, imperceptible dans la conversation ordinaire. Toujours est-il que l'attribution à l'âme de l'immortalité et que la doctrine d'un sort heureux ou malheureux dans l'autre monde, constituent la moelle et la substance de toutes les religions. Elles prennent le défunt par la main pour le conduire et l'installer dans l'autre monde. Supprimez l'Au-Delà, il n'y a plus de religions. Toutes le reconnaissent, chacune le proclame.

L'idée de l'anéantissement définitif, irrévocable, est si répugnante à l'individu, qu'il la déclare inadmissible. Mais que répondre au fait brutal, comment se soustraire à l'inéluctable fatalité? Cet homme n'est plus qu'un cadavre, froid et sans mouvement, plus ses yeux ne s'ouvriront, plus sa bouche ne s'ouvrira...

— Son âme s'est envolée !

— Ah oui, son âme! Où est-elle donc son âme?

— Ailleurs !...

Et l'on imagina un Pays des Ames.

— Que faire au Pays des Ames?

— Eh! ce qu'on fait ici ! L'âme va, vient, s'occupe à quelque chose. Elle vit, donc elle agit, elle éprouve des sensations...

— Ainsi elle vivrait là-bas, elle vivrait vraiment, aurait plaisir et peine, douleur et joie?

— Assurément. La vie terrestre se continuera par une vie posthume, vie sans les inconvénients de celle-ci, existence embellie d'agréments nouveaux. Pour en jouir, il vaudra la peine de passer par la mort, par la mort, qui n'est plus qu'un mauvais moment...

Sur ce thème imaginé par les sorciers primitifs, les religions s'improvisèrent en maîtresses souveraines de l'Eldorado d'outre-tombe. On se donnait carte blanche. Aucune autre dépense que celle d'imagination. Il n'en coûtait rien, il n'y avait qu'à souhaiter pour être servi.

Les premières religions, même les plus grossières, furent une aspiration vers le bien, vers le mieux, vers l'existence parfaite. En ce monde idéal que l'on se forgeait dans les régions aromales, en ce Pays Bleu, tous accidents désagréables étaient supprimés, tous désirs légitimes seraient satisfaits.

Champ libre. Les espaces célestes s'étendent à des hauteurs, à des distances incommensurables. L'imagination, un hippogriffe, n'a qu'à déployer ses ailes, à se précipiter aussi loin que le rêve, plus loin que le possible. Va donc, âme affranchie des liens du corps ! Esprit immortel, plonge dans les abîmes, immerge-toi dans l'éther, baigne-toi aux sources de l'aurore, imprègne-toi des splendeurs du couchant ! Chemine par les sentiers de la Voie Lactée, monte dans la constellation du Chariot, consulte Algol, interroge Altaïr !

On s'y essaya... mais avec de piètres résultats. L'imagination n'est pas inépuisable, comme on se figure ; ses moyens sont peu variés et ses ressources limitées. Que fait-elle le plus souvent ? Mettre en scène des spectacles assez ordinaires, sauf à modifier les couleurs, exagérer les proportions et transposer les plans. C'est toujours le même paysage, mais regardé, soit à travers des vitres colorées bleu, rouge ou orange, soit à travers un verre déformant, lequel grossit ou rapetisse. D'abord, c'est très drôle, mais on s'en lasse vite, puis on trouve le spectacle maussade. Tous ces Eden nous paraissent d'autant plus ennuyeux et monotones, qu'on a voulu les représenter ordonnés et parfaits. Celui de l'*Enéide*, le mieux réussi, se distingue par la sobriété du dessin et la modération du pinceau : on dirait un paysage de Claude Lorrain. Quant aux « Prairies Célestes » des hordes incultes, il est rare qu'elles montrent autre chose que des scènes de barbarie et de sauvagerie : chasses magnifiques, batailles acharnées, mirifiques mangeries, glorieuses beuveries. Sauf les proportions surhumaines, les Paradis de Mahomet ressemblent assez au Jardin des Califes, à Bagdad, à l'Alcazar de Séville, à l'Alhambra de Grenade, mais les houris sont plus nombreuses : ajoutez les danses et la musique, et la coupe des voluptés est à peu près épuisée.

On sentit de bonne heure que ces lieux de délices manquaient de matière et de substance, qu'il y fallait autre chose que la durée indéfinie et la satisfaction donnée aux besoins physiques. On y voulut mettre de l'idéal, on se promit d'y implanter le sentiment et d'y faire couler la moralité à pleins bords. On voulut que les malheureux d'ici-bas trouvassent là-bas ample dédommagement aux souffrances qu'ils avaient endurées. On décréta que la Justice, si souvent ignorée ou même pourchassée parmi nous, serait du royaume éternel l'auguste souveraine. De cette affirmation, toute nation plus ou moins débarbouillée de l'inculte sauvagerie fit le premier et grand article de foi.

En même temps que s'affirma la Morale, s'affirma aussi la Science... entendons-nous bien, la science enfantine et rudimentaire, la science telle que les Sorciers l'imaginaient parmi les Troglodytes, telle que la formulaient les Sapients parmi les rivaux de l'ours, parmi les chasseurs du renne et les mangeurs de chevaux. Ces premiers philosophes se disaient inspirés par les morts des temps passés, les morts que le sépulcre avait initiés à tous mystères, auxquels la terre avait confié tous ses secrets. La Religion s'institua révélatrice, enseigna une astronomie, une géologie, une physiologie mirobolantes. Elle parlait au nom de l'infini et de l'absolu. Pure condescendance, qu'elle permît à la philosophie de marcher derrière la théologie, de la suivre en humble servante ! La Révélation le prenait de haut avec les métaphysiciens : « De vos élucubrations, nous n'avons cure. Vous cherchez, cherchez sans cesse, mais sans aboutir. Quant à nos prêtres et pontifes, ils n'ont qu'à puiser aux sources éternelles. » Se disant et se croyant au-dessus de l'intelligence, à la révélation peu chaillait d'être intelligible ; elle traitait en coupables et mécréants les malheureux qui se plaignaient de ne pas comprendre, ou qui se permettaient de raisonner après qu'elle avait parlé.

Dans notre Europe occidentale, cet état de choses dura un millier d'années.

Mais entre temps, de siècle en siècle, les observateurs s'aperçurent que l'expérience ne peut frayer avec la Révélation. Elle se donnait pour indiscutable, légiférait dans les trois mondes du Ciel, de l'Enfer et de la Terre, arguait de l'éternité, tandis qu'ils marchaient terre à terre, s'affairaient aux balances, aux métrés, aux analyses, ignoraient, ignorent encore s'il y a quelque chose au delà du temps. Après le divorce, l'émancipation. Aujourd'hui, entre la science officielle et la religion d'Etat, les relations sont de pure convenance : le Recteur d'académie complimente Monseigneur l'Évêque, lequel le remercie finement. L'ancienne association est rompue à jamais ; la science et la religion vivent à part leurs intérêts sont distincts.

*
* *

Jamais la religion n'eut avec la science des rapports aussi intimes qu'avec la morale, le droit et la justice. Encore aujourd'hui, ceux qui ne se piquent pas de préciser leurs idées, attribuent facilement à la religion ce qui appartient à la morale, à la morale ce qui appartient à la religion.

Bien entendu que la religion avait commencé par tyranniser la morale, par la traiter en vassale et sujette. La religion aime à se targuer de l'incommensurable supériorité de l'infini sur le fini, de l'éternité sur le temps. Le seul gouvernement que la religion acceptait, ou qu'elle accepte comme légitime, c'est celui de la théocratie, de la théocratie dont le Thibet nous montre l'exemple le mieux réussi. L'idéal du gouvernement chrétien eût été un Empereur fonctionnant en général suprême des armées, en policier du Souverain Pontife, siégeant au Vatican. Et l'on eût dit à tout Européen : « Tu obéiras à l'Empereur, ou le Pape t'enverra en enfer. Tu obéiras au Pape, ou l'Empereur te coupera le cou! »

Ne perdons pas un instant de vue que le vieux monde ne connaît à la morale de sanction autre que la contrainte. Tous les justiciers ont un glaive ou un fouet pour attribut. « N'était la verge en ma main, que deviendriez-vous ? » demandait le seigneur Jéhova, parlant par la bouche du prophète Ezéchiel.

Le châtiment, le châtiment en ce monde et dans l'autre, telle est la raison dernière de tout ce qui s'appuie sur la religion et sur la morale officielles.

Cela date de loin.

Manou, le premier législateur, Manou, le fils de Brahma et le père des hommes, dit la légende, Manou enseigne que « le monde ne subsiste que par le châtiment. Sans châtiment il n'y a que tumulte et crime, le peuple s'effondre dans le désordre... » Les philosophes de la réaction, les prophètes de l'obscurantisme, les Joseph de Maistre et les Donoso Cortès, autant de disciples à Manou : ils célèbrent l'échafaud, magnifient le bourreau. Et ne pensez pas un instant que ces docteurs soient les exagérés d'un parti, les porte-voix d'une faction que l'on puisse dédaigner. Ils expriment, nettement et sans ambage, la doctrine officielle de tout Etat. Tant le droit canon que le droit civil commandent sec et net : « Obéis ou je te tue ! » La mort est le meilleur de leurs arguments ; ils menacent, l'un du glaive ou de la potence, et l'autre brandit la clé qui ouvre et qui ferme les fournaises embrasées. Le gendarme et le diable, l'enfer et la guillotine, voilà leurs preuves.

De ce droit de vie et de mort, le pouvoir temporel et le pouvoir spirituel se sont tellement enorgueillis, qu'ils prétendent vivre par eux-mêmes et pour eux-mêmes, et s'il leur plaît ainsi, vivre en dehors de la morale, de la justice, même du bon sens, avec lequel ils déclarent catégoriquement ne vouloir pas être confondus. La religion fait sonner bien haut son *Credo quia absurdum* : « Pure absurdité ce que je vous enseigne, mais vous le croirez ! » Et l'argument préféré des tyrans, celui qu'ils caressent, fourbissent et paradent, est celui de la raison d'Etat. Toujours le premier acte du Dictateur sera de jeter son manteau chamarré d'or sur la tête de la Justice, afin qu'elle ne voie, qu'elle ne dise plus rien... Courroucée, l'auguste déesse proteste sous le drap qui la cache aux yeux, elle frémit en son corps de marbre :

« Ils parlent de raison d'État ? Ne suis-je pas, moi, la seule raison d'être des hommes et des nations ? Ignorent-ils donc, ces malheureux, que le monde ne subsiste que par la justice ! »

Et cette chose que l'on appelle la Conscience cogite et médite en nous. Elle pense que les Etats, les religions, ne peuvent se distinguer de la morale que pour se mettre dans leur tort. Les religions, tout spécialement, ne sont vraies que par la quantité de morale qu'elles contiennent. Est faux, tout ce que les religions sont seules à affirmer. Est vrai, tout ce que la morale dit comme elles, et disait avant elles. Et quant aux Etats, leur vitalité se proportionne à leur justice. Quoi qu'en disent Manou et tous jurisprudents ou théologiens, les peines et les châtiments ne sont pas des arguments, l'enfer n'est pas une raison !

*
* *

Arrêtons-nous ici pour délibérer nos voies et sonder nos cœurs. C'est ici qu'un chacun saura s'il appartient au peuple blanc ou au peuple noir, à la phalange des hommes libres ou à la multitude des esclaves. Il faut se ranger à droite ou à gauche.

A-t-on — n'a-t-on pas — la conscience délicate et la vigueur virile ? D'un côté, voici la morale courante, la morale légale ainsi nommée, la morale que l'on ne distingue pas toujours du Vice. De l'autre côté, il y a la morale qui se confond avec la vertu, et que plusieurs appellent tout simplement la Vérité. Et qu'ils se rassurent ceux qui ne l'aiment point : il ne la connaîtront jamais ! C'est affaire de tempérament et de constitution ; à l'instar des amandiers, dont les uns portent des amandes douces et les autres des amandes amères. Des hommes, les uns sont nés pour vivre dans la crainte, qu'ils confondent avec la loi. Cette crainte, il ne leur déplaît pas de l'éprouver et ils se délectent à l'inspirer. Ils tiennent l'argument du fouet pour décisif, et la raison du knout pour indiscutable. Mais il en va autrement des cœurs vaillants et des esprits généreux. Autre l'horizon de la taupe, autre celui de l'alouette. Chacun juge suivant sa norme intérieure : le juste suivant son équité, le mauvais suivant sa malice.

Et tel point de départ, telle philosophie. Ceux qui prétendent que la justice est l'œuvre du châtiment, et que sans contrainte il n'existerait pas de moralité, sous-entendent qu'il n'y a d'honnêtes gens que ceux qui n'ont pas filouté, et que les filous seraient des brigands, s'ils osaient. Et ils ont imaginé le péché originel, ont infesté la Nature d'une syphilis congénitale. Ils infligent la responsabilité de cette lèpre au Créateur, qui après avoir modelé l'homme à son image et à sa ressemblance, se déclara satisfait de son œuvre, et la signa de son nom.

Mais pour les autres, la Justice est autre chose que la servitude pénale. Pour ceux qui évoluent de l'imparfait au meilleur, et du meilleur à l'excellent, la Justice est l'idéal des espérances, l'objet des amours. Ils comprennent la Loi comme étant le développement normal des germes et des facultés, l'évolution cosmique. Point ils ne la distinguent de la vaste raison des choses, de l'auguste nécessité qui, dans les profondeurs de notre conscience, se confond avec notre nature et notre liberté.

*
* *

Il serait temps enfin d'étudier de plus près la mort, appelée la reine des épouvantements, la mort dont les Etats ont fait la cheville ouvrière de leur justice et de leurs institutions politiques ou sociales, la mort dont les religions ont fait leur point de départ, le grand objet de leurs révélations.

« La mort, répond l'illustre Spinosa, la mort n'est rien, parce que la vie est tout ! »

En face de tout le vieux monde qui a divinisé la mort et le meurtre par les bourreaux, les généraux et leurs armées, combien cette assertion semble paradoxale ou insensée ! Pourtant, à mesure qu'on l'examine, elle perd de son étrangeté, et quand on la comprend, on admet qu'elle exprime la vérité vraie, que jamais on n'entendit plus forte ni plus noble parole. Aussi fut-elle prononcée par un homme aux pensers vastes et profonds.

En effet, la mort n'est autre chose que la négation de la vie, la limite, soit entre l'En-Deçà et l'En-Delà, disent les uns, soit entre la vie et le néant, prétendent les autres. Mais la vie c'est l'évolution de l'être et, qu'elle soit longue ou courte, elle participe, pour une durée quelconque, au grand Cosmos. — Nous vivons vingt ans, ou quarante, ou soixante ? — C'est quelque chose. Mais que font dix mille années avant notre naissance, dix millions de siècles après notre décès ?

— Si la mort n'est rien, pourquoi donc la frayeur qu'elle inspire ?

— Remarquez d'abord que cette frayeur n'est point égale pour tous. Ainsi le sauvage l'a moindre que les civilisés, parmi lesquels les jeunes gens en sont normalement à peu près exempts. En sa force et en sa verdeur, l'adolescent se risque si volontiers qu'il semble chercher l'occasion de se débarrasser de la vie. Au contraire, le vieillard s'y attache et s'y cramponne ; moins elle vaut, plus il la tient pour précieuse. Quand roule le flot de large et abondante jeunesse, quand l'électricité rayonne par les doigts et par les yeux, les besoins courants n'absorbent qu'une part de l'énergie disponible. Le surplus se dépense en vaillance, en témérités superbes, en actions d'éclat. Les meilleurs se prodiguent en héroïsme et en dévouements, les maladroits se gaspillent, provoquent rixes et batteries, s'engagent en mauvaises affaires. Des énergies mal contenues, des passions exubérantes, les font ressembler à des chevaux ivres de force et d'avoine, impatients de fournir un effort extraordinaire, de risquer l'accident. L'âge viril, lui, s'adonne aux travaux soutenus, proportionne l'effort à la résistance, ne dépense pas le fluide nerveux inutilement. Mais le vieillard s'alourdit de jour en jour, sa moelle se dessèche dans les os, le sang coule plus paresseusement dans les artères. Voyant les ombres du soir s'allonger, il se fait avaricieux, pusillanime et chagrin. Son influence dans la cité ne diminue pas en proportion de sa vigueur. Moins il agit, plus il intrigue, mieux il vante son antique prouesse et sa prudence actuelle. Si bien que lui et les autres gérontes sont nommés sénateurs et conseillers dirigeants, pontifes, grands-prêtres, législateurs, tant au temporel qu'au spirituel.

— Mais encore une fois, si la Mort n'est rien, pourquoi vous en occupez-vous ? Pourquoi disserter longuement sur les systèmes de morale qu'elle a suscités ? Si la mort n'est rien, vos religions, tantes et quantes, n'ont qu'une valeur négative, ne représentent qu'un processus maladif, une erreur fatale. Vous jugez bon d'y perdre votre temps — c'est votre affaire —, mais pourquoi y perdrions-nous le nôtre ? Vous méditez sur des songes et analysez des rêveries. Chacun son goût. Puisque vos religions dérivent de la Mort, il est fatal qu'elles y retournent. Nous irons aux faits et aux réalités, nous irons à la Science, qui est vivifiante parce qu'elle est issue de la Vie. Et voici une parole que vous ne contesterez pas : « Laissez les morts ensevelir leurs morts ! » Si le cœur vous en dit, enfermez-vous avec vos momies, et grand bien vous fasse !

— Les momies, disiez-vous ? Hé bien, à dérouler les bandages des momies, les savants modernes ont fait surgir une civilisation inconnue ; à déchiffrer grimoires et papyrus, ils ont ressuscité de longs siècles oubliés. Les cadavres, disiez-vous encore ? — Est-ce que les futurs médecins n'inaugurent par leurs études par la salle de dissection ? Aucun os, aucun muscle ne doit leur échapper ; puis ils s'affaireront aux kystes, tumeurs, goitres et cancers. Les productions anormales donnent la clé des formations normales : la physiologie doit à la tératologie bonne partie de ses découvertes. Tôt ou tard, l'étude, des maladies mentales renouvellera notre psychologie. De même, pour comprendre l'histoire, il faut s'entendre aux religions, car les peuples naissants pensent et sentent sous forme religieuse ; les religions font partie intégrante de l'évolution humaine.

Les premières religions furent la première science. De vieux sorciers la concoctèrent. Des magiciens s'essayèrent à la médecine et à la philosophie, essais informes, ridicules aujourd'hui, mais par lesquels il fallait débuter. Ils mirent en circulation quantité d'idées, tant fausses que vraies, lesquelles maintenant encore font partie intégrante de notre développement et même de notre intelligence ; — il semblerait que l'humanité ait dû épuiser l'entière série d'erreurs possibles, avant d'être admise au parvis de la vérité. Les fétiches grimaçants du Congo, ces affreux bonshommes avec d'énormes têtes, gros ventres et membres grêles, avec un paquet de crins sur la boule, des coquillages figurant les yeux et vous ouvrant une gueule de crocodile... eh bien ! il a fallu partir de ces marmousets grotesques pour arriver au Jupiter de Phidias et à la Vénus de Milo. Comme de la sculpture, il en a été des autres arts et de toutes les disciplines. Sans la science des religions, il serait impossible de rien comprendre à la genèse intellectuelle des peuples et nations.

C'est avec l'esprit nouveau que nous étudierons ces vieilleries. Apportez votre ardeur et votre enthousiasme et donnez-moi de votre jeunesse !

III

LES RITES FUNÉRAIRES

SOMMAIRE

Le mort est dit impur parce qu'il faut s'en garer, et il faut s'en garer parce qu'il est redoutable. — Yeux fermés. La tête tournée contre la muraille. Les masques. Obstruction des ouvertures du corps. Ruses pour éloigner l'Esprit. — Les règlements de compte. — Les morts étant puissants, il faut s'incliner devant leur pouvoir et acheter leur faveur. Ainsi naquit la Religion et en même temps l'Hypocrisie. — Les honneurs rendus aux morts sont aussi des précautions prises contre eux. « Osiris est un dieu noir ». — Ne pas prononcer le nom des morts. Il ne faut pas trop les regretter. Les glaces de l'appartement. — Diverses manières de se débarrasser du corps. Les enterrements. Convois bruyants. Toilette du mort. Pierres tombales. Mutilation des cadavres. — Après l'enterrement, la Purification. Celle des fossoyeurs, celle des veuves. — Le Roi est mort, vive le Roi ! Personne au monde n'est indispensable.

Le cadavre, et celui de l'homme plus qu'aucun autre, passe pour la plus impure de toutes les impuretés.

On est mis en quarantaine pour l'avoir touché ou simplement approché. Un mort de la famille souille davantage qu'un mort étranger, souille en proportion du degré de parenté. En Phénicie, au temps de Lucien, la maison du décès devait être évitée pendant un mois entier, et l'individu qui avait vu le corps se tenait à l'écart pendant une entière journée. Josias, un roi yahviste d'Israël, ne put imaginer plus cruelle insulte à Baal et Astarté que de vider dans leur sanctuaire et sur la pelouse aux entours, les ossements de leurs adorateurs. Les Japonais et en général tous les

Bouddhistes ont semblables idées. Chez les Malgaches, nos contemporains, les membres de la dynastie royale ne sauraient assister aux derniers moments que de parent ou d'intime. Encore aujourd'hui, toucher un mort n'est pas loisible au cohen, c'est-à-dire à l'Israélite issu de prêtre ou de lévite. Au sacrificateur, le *Pentateuque* interdisait de prendre le deuil pour autres personnes que mère, père, fils, fille et frère. Quant à la sœur, il fallait qu'elle fût morte encore vierge. Les Orientaux prétendent que pareil objet salit jusqu'aux routes. Les Birmans s'opposent à ce qu'un convoi funèbre traverse le village : qu'il fasse un détour ! Les Persans n'admettent pas non plus qu'un cercueil soit porté à travers leur ville : « Que telles choses sortent de chez nous, mais n'y entrent pas ! » — Les Maoris éteignaient le feu de leurs foyers quand passait un de ces cortèges. — « Un tisserand de nos chrétiens mourut à Tinevelly, raconte un missionnaire de l'Inde. Ses coreligionnaires le voulaient transporter à Palamacotta, où ils ont un cimetière. Mais les Palamacottais alléguèrent que la mortaille leur souillerait temple et quartier. Le magistrat anglais ordonna de passer outre. Les habitants ayant accueilli le cortège à coups de pierres, l'autorité répondit à coups de fusil, et force resta au gouvernement ; mais il se tint pour renseigné. »

On dit le mort impur parce qu'on le tient pour dangereux. Il passe pour méchant et rancunier, on suppose qu'il se vengera sur autrui du malheur qui l'a frappé. Le frère qui vient de mourir en veut à son frère vivant, prétend-on, le père trahit son fils, la mère empoisonne sa fille. Ceux qui les approchent, ils les assassinent, soit de propos délibéré, soit pour avoir des compagnons d'infortune, soit parce qu'ils ne peuvent faire autrement, et que sans le savoir et sans le vouloir, ils exhalent fièvres, varioles et pestes. En mainte épidémie, ne vit-on pas une première victime en infester une deuxième, le virus se communiquer à une troisième, jusqu'à ce que des cadavres jonchassent la plaine par multitudes, jusqu'à la destruction de populations entières et d'armées nombreuses ?

Défiez-vous, défiez-vous ! Le ci-devant semble incapable de se défendre, même de se mouvoir ; il ne bouge ni pied ni patte, et n'en reste que plus terrible ; le sournois tue en sourdine. La mort, la hideuse mort, se cache sous cette forme glacée. A travers ces yeux ternes et vitreux vous regarde l'œil funeste... Défiez-vous, défiez-vous !

Pour que cet œil ne maléficie pas les vivants, les parents surveilleront l'agonie et fermeront au bon moment les regards qui s'éteignent. Les Tchouvaches, avant que leur ami n'ait poussé le dernier soupir, l'enlèvent de la couchette, l'empaquettent dans un coin, lui tournent la figure contre la paroi : « Là, mon bon, tu ne troubleras personne ! »

Mainte population couvre d'un masque le visage des morts : ainsi les Aléoutes et aussi les Uskoks de la Carniole. Dans les funérailles pompeuses, les Romains produisaient le mort avec un masque de cire coulé sur le visage. En outre, Auguste, empereur et souverain pontife, fit tendre un tapis devant les restes d'Agrippa, dont il prononçait l'éloge funèbre. Nombre de ces masques ont été découverts en ces derniers temps, — ainsi à Mycènes, celui d'Agamemnon peut-être, — ainsi dans la Russie méridionale, à Kertch, à Olbia, — et aussi en Thrace, — dans l'île de Chypre, — en Phénicie, — en Babylonie. On exposait les empereurs mexicains, et aussi les rois des Chichimèques, avec une feuille d'or leur moulant le visage, et on leur mettait une émeraude aux lèvres.

Quand le mort reste à visage découvert, ses visiteurs se cachent volontiers les yeux derrière des voiles ou des planchettes, qui ne laissent voir que le bout dés pieds. Au retour du cimetière, les Niassis s'enferment dans l'obscurité pendant quatre jours.

Il faut obstruer les ouvertures du cadavre, et plus particulièrement la bouche et les narines. « Puisque la mort est là-dedans, qu'elle y reste ! disent les Cayavavas et les Itouanas de l'Amérique du Sud. Les Voigtlandais d'Allemagne sont assez de cet avis. Les Bukits de Bornéo collent des pièces d'argent sur les yeux, les lèvres et les oreilles du défunt. Quand un brahme passe de vie à trépas, le maître ès cérémonies répète une prière devant chaque ouverture du corps, la purifie avec du beurre, et la baise.

Lorsque s'annoncent les derniers moments du Roayna, Indien de la Pampa del Sacramento, les femmes lui ferment yeux et bouche, l'entortillent dans son hamac, pèsent sur lui de tout leur poids, jusqu'à ce qu'il lâche le dernier souffle. Sans tarder, elles éteignent les lumières, font fumer les tisons. L'âme agacée bat en retraite sur les toits, dont on la déloge en infectant d'immondices la porte et les alentours du gourbi ; dégoûtée, renfrognée, elle abandonne alors les lieux que naguère elle appelait siens. Pour pratique qu'il puisse être, le procédé ne sent guère son gentilhomme. Elevés à la même école, les Hidatias font cramer des mocassins devant la tente, jusqu'à ce que la place devienne intenable. Les Conibos saccagent tout ce que possédait le défunt, brisent les poteries, brûlent les meubles, éparpillent les cendres du foyer, sapent ses arbres. Les Kouriles, les Kamtschadales, les Tchouvaches déchirent les manteaux et caftans, — malheur à qui s'approprierait quelque harde ! De l'Aïno décédé, on incendie aussitôt la demeure. Nombre d'Africains de la côte occidentale démolissent la cahute jusqu'aux fondements, mettent le feu aux poutres, aux meubles, au toit de la paillote, — l'éviction est complète. Bétail égorgé après le propriétaire, chiens et chevaux empalés, esclaves et serviteurs pendus ou étouffés, amis et compagnons massacrés, épouses et concubines brûlées vives, — nous en pourrions citer des exemples jusqu'au dégoût, jusqu'à la nausée. Le mort s'en va, accompagné de tout ce qui lui appartenait, vivant ou inanimé. Rien n'est distrait de son avoir, il emporte tout ce qu'il peut réclamer : « les bons comptes font les bons amis. »

Plutôt que de s'engager en computations de doit et avoir, nombre de sauvages, parmi lesquels les Andamènes, repoussent toute responsabilité, laissent le mort régler lui-même ses affaires de succession, s'en vont ailleurs, ne reviendront de quelques mois. Les Campas abandonnent la hutte que la Mort a touchée de son aile noire, vont s'établir ici ou là ; les Yumas pourront revenir dans le voisinage, mais jamais ne se fixeront plus au même endroit. Les Bochimans réduisent en cendres la tente et disparaissent pour une ou deux années. Les Ouanikas mettent la demeure en flammes, dévastent les cultures, quittent l'endroit hanté désormais. Les Montagnais du Labrador prennent la chose moins tragiquement ; ils sautent et dansent à l'entour de la maisonnette, cognent sur les parois : Ouste ! Ouste ! — Pas plus loin qu'en Hongrie, à Neu-Sohl, les choses se passent en douceur. On amuse l'âme par le tintinement d'une clochette, ferlin-ferline : la clochette guide l'esprit désemparé, le guide du lit à la porte, de la porte à l'église, puis le pousse au cimetière, gentiment, toujours gentiment. Dans la capitale de Siam, c'est en faisant parler la coulevrine que l'on expulse les démons impurs, à la fête de la Purification.

Puisque les morts sont malfaisants, il faudra se bien garder de les offenser ; puisqu'ils se plaisent à tuer, il y aura lieu de leur sacrifier des victimes. On débattra la quotité du tribut à payer, sachant, hélas ! qu'il ne manquera pas d'être onéreux. Si on ne lésine pas sur l'article hommages et démonstrations, on réussira, sans doute, à transformer ces ennemis en protecteurs. On flattera ces envieux, on caressera ces êtres jaloux, on les invoquera comme divinités secourables. Les affreuses Erinnyes, on les qualifiera d'Euménides ; on sacrifiera aux Furies, en les titrant de « Bienveillantes Déesses ». La naïveté de ces grands enfants se complique de ruse et de malignité. « Pour que ces morts ne nous dévorent pas, nous leur servirons moutons et chèvres, vaches et veaux. Nous les gorgerons de sang, nous les empâterons si abondamment qu'ils s'affaleront dans la torpeur des digestions. Les honneurs dont ils jouiront ne manqueront pas de les rendre inoffensifs. En belle pompe nous les installerons dans une forteresse aménagée en sanctuaire. La prison reluira de métaux précieux, marbres et porphyres, les geôliers fonctionneront en prêtres et sacerdotes. On les verra, ces dieux, siéger, graves et imposants, au milieu du peuple agenouillé, mais nous saurons que sous la dalmatique aux bandes or et pourpre, ils ont la main gauche enchaînée au sceptre de justice, et la main droite rivée au foudre à six pointes. Et comme l'obscurité qui tombe de la coupole n'y suffirait pas, nous les aveuglerons, nos bondieux, par d'épaisses fumées d'encens. Tous les douze mois, nous les sortirons du somptueux sépulcre pour les montrer à la foule des fidèles, les porter en procession, augustes et muets, au milieu du fracas des trompettes, du sifflement des fifres et du roulement des tambours. Une armée de lances leur fera cortège, des surveillants mitrés et vêtus de pourpre les mèneront où nous voudrons qu'ils aillent, puis les réintègreront dans le cachot aux lambris dorés et vernissés.

C'est ainsi que naquirent la Religion et l'Hypocrisie, sa jumelle. La crainte et la lâcheté se déguisèrent en tendresse et en sollicitude, pour finalement se transformer en exploitation. Ce fut parce que les morts passaient pour méchants et redoutables qu'on en fit des Dieux. Et ces Dieux, on les machina bientôt en instruments de domination et de fourberie. Le secret des mystères d'Isis,

« Osiris est un dieu noir »,

secret terrible, qui sans doute n'était révélé aux initiés qu'après de longues épreuves, lesquelles émoussaient la sensibilité, énervaient la droiture, mais que finissaient par deviner ceux qui en étaient capables, — quelle angoisse, quel désespoir il portait dans les âmes droites et les cœurs sincères !

Toutefois, n'oublions pas un instant que si, en dernière analyse, tel dogme se trouve être une infecte mixture d'égoïsme et de lâcheté, d'autre part, dans les âmes bien nées, il suscitera d'admirables élans et des martyres parfois sublimes.

Curieuse chimie que celle qui fonctionne dans le laboratoire de l'âme humaine ! Quoi de plus dissemblable que l'amour et la haine ! Pourtant, l'amour se déguisera en haine, la haine en amour ; les intéressés même s'y tromperont. Quoi de plus répugnant que l'égoïsme extrême, quoi de plus admirable que le dévouement ? A certaine profondeur, ils se confondent. En certaines conjonctures, les électricités de nom contraire se substituent l'une à l'autre et l'on ne sait encore ni le pourquoi, ni le comment. Et nous voilà ramenés à la formule antique et toujours nouvelle de l'identité des contraires.

La convention qu'il ne faut plus prononcer le nom du décédé, nous pouvons la qualifier d'universelle, puisque nous la trouvons chez les Aïnos de l'Extrême Orient, chez les Madécasses de la grande île africaine, en Silésie, chez les

Peaux Rouges et ailleurs. La coutume est si répandue et si strictement observée qu'elle a contribué à la différenciation des langues.

Dire ce nom redouté à moins d'invocation spéciale et de solennelle circonstance, serait manquer de respect à la divinité nouvelle, dont on provoquerait l'ire en la mandant, sans nécessité, dans notre frivole et profane existence. L'entendant résonner, le défunt se croirait appelé et se hâterait d'accourir, — mais comme accourent la Fièvre et la Peste. Il se vengerait si l'on paraissait insensible au coup qui l'a frappé, à cette perte de la vie dont si fort il se désole. Mais il ne serait pas moins dangereux de le regretter sincèrement; votre douleur lui donnerait trop de facilité pour revenir.

« Toute larme qui tombe sur le refroidi coûtera la vie à quelque chrétien », vous dit le Bavarois. Et le Zoulou, auquel on annonce le décès d'un parent ou bon compagnon, égorgera un veau « pour se purifier du chagrin ». En effet, un deuil sincère souille son homme, met le mort en sympathie dangereuse avec les vivants. Entre eux et nous, il faut couper les communications trop faciles.

La Peur, se déguisant en respect, explique maints autres usages, moins arbitraires qu'on pense. Ainsi l'on vous dit que pendant le grand deuil, et tout au moins jusqu'à l'enterrement, il faut couvrir les glaces d'un voile, ou les retourner contre la paroi. — Pourquoi ? — On répond que les miroirs égaient trop l'appartement, se prêtent trop à la vanité des allants et venants. — Soit ! Mais ajoutons que les glaces sont des fenêtres ouvrant sur un monde fantastique, celui des formes sans substance et des apparitions immatérielles. Tel s'y mirait complaisamment, quand il constata soudain qu'un fantôme le regardait par-dessus l'épaule. Il frissonna en se voyant contemplé par une figure sévère et attristée.

Ce corps pourrissant et dégageant d'immondes effluves, il faut l'éloigner au plus tôt, soit qu'on le jette au fleuve ou dans un marais, qu'on l'apporte dans la forêt ou la brousse, qu'on le brûle, que l'on creuse un trou dans la terre ou dans le sable, ce qui est encore le moyen le plus expéditif et le plus pratique de s'en débarrasser.

Nombreuses et variées sont les précautions prises à la levée des restes. Des Chinois, des Inoïts groenlandais, des Siamois, des montagnards de l'Inde, des Bochimans — et combien d'autres! — croient expédient de passer le cadavre par une ouverture exprès, pratiquée à travers toit ou paroi ; mais plusieurs estiment que la fenêtre pourra suffire. Interrogés sur le pourquoi, les braves gens vous disent bien haut que c'est pour faire au défunt un plus grand honneur. Mais ils vous avouent tout bas qu'ils ont voulu dépister la Mort, et que s'il lui prenait la fantaisie de repasser, elle trouverait visage de pierre, figure de bois.

Souvent, on accompagne le cortège d'un vacarme de sifflets, gongs et tambourins, de lances et épées que l'on brandit vivement : c'est pour intimider la démonaille qui accourt de tous les points de l'horizon pour faire connaissance avec le nouvel arrivant et peut-être lui faire une réception désagréable; surtout s'il arrivait après midi sonné, ce qui serait contraire aux convenances macabres, du moins chez les Slovènes. D'après une légende talmudique, l'Ange de la mort suit le convoi, en main l'épée nue, avec permission de s'en servir. Ce qu'il ferait assez volontiers, frappant de préférence sur les femmes, sempiternelles pécheresses, filles de l'Eve qui dans le monde introduisit mort et péché.

Fréquente était, est encore la pratique de peinturlurer le visage pâle avec du vermillon. A cela, double avantage : le barbouillé sera flatté de montrer sur sa personne la couleur officielle des dieux, il sera moins répugnant à voir et ne regardera pas le monde avec son mauvais œil.

Dans les cas ordinaires, les populations chrétiennes se contentent d'asperger leurs défunts avec de l'eau bénite, de les pourvoir de crucifix, *agnus dei* et médailles miraculeuses. Ces précautions ne suffiraient pas aux Carinthiens, qui lient le corps, de la tête aux pieds, l'entortillent d'un fil en trois places importantes, noué à des bougies rouges, disposées en croix. Quand le cercueil passe la porte, ils le secouent vivement, de-ci de-là, par trois fois, puis, avec des palmes bénites, barricadent l'entrée derrière eux. — Avant de charger la charrette, les Esthes font résonner la bière sous trois vigoureux coups de botte ; geste irrévérencieux, que nous interprétons ainsi : « Un tel, nous ne vous connaissons plus. Tenez-vous-le pour dit ! » Une pratique encore fréquente dans l'Europe centrale est de charger la tombe de pierres lourdes : — Si elles étaient légères, explique-t-on avec plus de politesse que de bonne foi, l'âme s'agiterait et se troublerait, ne voudrait pas rester en place. Ce qui nous rappelle que, dans le poème arabe d'Antar, la mère avise les fossoyeurs qu'ils ne sauraient, sur le corps du héros, amonceler rocaille trop grosse ou trop pesante. Les Tchérémisses enferment la tombe entre de hautes palissades que son prisonnier ne pourra franchir, espère-t-on. Des Tchouvaches boulonnent soigneusement le cercueil, y clouent une traverse, laquelle immobilisera les bras. Telle horde australienne replie le squelette sur lui-même avant de le déposer dans l'arbre creux, son futur sanctuaire. Telles autres lui brûlent les ongles ou lui tranchent pouces et orteils. Quantité de tribus et populations, parmi lesquelles les anciens Béni-Israël et les Chibchas de Cundinamarca, mettaient au cadavre de vraies poucettes.

S'ils se défient particulièrement d'un mort, les Achantis

lui enfoncent un couteau dans la gorge. Les Abipons lui arrachaient cœur et langue. Les Thuringiens d'autrefois lui coupaient le cou, pratique simple et expéditive, très approuvée. Les nègres de Kouka, près le lac Tchad, usent encore du procédé, mais à les en croire, dans une intention purement décorative ; les têtes sont placées en haut du monument : celles des femmes dans une marmite, celles des hommes en une paille tressée.

*

Tout le temps que dure l'ensevelissement, le Norvégien tient attelé à rebours le cheval qui apportera le corps. Les montagnards français des Vosges, des Hautes et des Basses-Alpes brûlent en un carrefour du cimetière, ou en une croisée de routes, la paille du lit et celle de la charrette mortuaire ; en même temps que la fumée, l'âme montera au ciel, prétend-on dans la Basse-Autriche. Les Franc-Comtois et les Morvandiots n'ignorent point que, si l'on faisait litière avec la paille sur laquelle un chrétien a rendu l'âme, le bétail ne tarderait pas à crever.

La cérémonie terminée, chez les Todas des Nilgherries, les Javanais et mainte misérable population chinoise, c'est un sauve qui peut ; l'assistance s'enfuit, s'éparpillant soudain. En maint canton bavarois, sitôt la civière déchargée, les chevaux repartent à toute vitesse, comme si l'ennemi était aux trousses. On détale sans regarder ni se retourner. Compliquer sa fuite de tours, détours et zigzags, — précaution recommandée, afin de dépister les poursuites. Des Peaux Rouges, des Croates jettent des cailloux derrière eux. Raisonnant mieux leur affaire, les Tchouvaches et leurs voisins font rougir des cailloux au foyer, et les jettent derrière le cercueil, au moment du départ pour l'inhumation. Les

Araucans du Chili suivaient avec un sac de cendres chaudes qu'ils déversaient sur la route, afin que le revenant s'y brûlât les pieds. Les bons Argoviens envoient ou envoyaient après le cercueil une ou plusieurs seilles d'eau. Les Juifs se contentent de jeter derrière leur dos des touffes d'herbe ou quelque branchille. Chez les Indiens Odjibéouais un des parents se dévoue : tenant en main un rameau feuillu, il protège la retraite, fait le geste de chasser les mouches importunes. Les Kamtchadales traversent un cercle magique de rameaux entrelacés. Les Guinéens, les Congolais, les Maravers du Mouata Cazembé barrent le chemin du retour avec des fagots d'épines, des bambous en palissades. Avec le tranchant de la hache, les Wotiaks de Sibérie tracent un sillon à travers le sentier du cimetière.

Il importe qu'un cours d'eau sépare le village et la cité des morts. Le défunt ayant été logé bel et bien, suivant les règles, on tient à lui ôter le désir et les moyens de quitter sa dernière demeure : — « Ici, tu es bien, restes-y. Nous sommes bons amis, mais chacun chez soi. Quand on voudra se revoir, on te préviendra. En attendant, ne reviens que si on t'appelle ! »

*

De retour au logis, il s'agit de se débarrasser des effluves suspects qui se sont attachés à la peau et aux vêtements. Les bains ordinaires sont tout indiqués et fréquemment employés, mais de doctes autorités leur préfèrent les aspersions d'eau bénite. L'eau bénite semblerait un détersif anodin aux Mazdéens, qui recommandent l'urine de vache et, si possible, l'urine que les parents du mort ont laissée dans leur vase de nuit. Mentionnons à ce propos qu'ils avaient purifié le chemin du convoi, en y faisant passer un chien blanc à oreilles fauves, ou mieux encore un chien fauve de la variété dite « quatz' yeux », lequel, dès qu'il aperçoit l'esprit immonde, prend la forme d'une mouche et s'envole dans la direction du nord. Quant aux paysans russes, ils prétendent qu'aucune eau n'y suffit, et sitôt rentrés de la triste cérémonie, ils vont au foyer, prennent des charbons ardents qu'ils jettent en arrière, par-dessus la tête, en marmottant une formule d'exécration. Les deuillants chinois se mettent en devoir de traverser des tas de paille enflammée, mais les Mongols y trouvent à redire : « Maladroits qui désacrez le feu. Faites plutôt comme nous : marchez sur des pierres surchauffées ! »

Les fossoyeurs ont peine à se nettoyer. Chez les Cafres, les aspersions d'eau n'y suffiraient pas ; les deuillants sont obligés de se laver dans leur propre sang ; à cet effet, ils s'incisent sur toute la longueur du pouce et de l'index, s'inoculent une puissante décoction d'herbes pilées.

Quant à la désinfection des veuves, il y faut toutes les herbes de la Saint-Jean. Mais les veufs s'en tirent aisément ; sans doute, parce qu'ils se consolent beaucoup plus vite. L'étiquette du veuvage institue de surprenantes inégalités entre les ex-conjoints. A ne s'en rapporter qu'au cérémonial prescrit, on croirait que les flèches, par le chagrin décochées, n'atteindraient le veuf qu'à fleur de peau, mais traverseraient les chairs de la veuve et lèseraient les organes vitaux.

*

« Le roi est mort, Vive le Roi ! » — Le maître de la maison est parti pour ne plus revenir, mais il a laissé un héritier, lequel ne doit pas prendre en main les rênes d'un gouvernement amoindri.

Si la chose n'a pas été faite à l'heure même du décès, il est indispensable qu'au retour du cimetière, notification officielle du changement de règne soit faite à tous et à chacun, afin que nul n'en ignore.

— « Mettez-vous en garde ! » — La grande nouvelle est proclamée à l'étable, où l'on fait lever les vaches, le taureau, les bœufs, les veaux : Mort le patron ! On tracasse les chevaux, on les change de râtelier : Mort le patron ! On donne de la gaule sur le dos des moutons et des porcs : Mort le patron ! Au jardin, dans le verger, on secoue les arbres fruitiers, et tout d'abord ceux que le défunt avait plantés de sa main : Mort le patron ! Il faut déplacer la maie, déplacer les barriques de bière ou de vin, les boucauts de vinaigre, les tonneaux de choucroute : Mort le patron ! Mort le patron ! Il ne faut pas oublier les semences au grenier ; autrement « elles garderaient le deuil », ou germeraient mal, donneraient un épi rare, une farine mal nourrissante. Sans le branle-bas général, tout croupirait, raterait, mécherrait, dit-on dans l'Allemagne méridionale.

Telle veuve de forgeron — une forte femme — mettait immédiatement la maisonnée en branle, les apprentis au soufflet, les compagnons à l'enclume ; pêle-mêle, la maîtresse nouvelle jetait outils et ferraille : Mort le patron, mort, mort !

En Egypte, les tapis sont vergetés, les coussins et divans, tous les meubles tournés sens dessus dessous. En Styrie, on recommande de remonter vivement les montres et les pendules, sinon elles oublieraient de marcher.

Tant il est vrai que la saine pratique des choses n'admet pas que les regrets soient trop profonds. La vie courante nous enseigne : Gardez-vous de vous croire indispensables ! Mais nous avons regret à quitter la vie, il nous semble que notre départ fera un grand vide. Nous nous prenons pour le centre du monde, et ne pouvons faire autrement, puisque de notre œil partent les rayons qui se dirigent vers l'horizon et le limitent. Il semble que les objets se déplacent quand nous ne faisons que marcher et tourner la tête. Comme il nous est difficile d'admettre sans protestation l'idée que tous et toutes se tireront d'affaire sans nous !

Et cependant, il devrait être consolant de penser que nous ne sommes, après tout, qu'une fourmi dans la grande fourmilière humaine. Et quand nous n'en pourrons plus, ce ne sera pas même une fourmi de moins, puisque notre place, aussitôt, sera prise par une fourmi jeune et ardente, par une fourmi pressée de fournir sa carrière !

IV

LE CADAVRE ET SON EMPLOI

Sommaire

Qu'y a-t-il de plus puissant au monde, la Vie ou la Mort ? Les premiers sorciers décidèrent que la Mort est plus puissante que la vie. Les premiers dieux furent les dieux de la Mort. — Avec l'os, la partie la plus résistante du corps, se font les reliques. Exemples d'os magiques. Le crâne comme coupe et marmite. Râpures de crânes. Les têtes prophétiques. Les cadavres de rois sont de puissants fétiches. — Les doigts de la main. — La poussière des tombeaux et les détritus de cimetière. — Aimantation par approche des objets qui ont touché un mort. Le fossoyeur et le bourreau. — Les chairs passent pour le siège des passions et de la vie animale. — Le cannibalisme par piété. La Théophagie. — Le corps mangé en entier ou par fractions. Chaque organe a sa vertu spéciale. La pharmacopée primitive. La sauce cadavérique, la cervelle, la graisse, le sang. — La Magie et la Religion restent inséparables en vertu de leur commune origine.

Ces grands enfants de Sauvages et de Primitifs aiment à poser des questions comme celles-ci : « Qu'y a-t-il de plus puissant au monde ? Est-ce l'eau ou le feu ? Le vent ou la foudre ? Le marteau ou le couteau ? La bête ou l'homme ? Notre chef ou la maîtresse du chef ? »

Parmi les anciens sorciers, quelques-uns des plus sages — les ancêtres des hommes de science — opinèrent : Ce qu'il y a de plus puissant au monde c'est la vie. Rappelons en passant que ce mot dérive d'un radical, lequel, chez les Gréco-Latins, nos ancêtres intellectuels, avait la signification première de virilité et de vertu, ainsi *is*, *vis*, *vita*, *vir*, *virtus*. — La vie, disaient les premiers penseurs, est la manifestation d'une Force commune à tous, animaux et plantes, possédée même par le fer et la pierre, le vent, l'eau et le feu. Adorons la vie, adorons la source des existences!

— Vous n'y êtes pas, objectèrent les malins, ancêtres des docteurs en divinité. Ce qu'il y a de plus puissant, c'est la Mort qui abat la Vie. Adorons la mort, maîtresse de toutes choses !

— « C'est puissamment raisonné ! prononça le suffrage universel. La Mort l'emporte sur la Vie. »

Et la mort fut considérée comme ayant une vie en dehors de la vie. Ce fut là la grande méprise, le paralogisme initial, le principe des erreurs dans lesquelles le monde pataugea pendant des milliers d'années, patauge toujours. A la Mort on attribua une personnalité exceptionnelle, une existence à part. Et tous autres Dieux furent rangés à sa suite, fonctionnèrent comme ses lieutenants et fondés de pouvoir. Tuer devint l'attribut de la souveraineté. L'homme qui avait tué le plus d'hommes était le plus envié et le plus admiré ; la plus glorieuse épithète qu'on put alors donner à un dieu, fut celle de « Vieux Meurtrier ». Ce qui détermina la haute fortune d'Apollon, au temps que les Proto-Hellènes n'étaient encore que des sauvages, c'est qu'il passait pour le Dispensateur de la Peste, pour le Destructeur par excellence. Indra, Zeus et Yahvé, autant de brandisseurs de la foudre. Aucun de ces Terribles, aucun de ces Redoutables qu'on n'appelât le Maître de la Vie. L'appellation flatteuse cachait une antiphrase, dont personne n'était dupe ; on savait qu'elle désignait le Maître de la Mort.

*

Sitôt la mort arrivée, la décomposition commence. Les chairs gonflent, puis s'affaissent, se dessèchent et se racornissent ; l'ossature fait saillie, s'accuse toujours plus ; après quelque temps il n'y a que les os, lesquels blanchissent à une exposition prolongée. Solide et résistante, faisant contraste avec les parties molles, cette armature représente le minéral dans le microcosme humain. L'art primitif symbolise la Mort sous l'apparence d'un squelette, ou d'un crâne aux orbites vidées, aux grimaçantes mâchoires.

Grâce à sa durée, l'os obtint la première place parmi les reliques. Et parmi les formations osseuses, mieux que toutes autres, les dents, ces petits cailloux qui pavent la bouche, résistent au temps par leur nombre, par leur petitesse, et surtout par leur dureté, grâce à laquelle elles ont traversé les flammes de maints bûchers. Exemple, la fameuse Dent de Bouddha ou ce qu'on appelle ainsi, la relique du monde la plus illustre par le nombre de ses adorateurs.

Les Australiens vous diront que toute maladie provient d'un éclat d'os. Un méchant sorcier l'a pris sur un cadavre, l'a lancé à travers les airs. L'esquille est si ténue qu'on ne la voit pas, mais le bon sorcier s'efforcera à l'extraire, en aspirant fortement sur la partie malade qu'il fait suppurer en la traitant avec des emplâtres de cendres prises à un bûcher funéraire.

Parmi les Hindous, le sorcier assassin prononce ses « mantras » de malheur sur des ossements qu'il enfouit — de nuit, notons-le bien, et non pas de jour — devant la porte de la personne détestée. Ce redoutable scélérat voudra mettre en fuite une entière armée ? Toujours dans le silence nocturne, il déterrera d'autres os, les portera aux quatre angles du camp en répétant la carmine de la *Déroute*.

Les Hawaïens étaient-ils vainqueurs sur le champ de bataille? Alors ils ramassaient les os des plus grands et plus forts ennemis, les érigeaient en trophées, les gardaient comme talismans. On entendait un mourant adjurer ses amis : « Cachez mes tibias, je vous prie. Il me déplairait qu'on les transformât en hameçons ou javelots. Je veux qu'ils reposent ! »

En Poitou, le conscrit allait au cimetière quérir l'os qui lui ferait tirer bon numéro. A le porter sur sa personne, il s'assurait contre la fièvre quarte, il endurait, sans en être incommodé, les punaises de la caserne. Et s'il voulait attendrir une cruelle, il n'avait qu'à le tremper dans un verre d'eau et faire boire frais.

Le jeune Bavarois recevait des instructions analogues ; puis : « Peut-être ne pourras-tu pas te procurer un reste de chrétien... on les garde si bien ! En attendant, va chez l'équarisseur ! »

Siège de la pensée et de l'intelligence, pièce essentielle de l'appareil humain, le crâne vaut à lui seul autant et davantage que tous autres vertèbres. Comme coupe c'est la reine des coupes, instillant au breuvage des vertus spéciales. En tant que marmite, elle donne aux mets de la cuisine infernale leur vraie saveur. Si ledit crâne avait logé la pensée de meurtrier ou d'assassin, il n'en vaudrait que mieux.

Le Sibérien estime qu'aucune salsepareille, ni autre herbe semblable, n'a vertu comparable à celle de feuilles bouillies en une de ces têtes que l'on retire des kourganes et qui ont appartenu aux anciens Tchoudes.

Les rebouteurs portugais mettent sous un crâne les linges qui serviront à des pansements, les imprègnent de ses vertus.

Jusqu'à la fin du siècle dernier, la râpure de test figurait ès Codex officiels comme le remède indiqué dans les cas d'épilepsie, et en toutes les maladies affectant la psyché humaine.

Où les crânes et cervelles passaient pour indispensables, c'était dans les opérations ayant trait à la connaissance des choses futures.

Parlons par exemple des *Téraphim*, plusieurs fois mentionnés en nos Livres Sacrés. Les commentateurs orthodoxes ne s'expliquent pas volontiers sur le sujet. Cependant l'un des plus savants, et peut-être le plus illustre, Dom Calmet, dans son grand *Dictionnaire de la Bible*, rapporte d'après le Rabbi Elihézer, le Rabbi Tanchouma, et le paraphraste Jonathan, comment on se procurait ces Téraphim. Il fallait tuer un fils premier-né. On lui fendait la tête, et l'ayant nettoyée au sel et à l'huile, installée en une niche de la paroi, on lui introduisait sous la langue une lame de métal inscrite au nom de tel ou tel génie. Devant cette figure on allumait une lampe, et l'on évoquait le démon. Saint Clément de Rome, l'auteur des *Recognitions*, accuse le fameux Simon le Magicien d'avoir semblablement opéré par l'esprit d'un enfant assassiné, que contraignaient d'irrésistibles paroles.

Bodin raconte, en sa *Démonomagie*, qu'un moine, commandé par un roi chrétien, coupa la tête d'un garçon, l'aîné de frères et sœurs, et la posant sur une hostie, lui fit dire l'avenir.

Sur ce thème, il est fréquemment brodé dans les contes orientaux.

Les Haïdah de Vancouver brûlent le mort. Avec un soin jaloux, ils conservent les cendres dans leur demeure ; prétendent que si des malveillants s'en emparaient, la famille et la tribu tout entière courraient de sérieux dangers.

En son *Voyage au pays des Gorilles*, Burton raconte que la population cannibale des Fans ensevelit ses chefs avec mystère. Car si quelque horde voisine les déterrait, elle ne manquerait pas d'en faire de redoutables fétiches, exploités aussitôt contre leur famille et leur patrie.

Le cadavre d'un roi M'Pongué ne tarde pas à disparaître. Quelques hauts dignitaires l'emportent au plus épais de la forêt, l'y enterrent en silence et font du lieu de la sépulture un secret d'État. Le voyageur Du Chaillu demandait pourquoi ?

— « Comme nous sommes les plus sages et les plus intelligents des hommes, lui fut-il ingénument répondu, les nations voisines seraient trop contentes de s'approprier la cervelle d'un de nos rois. Ils ne manqueraient pas de s'en servir contre nous. »

Tout en mettant hors ligne le crâne et la cervelle, on admettra que les doigts et la main ont une importance de premier ordre. La cervelle pense, la main agit. Que les magiciens s'affairent aux mains davantage qu'à la cervelle, le pourquoi n'en est pas difficile à deviner. Si nous manquons de vigueur, ce n'est pas dans la conception, mais seulement dans l'exécution. En effet ; qu'on rentre en son for intérieur, que l'on consulte sa conscience : « Serait-il donc vrai que je manquasse d'intelligence ? »

Et la conscience, après s'être un peu tâtée.

— « Toi, manquer d'intelligence ? Mais, mon ami, de tous ceux que je connais, c'est toi qui en es le mieux pourvu, et de plus, c'est toi qui as les meilleures intentions. Quel dommage que la Providence ne t'ait pas donné un pouvoir digne de ta raison et de ta bonne volonté ! »

Chez les Tlinkit, l'apprenti sorcier se soumet à de longues vigiles, pendant lesquelles il suce la dent d'un mort.

D'après Livingstone, les nègres du Me Tamba font fétiche avec des doigts de cadavre.

La fellahine musulmane s'enorgueillit du collier où elle peut montrer ongle, index ou pouce de juif ou chrétien. La scélératesse de la main ajoute à la vertu du talisman.

Ne prenons d'exemples qu'en Europe. Ailleurs, ils seraient trop nombreux.

Nous lisons en une *Histoire du Roy Charles VI,* qu'en l'an de Notre Seigneur 1390, plusieurs Parisiens ayant été géhennés par autorité de justice, confessèrent la composition du poison qu'ils avaient ouvré, ce disaient-ils, détrempant ongles et chair de pendu en sang de crapaud.

Les sorcières d'Angleterre et d'Ecosse fouillaient les tombes, y prenaient des phalanges et des orteils qu'elles employaient en poudres.

En 1538, quelque scélérat assommait une femme enceinte, lui ouvrait le ventre et coupait le bras du fœtus, dont il disait avoir l'emploi. Cela se passait chez les Souabes.

On vous dit encore en Allemagne que la bourse dans laquelle on loge ongle ou osselet de voleur se fera grosse et pleine, surtout si le pègre a été pendu bel et bien. On dit merveille d'un pouce de larron caché sous le plancher du magasin ou mis sous le seuil de la porte. Défunt Coupe-Bourse empêche que le patron ne soit volé, il veille à la marchandise, il soigne la réception et l'expédition, il allèche la pratique ; c'est la fortune de la maison que ce bienheureux filou. Il s'y connaît.

— Pour lever un trésor, vous dit-on dans le Valais, il y faut la main d'un enfant, d'un innocent.

Et partout on vous affirmera que, pour guérir goitre, écrouelle, inflammation, excitation des glandes et autres impuretés, il n'est meilleur remède que de frotter la partie malade avec la main d'un mort.

•

Ce fut une fameuse découverte et une heureuse simplification quand on s'aperçut que la râclure et les farines de crâne, tibias, côtes et humérus concassés, ont exactement la même vertu que l'os entier.

La matière devenait ainsi maniable et transportable, d'usage pratique et commode ; on la pouvait dissimuler, donner en solution, soit affaiblie, soit concentrée, la prendre en tisane, la glisser en gâteaux et confitures.

Le fait ayant été constaté à la satisfaction générale, on ne tarda pas à comprendre que les détritus valent juste autant que les corps qui les constituent.

Les Quichuas de l'ancien Pérou racontaient qu'avec la poussière prise aux nécropoles, leurs sorciers affolaient ou terrorisaient les armées ennemies.

Au moyen âge, la croyance régnait en Espagne, — et on l'y retrouverait probablement encore, — qu'en prenant une motte au champ sépulcral et en l'émiettant dans un lit, l'homme qui s'y couche ne tardera pas à gagner la lèpre.

Quand ils veulent opérer sans être entendus, les brigands javanais, et ceux d'Albanie aussi, jettent autour d'eux de la terre tombale.

A la gentille Hélène de Pietra son amant disait, — il s'agit d'une ballade roumaine :

Gentille Hélène,
Avec cette terre funeste saupoudre ta couche !
Gentille Hélène,
Afin que ton mari se réveille idiot, sourd et muet.
Gentille Hélène, n'y manque pas,
Gentille Hélène !

Mais faite par une Hindoue, et avec de la poussière prise au bûcher d'un brahmine, la même opération rendrait l'époux amoureux fou de son épouse.

Au cimetière, la Sicilienne prend un os, le torréfie et triture, en souffle la poudre sur un gâteau. Qui en goûte lui appartiendra.

Afin de deviner la pensée secrète de son amoureux, la Posnanienne va au Jardin des morts, et s'y frotte les tempes, aux rayons de la lune, avec de la terre fraîchement remuée.

Les petits Badagas des Nilgherries ont au cou des talismans pétris dans la cendre ramassée au bûcher mortuaire.

A maints enfants chrétiens, on donnait, et l'on donne toujours des croix et des espèces *d'agnus dei* que l'on a gâchés dans l'argile du champ de repos avec de l'eau bénite et quelques grains de sel, mais il y faut réciter le *Credo*.

Les Malgaches jurent fidélité au nouveau monarque, en buvant de l'eau dans laquelle on a délayé de la terre ramassée sur la tombe des anciens rois.

Les Japonais traitent les paralysies par des pincées d'humus pris à une sépulture séculaire.

Des Transylvains vont au Lieu des Ames un peu avant minuit, y prennent des mottes qu'ils ébrigailleront sur leurs emblavures afin d'en éloigner les moineaux pillards.

En dehors de leur action directe, les morts agissent par le moyen des objets qu'ils ont saturés de leur fluide : ils exercent alors une influence que l'on peut comparer à celle de l'aimantation par approche. L'eau qui a lavé le cadavre, la paille sur laquelle on l'a étendu, les aiguilles qui ont cousu le suaire, les planches, les chevilles, les clous de la bière, le cercueil lui-même, ces objets se révèlent malfaisants par essence, mais les habiles savent en tirer parti. La hache de justice, le glaive qui exécuta un criminel, la corde qui l'étrangla, la lance qui transperça son homme, le poignard qui troua un cœur, autant d'objets imprégnés de vertu. Le bourreau passe pour un homme à part, plus il a exécuté de condamnés, plus grand est son prestige : on imagine qu'il absorba les vies par lui ôtées et qu'il peut en disposer, afin de guérir accidents et maladies.

Le fossoyeur lui-même, l'humble fossoyeur, est investi d'une grâce d'état. A preuve la chanson :

« Trois tissiers, trois tailleurs et trois gniafs,
Ils se mirent à neuf contre le fossoyeur.
Mais ces neuf ne le valaient pas.
Un fier homme que Creuse-Trou ! »

•

L'os est la partie résistante du corps, disions-nous, celle qui dure le plus longtemps, celle qui symbolise la Mort elle-même. Quant aux chairs, elles sont réputées le siège de la passion et des sentiments, le lieu des colères et des amours. Les chairs passent pour être pénétrées de l'âme animale, et à ce titre, possèdent une vie plus intense que l'os ne peut avoir.

A peine ce raisonnement entra-t-il dans l'intellect du sauvage, que ce grand enfant tira la conclusion qu'en dévorant les chairs, on s'approprie la vie qu'elles contiennent. D'où les pratiques du cannibalisme, sur lesquelles nous ne nous arrêterons pas, les tenant pour suffisamment connues. Les ethnologues ont établi, qu'avant de dégénérer en ignoble gourmandise, l'anthropophagie fut un hommage rendu aux parents, frères ou amis qu'on voulait faire revivre en sa personne, une galanterie au rival redouté, dont on était heureux d'absorber la force et la vaillance. A manger d'un ennemi fraîchement tué, en pleine vigueur d'âge et de santé, il n'y avait que plaisir ; — mais à manger d'un ratatiné, mort de vieillesse ou de maladie, il y fallait du dévouement. Pis encore, la viande vermineuse et mal odorante, la charogne faisandée et déjà se décomposant, demande un estomac tout spécial et l'appétit des hyènes ou des vautours ; la plupart des carnassiers abominent cette nourriture. Des conflits surgissaient entre la piété et les répugnances physiques... On se tira d'affaire par des épices et condiments, en réduisant les rations jusqu'à les rendre imperceptibles, en substituant des viandes creuses à la viande solide, bref, en se payant de grimaces. Et les conventions succédant aux conventions, de progrès en progrès, la théophagie remplaça l'anthropophagie.

— La théophagie?

— Parfaitement. La religion chrétienne se concentra dans l'Eucharistie, symbole effrayant, par lequel le fidèle mange la chair et boit le sang d'un Dieu immolé tout exprès. Maintes fois, racontent les annales chrétiennes, maintes fois vit-on l'hostie s'ériger au-dessus du saint ciboire et se montrer en semblance d'enfant, chevelure blonde, yeux bleus, chair blanche sillonnée de sang. — « Afin, dit la liturgie anglaise du *Common Prayer*, afin que le corps de Notre-Seigneur Jésus-Christ, — le corps, remarquez-bien — le corps qui a été immolé pour toi, préserve notre corps et notre âme, et nous donne l'éternelle vie ! »

A consommer le corps tout entier, on s'incorporait sa vertu totale. Bientôt l'on fit des distinctions : l'un mangeait de tel morceau, et le camarade de tel autre. On imagina que les yeux, la cervelle, le cœur, les poumons, le foie, le fiel, les reins possédaient des vertus spécifiques ; on supposa que le sang, la graisse, la tête, les membres, les bras, les mains, les cuisses, les pieds avaient, tous et chacun, leur action particulière, sur laquelle les Sapients, les Avisés et autres sorciers des temps jadis discoururent à loisir pendant nombre de générations. Ils aboutirent à la formule : « Les organes des animaux morts agissent sur les organes correspondants des animaux vivants. Et de tous organes, ceux de l'homme exercent l'action la plus puissante. »

L'ensemble de ces pharmaques de la mort constitua la pharmacopée primitive, fantasque bric-à-brac d'ongles, cornes, peaux, yeux desséchés, cheveux, poils, excréments, urines, sputations, os grands et petits. De fil en aiguille, la « Teinture de Momie » figure encore dans la liste française des médicaments classiques, officiellement utilisables. Donc, la pharmacie qui se respecte devrait, à côté des produits de la chimie la plus sublimée, tenir son petit flacon de jus de cadavre, lequel flacon ressemblerait à s'y méprendre aux tubes brown-séquardiens, flambant neufs.

Parmi les nombreux sauvages qui pratiquent la crémation, la plupart recueillent la graisse que gouttent les cadavres mis à brûler ; ils la mettent soigneusement à part pour mille et mille usages domestiques. Une panacée que cette graisse. A s'en frotter on se donne vigueur et intelligence, on aura du succès à la chasse, à la guerre et dans les entreprises amoureuses. On la suppose identique au sérum, au sperme, à la cervelle, à la moelle des os.

Le jus qui découle des chairs en putréfaction, moût d'une infecte vendange, est de la graisse en majeure partie : à ce titre, il passe pour un réservoir de santé, pour une accumulation d'intelligence. A dire les explications multiples, nous craindrions d'offenser les nerfs. Deux ou trois exemples suffiront pour prouver l'assertion que ce dégoûtant liquide, concentration de poisons redoutables, était tenu pour le plus puissant des remèdes, et même pour l'élixir par excellence.

Les insulaires de la Nouvelle-Bretagne empoisonnent leurs flèches en les trempant dans la sanie cadavérique.

Pendant une semaine, les Galibis tiennent le cadavre couché dans un hamac, au-dessous duquel un vase reçoit l'écoulement des chairs décomposées. L'aspirant sorcier en absorbe quelques gouttes, que, pour faire passer à travers le gosier, il mélange à certaines feuilles macérées en tabac et quinquina.

Et voici comment procèdent les monarques des Mandingues et des Yoroubas pour s'infuser la science sans longues études.

Le Grand Cabocère étant passé de la vie à l'éternité

bienheureuse, le Maître-Sorcier lui coupait la tête, la suspendait au-dessus de quelque chaux pulvérisée. La cervelle se liquéfiait, suait une sauce sanguinolente, imprégnait la chaux que le prêtre ramassait en un linge, dont il enveloppait les tempes du nouveau monarque : « Ceins le diadème des rois, s'écriait-il, et que ton auguste chef imbibe la ruse et l'astuce de ton illustre prédécesseur ! »

Que vous en semble ? Ça valait bien l'huile de la sainte Ampoule que, en notre siècle encore, l'archevêque versa sur le chef de ce pauvre Charles X !

Et voici une anecdote édifiante, tirée des benoîtes histoires des Pères du Désert, les héros et paladins du christianisme naissant.

En la thébaïde du vénérable Père Schnoudi faisait griève et lacrimeuse pénitence un assassin déclaré. L'année révolue, ledit assassin narra au saint homme : « Vous dirai qu'en la matinée d'hui ai senti mon corps s'agiter, et me secoua tel frisson que cuidais en mourir. Et de mon corps issit un pus goutte à goutte, et puant comme charogne. » Alors comprit le pieux abbé que le novice était « né un homme nouveau, certes, et qu'ayant crevé l'abcès, plus rien ne restait du pécheur lequel un assassin avait été. »

Vous remarquez, n'est-ce pas, la corrélation qu'établit le chroniqueur entre le péché, le pus de l'abcès et la sanie cadavérique ? A rapprocher cette pieuse légende du passage du *Livre des Rois*, où Firdousi, le poète persan, raconte que le Démon baisa le tyran Zohak à l'épaule. La place du baiser fut marquée par un ulcère dévorant, dont la douleur ne pouvait être apaisée que par l'application de cervelles d'hommes fraîchement tués.

Notons dans cet ordre d'idées que les Norvégiens appellent « Baiser du Mort » les éruptions malignes qui se déclarent aux joues et sur les lèvres, et dénomment « Griffées de

Camarde » les attaques de paralysie, et en général toute douleur violente et subite.

Les Gauchos de la présente génération tenaient la graisse d'Indien pour l'emplâtre à toute blessure ; volontiers ils s'en munissaient et en approvisionnaient leurs amis. L'usage de ce remède se perd dans l'Argentine ; la faute en est aux Indiens qui se font rares.

A Berlin, nous dit-on, en la capitale de l'instruction obligatoire, la légende court parmi les domestiques et les femmes du peuple, que l'huile de ricin et l'onguent de guimauve ont été distillés de cadavres humains ; la provenance étant suffisamment indiquée par la couleur jaune et l'amertume. Les vieillardes savent que les docteurs sont en relation d'affaires avec le bourreau, détenteur de la graisse authentique de Pauvre Pécheur, et que les pharmaciens traitent avec le fossoyeur pour être approvisionnés de certaine graisse, introuvable ailleurs que dans le cercueil des hommes obèses.

Tout récemment, — cela se passait il y a une douzaine d'années, — quelque devineresse napolitaine révéla qu'un trésor était caché dans les environs ; « mais, dit-elle, il ne sera visible qu'à la lueur de chandelles fabriquées avec de la graisse d'enfant non baptisé ». — Qu'à cela ne tienne ? firent de mauvais compagnons. Ils enlevèrent un nouveau-né, l'étranglèrent, firent les chandelles requises, mais n'eurent pas le temps de s'en servir.

Naguère les voleurs et chevaliers de la pince-monseigneur préconisaient la bougie en suif d'homme, avec laquelle on cambriole tout à son aise, prétendaient-ils, parce que sa lumière jette sur les dormeurs un sommeil de plomb. Quels naïfs ! Ces racontars font sourire dédaigneusement nos hommes d'affaires. Ils savent que, depuis les merveilleux progrès réalisés par l'Economie politique, une ère nouvelle a lui sur les nations civilisées ; ils n'ignorent pas l'avantage et la sécurité qu'il y a d'opérer dans les limites strictes du Code de commerce, avec l'appui discret d'avoués intelligents, de greffiers avisés, d'huissiers retors, et enfin de juges et de gendarmes qui, si besoin est, apporteront l'appui de la loi.

Nous apprenons par le *Pénitentiaire de Burchard*, concocté au XIe siècle, que si un homme avait été assassiné, on croyait expédient de lui mettre dans la main un fiole d'onguent ; on laissait la graisse mûrir sous terre, puis on la retirait pour le traitement des plaies. Que l'on a tort de dédaigner ces bouquins de vieille théologie, ces Manuels de Conscience, ces commentaires et sermonaires d'autrefois !

•

Tout ce que nous avons dit de la graisse s'applique plus ou moins au sang. L'un et l'autre sont identifiés à la vie ; mais la graisse passe pour favoriser davantage la cervelle et l'intelligence, tandis que le sang s'active aux pouvoirs de reproduction. Nous aurons l'occasion d'y revenir quand nous étudierons plus en détail les reliques des saints et le mythe du Saint-Graal.

Pour ce qui en est du cœur, des poumons, du foie, des autres viscères et organes, la matière est des plus intéressantes, mais il faut savoir se limiter. Nous ne faisons pas ici un cours de sorcellerie. Il nous suffira d'avoir indiqué la commune origine de la Religion et de la Magie, sœurs jumelles, non moins étroitement unies que les Frères Siamois le furent dès leur naissance et leur vie durant.

Combien souvent des hommes qui se croient éclairés, très éclairés, se plaignent-ils qu'un peuple ignorant confonde à chaque instant, la religion, — la vraie, avec les pratiques d'une magie grossière ! — Ils en parlent bien à leur aise. Se croient-ils donc eux-mêmes capables de distinguer entre la doctrine et la pratique ? Peuvent-ils fabriquer du sel de cuisine dans lequel le chlore ne serait pas allié au sodium ? Voudraient-ils que leur chair ne contînt pas de sang ? Que resterait-il de la religion chrétienne, pour ne parler que de celle-là, si on la dépouillait des sacrements, sans lesquels elle ne serait pas ? Tous ses docteurs, tous ses théologiens protesteraient qu'elle a le symbole eucharistique pour essence, et que la transsubstantiation du pain et du vin s'effectue par la vertu de l'*opus operatum,* soit dit en français, par l'action d'une magie céleste.

V

LES LIEUX HANTÉS

SOMMAIRE

L'existence des Revenants est toujours fort disputée. Jadis ils étaient plus nombreux qu'ils ne sont aujourd'hui. Souvent qui les avait niés, alors qu'il était dans la force de l'âge, s'exprime plus tard avec réserve. — Parmi les animaux, et parmi les hommes, on distingue ceux qui sont visionnaires et ceux qui ne le sont pas. — Le jour est peu propice aux visions. Les revenants vaguent dans l'obscurité, l'emplissent de frayeur. — Maisons hantées. La fameuse guérite du Camp de Boulogne. — La forêt est le domaine particulier des esprits. Sans doute, parce que les morts étaient jadis portés dans les bois. — En contradiction avec ce qui précède, les apparitions sont assez fréquentes dans les carrefours. Probablement parce qu'autrefois les personnes de marque étaient enterrées le long des routes. — Apparitions fréquentes dans les moulins, etc. On dirait que les esprits se plaisent dans les endroits battus par les vents. — Le phénomène des apparitions est d'ordre purement subjectif. Les Esprits hantent les endroits illustrés par des actions mémorables. — Exemples divers. La légende de la bataille entre les Huns et les Romains à Châlons-sur-Marne.

On demandait à Mme de Staël : « Croyez-vous aux esprits ? »

— « Non certes ! répondit cette spirituelle femme. Mais je les crains ! »

Nous entendons nombre de nos amis et camarades déclarer hautement qu'il n'y a pas de vie après celle-ci, même ils l'affirment plus bruyamment qu'il ne faudrait. Mais à certains moments, l'inquiétude les prend: « Tout de même, s'il y avait autre chose ? » Alors, quoi ? Ils n'en savent rien, n'en veulent rien savoir, préfèrent n'y pas penser. Ceux qui, tout en niant l'immortalité de l'âme, admettent l'existence de certains Morts-Vivants, sont plus nombreux qu'on ne croit ; ils abondent parmi les gens du tiers et du quart ; aujourd'hui ils pensent par la raison, demain ils penseront par l'imagination ou le sentiment. Leurs idées changent avec le baromètre. Quand ils ont force et jeunesse, ils sont volontiers libres-penseurs, se targuent même d'être impies ; mais, à mesure qu'ils vieillissent, petit à petit ils virent de bord, tiennent à se mettre en règle avec l'autre monde — s'il en existe — et finissent par s'endormir sur le banc des marguilliers.

La croyance en une vie posthume est prouvée, nous dit-on, par l'apparition des revenants. Autrefois, ils étaient beaucoup plus nombreux qu'aujourd'hui. Mais ils n'ont pas encore disparu. Tant s'en faut.

*

On ne voit de visions qu'avec une certaine imaginative. Pour le bœuf pesant, pour le mouton dont le crâne s'épuise à former une corne épaisse et dure, les apparitions semblent ne pas exister. Elles passent pour fréquentes parmi les chiens qui, dit-on, grondent et aboient aux esprits qui giroient dans les rayons de la lune.

> « Le chien gémit-il, la queue entre les jambes ?
> Tu peux m'en croire, il nous a vu passer »,

dit un revenant dans une ballade scandinave.

Il hurle à la mort, glapit aux sinistres figures d'Anaon, de Charon et de Thanatos, quand il les voit se diriger vers la demeure de son maître. Firdousi, le poète du *Shah Nameh*, raconte que l'éléphant, le sage éléphant, flaire les lieux maudits, évite les endroits hantés, dont il s'éloigne en tremblant de tout son grand corps. Le fameux Justinus Kerner prétend qu'en Écosse et aux Hébrides, des chevaux, — rappelez-vous leur caractère tantôt ombrageux, tantôt enthousiaste, — des chevaux, même lancés à toute vitesse, s'arrêtent net et d'eux-mêmes, lorsqu'une vision surgit devant eur cavalier. Ce qui nous remet en mémoire l'ânesse à Balaam, laquelle percevait l'ange posté en travers du chemin, tandis que le prophète, un illustre nabi pourtant, ne se doutait de rien.

Les hommes, sous ce rapport, sont doués différemment. La plupart des Méridionaux — parmi lesquels les habitants des plages lumineuses de la Grèce — sont moins favorisés que les Lapons, que les insulaires embrouillardés des Orkneys, que les Shetlandais, accoutumés aux ennuis des longues solitudes, prédisposés aux états nerveux.

Pour ce qui en est des apparitions, le soleil ne vaut pas la nuit. L'obscurité se peuple de terreurs, monstres et cauchemars, de démons noctivagues et noctambules. Aussi les Klallam du Territoire de Washington expliquent-ils que le jour des vivants est la nuit des morts, et que le jour des morts est la nuit des vivants.

N'était l'amour effréné du plaisir qui le fait courir à tous endroits où l'on s'amuse, le nègre des Antilles ne braverait jamais l'obscurité qu'il peuple de *zoumbis* ou revenants. Comme lui, la plupart des sauvages ont une abjecte frayeur des démons nocturnes, tiennent pour vaillant l'homme qui, après le crépuscule, se hasarde hors de sa cabane. Mais avec quelle précaution brandit-il son tison, trace-t-il des cercles enflammés autour de sa personne, et secoue-t-il sa torche pour en faire jaillir des étincelles !

D'autres que des primitifs sont sujets à cette appréhension. Un Hindou attardé, suivant Mme Guthrie, n'oserait retourner chez lui, s'il n'avait un brandon pour intimider les Pisatchas, ces monstres sans tête qui rôdent pour étrangler les vivants. *Quærens quem devoret.*

« Hâte-toi ! lisons-nous dans le *Mahabharata*, car les Rakshasas redoublent de virulence, alors que le ciel ne blanchit pas encore et que l'aurore se fait attendre. Hâte-toi, vaillant Bhima ! »

— « De jour, un tigre ne m'émeut guère, disait un Siamois. Mais la nuit, il me serait insupportable de penser que les démons voltigent autour de ma personne ! »

Les ténèbres inquiètent nos civilisés davantage que l'on ne pense. Ainsi, un correspondant du *Times* raconte que dans le village de Staiths, en Yorkshire, l'offre de 50 francs ne décida personne à porter de nuit un message au bureau de poste, distant de 3 kilomètres seulement. Ces hommes cependant, de hardis marins, avaient l'habitude du péril. Mais quoi ! ils ne se souciaient pas d'affronter les démons et autres malfaisantes créatures.

En Allemagne, de vieilles gens recommandaient aux jeunes : La nuit, abstenez-vous de siffler sur la route, à moins de nombreuse compagnie. Sinon, la démonaille pourrait vous jouer mauvais tour !

Cette appréhension paraît être atavique. Nos enfants, même ceux que l'on a protégés contre les sottes histoires, ont une peur bleue, si on les envoie faire quelque commission la cave ou au grenier, sans chandelle. Mais pourquoi ? eur demande-t-on. — Ils n'en savent rien.

*

Innombrables en tout pays sont les histoires de maisons hantées. A certaines heures, on y entend des bruits singuliers, comme planchers qui craquent, portes criant sur leurs gonds, sans qu'on voie personne les ouvrir ; des meubles ont changé de place, et, dans les corridors, il y a des pas qui résonnent, des voix grondantes. Si fâcheuse réputation leur font des histoires de violence ou de meurtre qu'on les laisse à l'abandon, on les loue à vil prix : on s'est suicidé dans la cave ou pendu au grenier ; — il y a eu mort d'homme sous ce toit. Dans les vieilles églises, la demi-obscurité des chapelles et sanctuaires, les cryptes et caveaux pullulent de fantômes qui s'agitent confusément. A travers l'encens, vous flairez leur odeur fade ; par instants, ils vous frôlent de leur contact glacé, ils voudraient se nicher dans vos vêtements.

*

Alors que Napoléon projetait une descente en Angleterre, il établit un camp à Boulogne. Une guérite fut placée en un endroit isolé, triste et regardant la mer. On ne sait pour quelle raison le soldat, premier à y passer la nuit, se déchargea le fusil dans la tête. — Un pioupiou de moins ? On ne s'en inquiéta guère. — Mais la nuit suivante, la sentinelle qui prit le tour se suicida de la même façon, puis la troisième, puis la quatrième. Y en eut-il une cinquième ? je n'oserais l'affirmer.

Cependant, les ordres du jour flétrissaient la mémoire des misérables assez lâches pour déserter le champ d'honneur, assez vils pour renoncer à la gloire qui les attendait en si noble entreprise, assez malhonnêtes pour détruire une existence qui appartenait au Grand Empereur. Les suicides se suivirent coup sur coup, jusqu'à ce qu'on eût brûlé solennellement la funeste guérite, en déclarant qu'elle ne serait point remplacée.

Certains paysages sont particulièrement propices aux apparitions.

Ainsi les étendues de broussailles, les landes et vastes espaces couverts d'ajoncs, de genêts et bruyères. Ainsi les étangs où frissonnent les joncs et roseaux. Ainsi les marais qui aiment à s'envelopper de vapeurs. Ainsi les monts sourcilleux, les pics à tête orgueilleuse. Ainsi les ruines et les décombres : tant la chaumière abandonnée au milieu des garrigues ou dans les maigres pâturages, que le donjon dont les murs démantelés et la tour éventrée se réfléchissent dans l'eau rêveuse des anciens fossés. Ainsi les déserts d'Arabie, ainsi le Sahara, vastes étendues plissées de sillons roux et puis de sillons roux. Un ciel de plomb les écrase, elles sont plongées dans la morne immobilité ; sauf, de temps à autre, les sautes de vent qui chassent le sable à ras le sol, courent comme un chien après une volée de perdrix ; sauf des tourbillons de poussière qui surgissent, girent et virent, ne sont plus, puis reparaissent ailleurs. Ainsi les pics solitaires, les géants de marbre ou de porphyre, les nevés et les glaciers toujours glissant et cheminant, toujours gelant, dégelant et regelant, toujours animés par d'énormes forces d'un mouvement imperceptible. Ainsi les cavernes profondes, les grottes humides et moussues. Ainsi les plages mélancoliques auxquelles la mer gémit son éternelle plainte. Ainsi les falaises émergeant de la vague grondante, où le Breton contemple la procession des noyés blêmes. Ainsi les bois et les bosquets. On a mille et mille fois signalé la prédilection que les Esprits montrent pour les fourrés épais et les sombres feuillages. Aux vivants, les champs et la plaine, aux morts la forêt profonde : la forêt, où dans un silence sacré éclatent parfois des échos solennels, des bruits mystérieux. Point nous ne nous étonnons que les premiers temples des Gaulois, des Germains, des Fidjiens, et combien d'autres ! furent des sylves sombres et majestueuses, les alentours des chênes centenaires, des hêtres hauts et puissants, les noirs cyparisses et les pinèdes, où le vent bruisse mélancoliquement à travers les maigres rameaux. Les murmures passaient pour des voix, les brises pour des soupirs.

*

En Australie, raconte Oldfied, les broussis épais appartiennent aux démons. On déconseille l'entrée de certains bosquets aux jeunes gens qui n'ont pas encore passé par l'initiation. Les âmes fourmillent dans les hautes branches des eucalyptus ; on les entend gémir dans les rameaux ; elles se rassemblent par multitudes dans les branchages de l'imbourra-bourra, une espèce de baobab.

Les Tagals disent aussi que les *tibatang* — des ombres errantes — foisonnent et gazouillent sous les dômes feuillus.

Les Tlinkits disaient à Barret Lenard que ceux qui meurent sans être tués vont habiter les ramures épaisses des vieux arbres.

« Une nuit que nous campions sur les rives du Parana, raconte le missionnaire Dobritzhoffer, les troncs et les rocs de la rive tournante nous renvoyaient l'écho des voix. Nos Abipons voulurent que ce fût le bruit d'esprits conversant ensemble. »

Les Guarayos — une tribu des Tupis — plantent près de leur demeure un arbre, dans les rameaux duquel vont nicher les morts de la famille. Maintes fois il me vint à l'idée que les grands chênes, qui ombragent chaque paysannerie des campagnes basques, étaient la demeure du Lare ou de l'Ancêtre.

A Corneto d'Étrurie, les parois de la tombe dite de l'*Orque*, montrent un dessin de ramures défeuillées à travers lesquelles des âmes grimpent et sautillent.

— « La bataille finie, — lit-on dans le célèbre manuscrit bohême, dit de Kœnighofen, — la bataille finie, une multitude d'affamés gisaient par la plaine. De tronc en tronc voltigeaient des âmes, dont la vue mettait la sauvagine en fuite et apeurait les oiseaux autres que le hibou. Les unes après les autres, elles se rassemblèrent autour de Wslaw, autour de son corps couché sur le bûcher... »

Ces exemples pourraient être multipliés. Disons donc que les forêts — comme les déserts et tous lieux désolés — sont propices aux apparitions. La solitude porte au recueillement; des figures se réveillent alors : elles marchent, elles parlent, elles agissent.

*

D'où vient alors l'importance que le grimoire et autres documents sataniques attribuent aux trivies et carrefours? Ne dit-on pas qu'à la croisée des routes, les démons tiennent foire et assemblée? Que c'est là leur place publique et leur bureau de poste? Que les convocations et notifications doivent leur être servies là, sous peine de n'être point valables?

Cette objection nous fait comprendre que nous avons à creuser l'idée davantage et nous met, en même temps, sur la voie de l'explication.

Il n'y a pas que la poésie et la mélancolie, il n'y a pas que les souvenirs historiques pour susciter les apparitions en certains paysages, il y a aussi le souvenir vague, sinon inconscient, d'antiques rites funéraires. On en pourrait donner d'abondants exemples. Ainsi l'on a mille preuves que, pour ce qui en est des arbres, les Primitifs y allaient accrocher leurs squelettes; si bien que, de bonne heure, l'idée de la mort fut associée à celle de la forêt.

Voici que nous apercevons avoir négligé de dire — nous aurions dû commencer par là — que les cimetières sont l'endroit par excellence où surgissent les spectres et les revenants. N'est-ce pas là que les vivants vont visiter les défunts et s'entretenir avec eux?

Et pour ce qui en est des carrefours, ceux qui ont visité Pompéi ou cheminé à Rome par la voie Appienne n'ignorent pas l'antique coutume d'enterrer les morts le long de la route, et tout spécialement ceux de la haute société. La pratique existait aussi dans la Gaule, où de grandes voies étaient bordées de tumulus. Et les Corses racontent encore qu'ils voient leurs défunts apparaître dans la rue, étendus sur une civière et entourés de cierges allumés. Qui avait un chien favori, en est accompagné.

Et naguère en Normandie, à l'époque du carême, les femmes s'assemblaient après le coucher du soleil, allaient prier et chanter des psaumes au pied des croix qui sont dressées à la rencontre des chemins.

Donc les morts fréquentent les lieux, quels qu'ils soient, où ils ont reçu la sépulture. C'est à leur demeure officielle qu'on a la meilleure chance de les rencontrer. S'ils habitent la forêt, on les y va chercher ; mais il ne faut pas ignorer que, dans la suite des temps, maint posthume s'est établi le long des voies de communication et aux endroits où bifurquent plusieurs sentiers.

*

Autre exception à ce que la formule énoncée ci-dessus pouvait avoir de trop absolu. Nous avions dit que les esprits se plaisent aux lieux tranquilles et solitaires, qu'ils hantent les déserts, les broussis et landes, les flachères et jonchères. Ce qui n'empêche certains morts de rechercher le bruit et le mouvement, de courir aux roues de moulin que le ruisseau fait tourner, de se plaire aux rocs battus par les flots et qu'ébranle la marée. Un grand nombre font leurs délices des drapeaux et banderoles flottant au vent, ont établi leur demeure dans les gorges et défilés où s'engouffrent les vents furieux, où les tempêtes font rage.

Plus loin, nous verrons assez facilement le comment et le pourquoi. En attendant, nous supposerons tout simplement que, là-bas comme ici, les gens diffèrent par les goûts et les tempéraments, et que les uns se plaisent où les autres se déplaisent.

*

Avons-nous dit que tous individus n'ont pas égale aptitude à voir des apparitions ? Il y faut le tempérament, telles et telles conditions physiques et morales. En d'autres termes, — pour ce que nous en savons — les Esprits sont en nous et non point en dehors de nous. Qui les voit les perçoit, se projetant de l'intérieur sur l'extérieur, par imagination ; ses idées prennent forme, et souvent une forme nette et distincte ; mais cette forme est dépourvue de substance.

Les apparitions sont favorisées par tout ce qui agit sur le système nerveux. Favorables conditions sont une santé ébranlée, une légère ébriété, des reflets d'objets brillants ou éclairés d'une certaine façon, des odeurs spéciales et parfums délicats, des bruits soudains. Perçoivent les apparitions, moins les hommes robustes que les femmes et les filles, surtout à certaines époques. Les apparitions ne se montrent guère en plein midi ; elles arrivent plutôt aux heures crépusculaires et obscures. Moins fréquentes à la lumière du soleil qu'à celle de la lune, elles se devinent plutôt qu'elles ne se voient. Les silhouettes ne sont pas toujours arrêtées ; facilement, elles s'allongent ou se contractent, grossissent ou diminuent, comme le génie qui apparut à Sindbad, le marin. On ne les voit jamais mieux que lorsqu'on est seul à seul avec soi-même et que l'on explore les profondeurs de son être intime. — Si bien que les nègres de Haïti affirment qu'un revenant n'apparaît jamais à une compagnie, mais se montre facilement à qui marche seul par le chemin.

*

Ce qui prouve bien que les Esprits ont une existence idéale — n'ont qu'une existence idéale, étions-nous sur le point de dire, — c'est qu'ils s'éternisent, en quelque sorte, dans le lieu où a été perpétrée une action mémorable.

En Egypte, les indigènes signalent au voyageur l'agitation incessante des vagues dans le golfe de Birket-Faraoun. Cette agitation, vous et moi, nous l'attribuerions aux bouffées de vent qui débouchent des vallées. Mais les fidèles ont d'autres lumières; ils savent que les eaux sont troublées par les mouvements désespérés du roi Pharaon, de ses régiments, de ses chevaux et cavaliers, qui, depuis trente-six siècles bientôt, n'ont cessé de se noyer dans la Mer Rouge, dont le tumulte est augmenté par les ombres des nombreux mariniers qui, les uns après les autres, ont fait naufrage en cet endroit.

A Pise, les spectres d'Ugolin et de ses malheureux fils hantent toujours la Tour de la Faim.

A Vérone, les fantômes de Juliette et de Roméo voltigent incessamment autour de leur tombe.

Au château de Holy-Rood, les seigneurs écossais viennent, tous les douze mois, poignarder l'amant de Marie Stuart. Le sang de Rizzio ravive sur le plancher la tache, que de fréquents lavages ne font pas disparaître.

De même, Monaldeschi, l'écuyer de la reine de Suède,

vient se faire égorger périodiquement dans la fameuse galerie de Fontainebleau

Julie n'a point discontinué ses rendez-vous au bosquet de la Meilleraie. Au lac du Bourget, la ravissante Elvire charme encore les échos de la Haute-Combre par son chant délicieux :

> « Ne pourrons-nous jamais, sur l'Océan des âges,
> Jeter l'ancre un seul jour ? »

Et la cloche de Saint-Germain-l'Auxerrois, qui tous les 24 août, sonne le glas de la Saint-Barthélemy ? A moi-même, il me sembla l'entendre. Tout comme je vis le roi Charles IX, du haut de son balcon du Louvre, décharger son escopette sur Jean Goujon qui travaillait, grimpé sur un échafaudage.

Et n'avons-nous pas le grand exemple de Jésus-Christ ? — Depuis la constitution de son Eglise, Notre Seigneur est, de Noël à la Noël, occupé à revivre sa vie, à présider toutes les fêtes du calendrier. Il renaît à Bethléem, on le circoncit et le baptise, il va à la noce de Cana, il s'irrite contre les scribes, contre les Pharisiens et contre les docteurs de la Loi, il pardonne à la femme adultère et à Madeleine, il converse avec Marthe et Marie, fait son entrée triomphale à Jérusalem, mange son dernier repas avec ses disciples, veille la terrible nuit au Jardin des Oliviers, chemine par la Voie Douloureuse. Il est supplicié, mais il ressuscite. A l'Ascension, il remonte au ciel, et à Pentecôte, déverse le saint Esprit sur les fidèles. — Vraiment, il faut être dieu pour suffire à cet incessant labeur dans une et chacune des innombrables chapelles de la chrétienté.

*

Les cimetières, comme ceux du Père-Lachaise, de Westminster-Abbey et du Campo Santo de Pise, grouillent d'une vie étrange. On y va visiter les illustres morts. Qui fut au Capitole, sans regarder les vieux sénateurs montant ou descendant les degrés ? C'étaient les Gracques, le vieux Caton, Sylla, Marius. Au Campo-Vaccino, qui ne vit défiler la marche triomphale de Titus et de Vespasien ? Quel pèlerin de la science se promena dans Athènes sans regarder les ombres de Périclès, de Phidias et de Zeuxis voltigeant autour du Parthénon ? De Platon pérambulant avec ses disciples, le jardin au cap Sunium ; — d'Aristote, de Speusippe, de Lasthénie, de Diotime, les platanes et le temple de Minerve ont conservé les accents et la voix. Les fantômes de Léonidas et des trois cents Spartiates barrent toujours le défilé des Thermopyles. Les Grecs et les Perses n'ont point cessé de s'entrechoquer à Marathon et à Salamine. Dans les eaux d'Actium, la flotte d'Octave heurte toujours les galères d'Antoine et de Cléopâtre. Sur la plage d'Ilion vont et viennent les fantasmes d'Hector et d'Achille, d'Hélène et d'Andromaque, d'Ajax et de Cassandre ; cachés dans le feuillage touffu du hêtre près la porte Scée, Apollon et Athéné, sous forme d'oiseaux, guettent encore les péripéties des terribles luttes entre Achaïens et Dardaniens.

Il vous souvient peut-être d'un tableau de Kaulbach : *La bataille de Châlons-sur-Marne ?*

Les Huns se rencontrèrent avec les Romains, les Francs et les Goths. Attila commandait une armée de cavaliers. Aétius menait des fantassins. Toute la journée, les lances se heurtèrent aux boucliers et aux épées ; on s'assommait, on s'entr'écrasait, mais on tombait sans avoir assouvi sa rage. Vers le soir, la cohorte d'Aétius enfonça le camp retranché des Barbares, brûla les chariots amoncelés, pénétra comme un coin dans la masse profonde, cogna sur les grosses têtes rondes, vrillées de petits yeux flambants, cogna fort, cogna longtemps. Si bien que les malandrins, en ayant assez, tournèrent bride et détalèrent sur leurs chevaux rapides. Ils fuient les Huns et les Alains; ils fuient, les Koutrigoures et les Outourgoures; courent après Romains, Gallo-Romains, Francs, Visigoths et Burgondes. Des Champs Catalauniques les païens fuient vers les plaines du Rhin, des plaines du Rhin aux sources du Danube; ils suivent le Danube, filent plus loin, toujours plus loin, atteignent la Thisza, dévalent dans la Puszta. Les vaincus volent à travers les airs et après eux les vainqueurs, des bataillons fendent l'air et d'autres bataillons après eux; le ciel est obscurci de lances obliques, de glaives dégainés, de chevaux galopant, crinières flottantes et queue au vent.

Vous croyez le terrible drame enfin terminé? — Que non pas!

Chaque nuit, les morts se relèvent dans la plaine de Châlons-sur-Marne, les défunts recommencent la bataille; ils se percent et se transpercent, se pourfendent à l'envi, s'assomment et s'écrasent à cœur joie. Et, après le terrible choc, reprennent la fuite échevelée et la poursuite furieuse.

Mais les indifférents et ceux qu'absorbent les affaires de leur métier, mais les chefs de la station et les employés du chemin de fer, ne savent rien du terrible spectacle. Ceux-là n'ont pas vu et ne verront pas la bataille éternelle. Il n'y a pour la contempler que d'anciens braconniers, de vieilles mendiantes, de rares voyous, quelques peintres aussi, parfois des poètes et artistes.

Car, pour être capable de la seconde vue, il faut l'appeler, d'âme émue et vibrante. Les apparitions ne se montrent nettes et distinctes, que si elles ont séjourné dans les profondeurs de l'âme; elles n'ont d'autre vie que celle puisée aux sources du cœur.

VI

VISIONS AÉRIENNES

Sommaire

« L'Epiphanie » de Jérusalem au temps d'Antiochus Epiphane. Batailles aériennes. — Chasses aériennes. Les « Vieilles Cohortes d'Espagne ». Le Grand Veneur de Fontainebleau. — *Das Wûthende Heer* ou la Chasse Artus. — La vision du prêtre Gauchelin, de Normandie. — La chasse du roi Hérode. La Proserpine, La Chéserquine, la Mesnie Hennequin, etc. — La ballade d'*Erlkoenig*. Le *Hell King*. — L'Arlequin de Bergame jouant sa comédie. — Le Chasseur Noir. La mort est un chasseur qui prend l'homme pour gibier. — Les *Danses Macabres*. Le lugubre tourne facilement au grotesque. Comment se forment les mythes. — Les mythes évoluent, eux aussi ; ils peuvent même évoluer en sens contraire de leur point de départ.

Mention d'une apparition, ou comme on disait alors, d'une épiphanie, est faite dans le recueil de nos Livres Sacrés, au deuxième livre des *Macchabées* :

— Le roi de Syrie, Antiochus Epiphane, se mit en route pour conquérir l'Égypte. Alors les habitants de Jérusalem eurent, pendant quarante jours, le spectacle de batailles aériennes. Des cavaliers, splendidement vêtus, avançaient et reculaient par escadrons, attaquaient et mettaient en fuite d'autres légions. On voyait le mouvement des épées, le heurt des lances, la parade des boucliers, le jet des flèches, la coruscation des ors, le flamboiement des cuirasses... Et le peuple pensait que ce fût là un heureux présage. Le suzerain de la Judée étant absent, Jason, le frère du grand-prêtre, crut l'occasion propice pour s'emparer du pouvoir. Armant ses partisans, il se jeta sur ceux de son frère,

Ménélas, et l'on s'entre-tua dans les rues. Ce qu'apprenant, Antiochus revint en hâte avec sa grande armée qui n'avait pas encore servi. Afin de rétablir l'autorité légitime, il égorgea quarante mille juifs, un peu au hasard, en expédia quarante mille sur les marchés d'esclaves; huitante mille autres avaient péri diversement. Et, toujours pour assurer le rétablissement de l'ordre, le roi fit main basse sur le trésor du temple, le vida de 50.000 kilogrammes de métaux précieux, que prestement il expédia sur Antioche. Mesure intelligente, certes, puisque Jason et Ménélas, les frères ennemis, se disputaient le maniement des fonds, car les grands-prêtres de Yahvé fonctionnaient comme régents de la Banque juive... Il faut expliquer que les capitaux se blottissaient alors sous le manteau des dieux puissants; les financiers apportaient leur magot, qui dans le temple de Persépolis, qui dans le sanctuaire d'Apollon à Délos... — Mais ne perdons pas de vue les apparitions démoniques.

*

Après toute terrible guerre, le paysan ne manque pas de raconter qu'elle fut présagée par des bataillons manœuvrant dans l'air, par des armées s'entre-choquant dans les nuages. Rien d'important n'arriverait sur terre qui n'aurait eu son contre-coup dans le ciel. Le Bon Dieu et les saints anges se donneraient une répétition de la comédie humaine, avant de la jouer sur la scène du monde.

Cette imagination, nous ne la qualifierons point de superstition grossière, puisqu'elle fut partagée par maint savant commentateur de Daniel et de l'Apocalypse. Une idée n'est pas sotte en patois et intéressante en latin d'église. Le populaire n'a qu'une vague compréhension des phénomènes météoriques; les interprétant à sa manière, il se trouve que tout événement qui l'émotionne, avait été prédit. En règle générale, l'apparition des comètes et autres « signes au ciel » ne présage rien de bon, car le Destin est par essence une divinité funeste. Mais chacun d'espérer que le signe, avant-coureur de calamités, menace plutôt les voisins.

Aux récits qui se font devant le feu, charmant les veillées d'hiver, émerveillant la jeunesse et lui constituant un cadre de convictions religieuses, morales et scientifiques, les anciens et les bonnes vieilles adaptent des noms quelconques, imaginaires ou autres, et s'ils font bien dans le paysage, personne ne s'en plaindra. Populo n'a aucun souci de la précision historique. Ainsi, dans la légende qui lui est racontée de la bataille à Châlons-sur-Marne, il lui indiffère qu'Attila poursuive Aétius ou Aétius Attila. Nos bonnes gens ignorent tout ce qu'on peut ignorer. Chose admirable, ils ignorent naïvement, sans pédanterie ni prétention.

*

En fait d'apparitions, qui ne se rappelle la ballade des Djinns, que Victor Hugo prit à l'Orient, et dont il fit une de ses merveilleuses *Orientales* ?

. . . .
C'est l'essaim des Djinns qui passe.
Et tourbillonne en sifflant ;
Les ifs, que leur vol fracasse,
Craquent comme un pin brûlant.
Leur troupeau lourd et rapide,
Volant dans l'espace vide,
Semble un nuage livide
Qui porte un éclair au flanc.

Ils sont tout près ! — Tenons fermée
Cette salle où nous les narguons !
Quel bruit dehors ! hideuse armée
De vampires et de dragons !
La poutre, du toit descellée,
Ploie ainsi qu'une herbe mouillée,

Et la vieille porte rouillée
Tremble à déraciner ses gonds !

Cris de l'enfer! voix qui hurle et qui pleure !
L'horrible essaim, poussé par l'aquilon,
Sans doute, ô ciel ! s'abat sur ma demeure.
Le mur fléchit sous le noir bataillon.
La maison crie et chancelle. penchée,
Et l'on dirait que, du sol arrachée,
Ainsi qu'il chasse une feuille séchée,
Le vent la roule avec leur tourbillon !

Prophète ! Si ta main me sauve
De ces impurs démons des soirs,
J'irai prosterner mon front chauve
Devant tes sacrés encensoirs !
Fais que sur ces portes fidèles
Meure leur souffle d'étincelles,
Et qu'en vain l'ongle de leurs ailes
Grince et crie à ces vitraux noirs !

Ils sont passés ! — Leur cohorte
S'envole et fuit, et leurs pieds
Cessent de battre ma porte
De leurs coups multipliés.
L'air est plein d'un bruit de chaînes,
Et dans les forêts prochaines,
Frissonnent tous les grands chênes,
Sous leur vol de feu pliés !

De leurs ailes lointaines
Le battement décroît,
Si confus dans les plaines,
Si faible que l'on croit
Ouïr la sauterelle
Crier d'une voie grêle
Ou pétiller la grêle,
Sur le plomb d'un vieux toit.

D'étranges syllabes
Nous viennent encor ;
Ainsi des Arabes
Quand sonne le cor.
Un chant sur la grève
Par instant s'élève,
Et l'enfant qui rêve
Fait des rêves d'or.

. . . .

*

D'après Du Mège, les bergers des Landes se racontent que les héros et les rois du temps jadis chevauchaient les nuages en compagnie des démons. — Sans doute, ont-ils entendu leurs voisins de par delà les Pyrénées parler des « Vieilles cohortes », et de « l'Antique Armée » courant à fond de train vers batailles aériennes. Et Zedlitz nous a dit la *Revue*, que faisait l'empereur Napoléon, *de la Vieille Garde aux Champs-Elysées*, posté sur la coupole des Invalides, au-dessus de son tombeau.

Les Allemands ont aussi d'innombrables légendes, relatives à leur « Furieuse ou Rageuse Armée », *das wüthende Heer*. Il s'agit en effet de deux armées : une multitude pourchasse une autre multitude. Toutefois le mouvement n'est pas de combat mais de déroute. C'est le désordre et la fureur des vents culbutant les nuages ou faisant tourbillonner les feuilles sèches. Les vivants fuient devant les morts. « Hourrah ! Hourrah ! Les morts vont vite ! »

Quand on lui apprit que l'avocat Jules Favre arrivait avec la soumission de la France vaincue, de la France représentée par le général Trochu et autres Messieurs du Gouvernement, dit de la Défense Nationale, M. de Bismarck siffla le hallali du cerf et, se tournant vers son secrétaire : « La bête est sur ses fins. »

En effet, à rien ne peut-on mieux comparer les batailles qu'aux parties de chasse. La guerre aux animaux et la courre à l'homme se ressemblent à s'y méprendre. A enfoncer leur pique dans le dos d'un bipède ou d'un quadrupède, chasseur et guerrier y ont égal plaisir. La Mort est aussi bien figurée par un chasseur à l'affût que par un assassin dans l'ombre, guettant sa victime inconsciente. La « Mort Chasseresse » et la « Mort Guerrière », deux types équivalents.

L'antiquité gréco-romaine a laissé de nombreux monuments funéraires, qui représentent la *Chasse de Méléagre*, féconde en tragiques surprises. A combien de chasseurs fut-il funeste, ce fameux sanglier de Calydon, digne du sanglier meurtrier d'Adonis, d'Adonis dont la mort fit verser tant de larmes en Syrie !

*

En l'an de grâce 314, au concile d'Ancyre, un des premiers qu'ait tenus l'Église chrétienne, le canon dit *Episcopi* mentionne déjà les chasses auxquelles président Diane et Hérodiade :

— « Séduites par des illusions et des fantômes diaboliques, des femmes criminelles qui se sont replacées sous le joug de Satan, affirment qu'elles font de nocturnes chevauchées avec Hérodiade, ou bien avec Diane, la déesse des païens. Elles disent franchir de grands espaces au milieu du silence nocturne, obéissant à cette déesse comme à une souveraine, et quelquefois appelées auprès d'elle pour la servir. »

La Fuite des Ames Vivantes devant les Ames mortes, cela s'appelle en Danemark la Chasse du Roi Wolmer ou de Waldemar Atterdag. Monté sur un coursier blanc de lait, suivi de chiens noirs de charbon, il porte sa tête sous l'aisselle gauche. Galope aussi le Roi Abel, Abel le Fratricide. Notons la Chasse de Caïn en quelques cantons français.

Les Bretons racontent la Chasse-Artus, ou du Roi Arthur.

Les Allemands ont la Chasse de Charles-Quint, dénomination qui fait pendant en France à celles de l'empereur Charlemagne et du Roi Hugon ou Hugues Capet. En pays d'empire, on prend noms d'empereurs, et noms de rois en royaumes ; en comtés et baronies, ceux des sires qui, par leur faste ou leur cruauté, ont le plus émerveillé les populations. Telles les battues en pays germaniques du Junker Jæckele, de Hackelberend, seigneur de Hackelberg ou de Rodenstein, — à Tours, celles du baron Briquet, à Chambord, du comte Thibaut, et en Catalogne, du comte Arnauld ; les noms propres n'ont ici qu'une valeur locale, et comme valeur historique, si peu que rien.

Ces grands équipages sont menés par le « Grand Veneur » des forêts royales, Epping en Angleterre, Fontainebleau en France.

Un chasseur d'hommes, que ce veneur, une meute infernale que ces mâtins, limiers et grands dogues. A toute autre forme les démons préfèrent celle de chiens, surtout s'ils sont de forte espèce, noirs, avec des charbons rouges en manière d'yeux. Les démons figurent aussi en chevaux noirauds ou couleur de feu. Quelquefois ils oublient de prendre une tête ; celle du cavalier leur suffit. Tel braque fut un scélérat qui se pendit ; tel cheval avait été un goujat de capitaine, vraie brute de sous-off ; telle jument vous représente une dame avare et vaniteuse, laquelle voulut être enterrée avec ses colliers et ses belles robes. On l'appelle « la Cavale d'Obrick », parce qu'elle retourne la tête quand on prononce ce nom. Une ménagerie, que cette chasse. Poursuivis et poursuivants apparaissent, lièvres monstrueux, cerfs à cors phosphorescents, corps sans tête, ou têtes sans corps, lancées comme boules roulantes. S'amènent bissextres, hommes-singes, femmes-guenons, taureaux soufflant flammes et étincelles. Kiff-kiff, hot-ho ! La bande passe, marquant sa route par os et charognes, troncs et bras, jambes encore chaussées tombant sur le sol. Hot-ho !

Notez qu'au diable Grand Veneur, âmes pieuses et cœurs

dévots ont opposé les chasses du grand saint Hubert et les mirifiques battues de saint Eustache. Nombreux sont les chrétiens qui n'admettent pas que rien du diable puisse manquer à leur bon dieu.

*

« Certain jour en l'an de grâce mil nonante et unième, Gauchelin de Normandie, prêtre pieux et dévot, vit fantassins et cavaliers défiler par la route. Grande armée c'était, multitude innombrable et moult en désordre, portant accoutrements noirs et pennons barrés de sable. Y avait croquemorts ayant chargé cercueils sur leurs épaules. Y avait des Ethiopiens. Y avait des nains hauts de sept empans, le chef gros comme muid ou barricel. Y avait routiers et malandrins. Y avait moines et clercs, voire juges et abbés et évêques. Y avait chevaliers en bel arroi, y avait dames chevauchant haquenées. Et soufflait un vent fort et roide, lequel vent soufflant ès-cottes, robes et manteaux, de leurs sièges arrachait les nobles dames, les soulevait la hauteur d'une franche coudée, puis cheoir les laissait en leur selle, laquelle hérissaient de longs clous au feu rougis. Et voyant icelle foule passer, Gauchelin le prêtre s'émerveilla fort et s'écria :
— Hà ! ce sont les gens à Arlequin ! »

Cette vision, que nous a conservée Orderic Vital en son *Histoire de Normandie*, est de même souffle que la *Divine Comédie*.

*

Aux bois du Périgord, très vastes au dernier siècle, s'entendait parfois bruit et fracas. C'étal la « Chasse du Roi Hérode ». Galopait en tête Dame Hérodiade, de blanc vêtue et chevauchant blanc palefroi. Donnant à grand gueule, bondissaient à ses côtés deux formidales lévriers, issus, pensons-nous, d'Orthros et Kerberos, qui avaient mené les limiers d'Hécate. Suivait meute criarde, aboyant, jappant et heuppant, valets ès-cors beuglant et du fouet claquant. Las pour e chrétien, en male heure abandonné de Dieu et des saints, s'il se fût fourvoyé emmi! Renversé en un clin d'œil, étranglé, déchiré, dévoré, plus n'aurait laissé poil ni cheveu.

Semblable chasse est dite « la Proserpine » ou « de Proserpine ». On ne la voit, on ne l'entend guère qu'une fois en vie d'homme. Elle signale les calamités extraordinaires. Se montrant en France au temps de Robespierre, elle lâcha sur le monde ce qui fut appelé la « Grande Peur », frayeur nsane qui affola les campagnes. En Allemagne, elle présagea les batailles de Leipzig et de Waterloo.

Fréquemment les conteurs du moyen âge confondent Hérodiade et Proserpine : les appelant tantôt la fille, tantôt la femme au Grand Diable, lequel, pour mieux emplir son odieux royaume, envoyait sa femelle pratiquer sur terre ses arts redoutables, afin d'induire les pauvres humains en fornication et les faire tomber en péché mortel.

Ces noms de Hérode et de Hérodiade, nous les prenons pour les appellations transformées de Wotan, qui fut jadis le grand dieu des Germains et Scandinaves, et de son épouse Frigga Holda, dite Goda par les paysans ou Horda ; la vraie, la grande Dame Blanche. Quand l'innombrable armée des anges chrétiens eut pris le Walhalla d'assaut, force avait été aux dieux proscrits du Nord de choir dans la démonaille et d'aller en enfer grossir les cohortes de la Mort et de la Perdition.

Cette Hérodiade est aussi dénommée Herpine ou Herquine. On raconte dans le département de l'Orne, que la Mère Harpine se nourrit, ainsi que ses associés, d'os qu'elle déterre aux équarrissoirs, se repaît de charognes qu'elle décroche aux fourches et gibets. — La « Chéserquine », une contraction de Mère Herquine ou de la Chasse Herquine.

Quant au nom très fréquent de « Mesnie Hellequin », pas besoin d'expliquer que « mesnie » est pris dans le sens de maisonnée. La mesnie Hellequin, l'expression désigne les gens à la suite d'Hellequin. Autres formes, *manie* ou *meniége* d'Hennepin.

Odin far forbi ! C'est Odin qui passe ! dit-on en Suède, quand furibonde la tempête. *Das wüthende Heer* signifie donc l'armée de Wotan, soit Odin, l'ex-maître du Ciel, qui fut mis en fuite par les légions des anges. La « Chasse Volante » était par les Norvégiens dite *Aas Kereya*, la Chevauchée des Ases, la signification de *Ker* tournant peu à peu en celle de *Heer* ou d'armée, celle d'*Ose*, *Ase* ou dieu en *Aas*, ou charogne qu'on disait être tombée des nuages.

Nous apprenons par ailleurs que le préposé à la meute infernale s'appelait Helkin, ses valets étant dits *Milites Helkini* ou *Herlkini*, dits aussi *Harlkini*. — « Ce sont gens à Harlequin ! » s'était écrié Gauchelin, le prêtre normand.

*

Ne tiendrions-nous pas ici l'explication de la fameuse ballade que connaissent si bien les admirateurs de Gœthe, celle d'*Erlkönig*, ou le Roi des Aunes ? — On l'a mise en musique, et on l'entend fréquemment sur nos pianos.

— « Le Roi des Aunes, pourquoi ? le roi des Aunes, comment ? » — me demandai-je plus d'une fois. Je me construisis une théorie :

— Les aunes et vergnes croissent de préférence le long des ruisseaux et des étangs ; ils se plaisent dans les terrains marécageux. La ballade met en scène un père qui chevauche par la nuit, le long d'une aunaie. La plaine est humide.

Pour tenir au chaud son enfant, le père le presse contre sa poitrine, l'enveloppe dans son manteau ; mais ces vapeurs l'inquiètent, ces vapeurs glacées qui traînent le long du marais... Du milieu des brouillards nocturnes surgit le Roi des Aunes, lequel appelle le petit, lui parle d'une voix caressante, mais son haleine est empoisonnée de fièvre : il touche l'enfant ; — l'enfant crie, — l'enfant meurt.

Il y avait de ca, mais ce n'était pas ça. Il ne s'agit pas d'un *Erlkœnig*, Roi des Aunes, mais d'un *Hellkœnig*, Roi des Enfers. *Hœllenkœnig*, en anglais *Hellking*, en patois normand *Hellequin*, est le dieu de la Mort. Hellkœnig se promène par la terre, va, vient, prend qui lui plaît, enfant ou vieillard, homme ou femme, l'expédie dans le sombre royaume. En temps ordinaire, il frappe ses victimes une à une ; mais quand il opère en grand, jouant de la guerre, de la peste ou de la famine, il ressemble à l'oiseleur qui pousse dans les filets une volée d'oiseaux pour la massacrer. Alors le Chasseur Noir, le Grand Tombeur d'hommes, s'appellera Alexandre ou César, Attila, Djengis ou Tamerlan, prendra le nom de ces terribles Rois et Empereurs, qui égorgent des peuples, abattent des villes, font de sanglantes boucheries et accomplissent les grandes chevauchées de la Mort.

« Ce sont gens à Harlequin ! » C'est Harlequin lui-même !

*

Il y a une cinquantaine d'années déjà, que Paulin Paris hasardait la supposition que la Bande Hellequine avait donné son nom au cimetière d'Eliscamps, près Arles, que d'aucuns dérivaient des Champs-Elysées, mais qu'il expliquait par Aleschans, Hell's King. Et Jean-Jacques Ampère eut la sagacité de rapprocher Hellequin de Harlekin, et spécialement de l'Arlequin bergamasque, vêtu et masqué de noir.

Voilà une surprise ! Ainsi les arlequinades, ces désopilantes bouffonneries, furent jadis un mystère religieux ! Ainsi l'on changea en divertissement ce qui avait été un sujet d'épouvante ? — Oui, l'on mua sa peur, sa peur bleue, en plaisanteries, grimaces et esclaffements de rire. Les Etrusques d'antan avaient représenté leur terrible dieu de la mort en géant armé d'une lourde massue, et concassant les crânes. Cette massue, les frivoles Bergamasques, et ces farceurs de Florentins, la changèrent en une batte légère que prit en main le mauvais plaisant d'Arlequin.

Et caché derrière son masque noir, Arlequin regarde le spectacle que lui donnent les allants et venants, suit avec une ironie sinistre les acteurs de la comédie humaine :

— C'est le signor Pantalon ; vieux juge, vêtu de brun, entre deux âges, imbécile et avare, égoïste fieffé, petit bourgeois jusqu'au bout des ongles.

C'est notre ami Pierrot, le fils à papa ; il est cousu de blanc, et ses malices aussi. Gourmand, lâche et voleur, il feint l'imbécile, le deviendra, si on lui en laisse le temps.

C'est Colombine en basquine rose, trottinant ses jambes fines et alertes : c'est la vicieuse et charmante Colombine.

Et ce sournois d'Arlequin arrive par derrière. Il glisse, furette de-ci de-là, lugubre et bouffon ; son œil éclaire le masque de velours. Paf ! Arlequin frappe Pantalon. Paf ! Arlequin frappe Pierrot. Paf ! Arlequin frappe la pauvre Colombine. Paf ! paf ! Arlequin frappe tout le monde, Arlequin n'en manque pas un, n'en manquera pas une ; tous, trétous y passeront.

Nous n'avons fait qu'effleurer le sujet. Il intéresse les poètes et les artistes, les philosophes aussi.

Nous en avons assez vu pour comprendre comment les mythes naissent, se forment et se développent, comment aussi ils finissent. Une idée se présente, assez vive pour faire image. La première figure en génère de nouvelles, d'autres se succèdent et se juxtaposent, toujours plus nombreuses ; elle s'animent, entrent en mouvement, se condensent et s'achèvent en drame.

*

Représentons-nous un chasseur d'autrefois ; il vient de perdre sa compagne, la mère de ses enfants. Hier encore, elle était si gaie, si vive et légère, elle bondissait comme une biche à travers les brousses...La voilà gisant, raide et froide. La mort lui a décoché une flèche bien visée. La Mort... la Mort ! En voilà une terrible chasseresse, qui ne manque jamais son coup !

Et le chasseur de comparer les morts diverses aux nombreuses modalités de la vénerie. Il voit la terre comme une réserve à sauvagines ; au monde, il n'y a que chasseurs et chassés. Autrement chasse le lion que le tigre. — Tous meurtriers ont leur méthode particulière : loups et renards, chiens, chats et chacals. Le crocodile a ses procédés, le requin les siens ; de même la truite et le brochet. L'aigle, le faucon, le milan ne s'y prennent pas comme les hirondelles, les cigognes, les pélicans, les cormorans, les martins-pêcheurs. L'araignée a son système. Voici qu'arrive l'homme, l'homme le Grand Veneur, celui qui sait et fait toutes les perfidies. Il creuse des fosses qu'il recouvre de feuillage ; tantôt il se cache et s'immobilise sous un déguisement, tantôt il court et bondit ; il englue, il perce, il tranche, il assomme, il écrase... Quelle variété d'armes et d'engins ! Comme la Mort, comme la Mort ! Ses victimes, il les abat une à une, par la ruse et la patience. Ou il les massacre avec bruit et furie, les pousse dans les traques et les battues, vers les immenses coups de filet. Toujours comme la Mort, comme la Mort ! Une moitié de la faune mange l'autre moitié. L'homme se repaît de mille proies et, à son tour, le Dieu de la Mort se repaît de l'humaine multitude. Le Vieux Meurtrier tue et mange, mange et tue sa proie, ne s'interrompt de tuer que pour manger, ne s'interrompt de manger que pour tuer.

*

Quand la chasse ne fut plus le seul ou le grand moyen d'existence, on trouva pour la Mort d'autres sujets de comparaison. Ainsi, dans une époque relativement récente, l'Europe chrétienne ne pouvait se lasser des « Danses Macabres ». En l'année 1424, en pleins désastres de la guerre anglo-française, les Parisiens s'en donnèrent la comédie au cimetière des Innocents — certes, ils avaient bien choisi l'endroit —, montrèrent aux ducs de Bedford et de Bourgogne une Danse de la Mort en mascarade magnifique. Pendant deux à trois siècles, ce fut avec une délectation morose qu'on regarda Thanatos présider au grand bal de la vie. La Mort, chef d'orchestre, battait la mesure au quadrille d'honneur formé par l'Empereur et Sa Majesté la Reine, par le Roi et la superbe Impératrice. La Mort jouait du violon à la grande pavane du pape, des cardinaux, des évêques, ducs, barons et chevaliers, avec marquises, comtesses et princesses, avec nobles, hautes, honnêtes, puissantes dames et damoiselles. La Mort flûtait et tambourinait. Sarabandaient bourgeois, artisans, laboureurs et soudards, gigotaient bourgeoises, mercières, fruitières, paysannes et ribaudes. Vous aussi, la belle bergère, entrez en danse ! Et youp, et youp, la Catarina !

Ainsi la Mort, la lugubre Mort est représentée par des gavotes et rigodons ! — Hé oui ! et par des arlequinades aussi. Combien la chose semble incongrue !

Les choses que nous appelons incongrues, sont celles que nous n'eussions jamais devinées. Puisqu'elles existent, tâchons de comprendre comment et pourquoi.

Le lugubre évolue vers le grotesque, et le grotesque vers le lugubre. Cela fatalement. Les doctrines philosophiques et religieuses naissent et se constituent, prennent leur direction, vont droit devant elles, marchent et marchent. A certain moment on constate avec stupéfaction qu'elles évoluent, que déjà elles ont évolué en sens contraire. Comment cela ?

La Terre est ronde. En allant devant soi, toujours en ligne droite, disons en se dirigeant de l'est à l'ouest, on se trouvera marcher de l'ouest à l'est dès qu'on sera entré en l'autre hémisphère. Nos idées, elles aussi, tournent en un cercle, doivent finir par se contredire. Mais ne nous embarquons pas dans la philosophie de l'histoire.

VII

L'INNOMBRABLE MULTITUDE DES MORTS

Sommaire

Momie que tout cela ! disait à Pariset le guide arabe en lui montrant la campagne du haut de la pyramide de Chéops. — Les Latins exprimaient l'idée de mourir par la périphrase : *ire ad plures*, aller à la multitude. — Quelques légendes faisant pressentir l'innumérabilité des morts. L'incroyable quantité des anges et démons d'après quelques théologies. — Les anges, les démons et les génies, en général, avaient commencé par être des revenants. — L'espace ambiant avait été peuplé d'esprits jusqu'à saturation. Mais, quand on devina que la terre n'était pas incommensurable, il fallut arrêter le pullulement. On comprit qu'il fallait faire remploi des esprits. La matière corporelle rentra dans l'élément terrestre, et la matière spirituelle dans les éléments de l'air, de l'eau, du feu. — Légende du glacier d'Aletsch. — On inventa les théories des renaissances, de la métempsychose, et du cercle d'existences infinies. — Le Nirvana.

Dans son voyage en Egypte, l'écrivain Pariset gravit la pyramide de Chéops ou de Choufou. Arrivé au sommet, il promena de longs regards sur les autres colosses de pierre, sur la tache que faisait le Sphinx, sur le fleuve, sur la campagne, les rochers et le désert. A cette hauteur, en plein ciel, il se sentait environné de djinns, par les innombrables fantômes du passé. Après avoir remonté le cours du Nil, son regard s'efforçait à remonter le cours des âges; des Musulmans il passait aux chrétiens, aux Romains, aux Pharaons, au légendaire Manès, aux mythiques compagnons d'Horus, quand son guide arabe, non moins grave et recueilli que lui, fit un geste solennel. Montrant les autres pyramides : Tout cela momie ! fit-il d'une voix gutturale. Désignant la terre violacée, qui le long de la rivière s'étendait à perte de vue : Tout cela momie ! Montrant les collines lybiques aux flancs alvéolés de sépulcres : Tout cela momie ! Et du côté arabe : Tout cela momie ! Et solennel, presque sinistre, il répétait : Momie ! Momie !

Les morts étaient, par les Grecs, appelés *Pleiones*, ou les Nombreux. Et les Romains employaient, au lieu du mot « mourir », la périphrase de « *ire ad plures* », aller au tas, rejoindre le gros de la troupe.

Il faut se rappeler que la terre est pleine d'habitants, pleine au point que les populations ont peine à vivre. On ne sait pas depuis combien de temps le monde est monde. D'innombrables générations ont suivi d'innombrables générations, le flot monte et monte toujours. S'il faut en croire la légende, les morts succèdent aux morts, emplissent l'air de leur invisible multitude, se glissent dans les fentes, crevasses et lézardes, comblent les bas-fonds, inondent les campagnes. Les fantômes s'accrochent et s'enchevêtrent, se compriment et s'écrasent ; les anciennes couches se tassent sous le poids des nouvelles. Au sable de la mer et du désert, aux gouttes de pluie, ils disputent la place, s'emmêlent aux poussières des chambres, caves et greniers, croupissent aux moisissures, exposés aux affronts d'un balai brutal, qui soudain les réveille, les traîne, les roule et les éparpille.

« De l'homme que reste-t-il ? » interrogeait le tout sapient Sirach. Et lui-même répondait : « Un peu de terre, un peu de cendre ! »

Pensez donc ! Les vivants ne sont pas une petite troupe, certes ! Mais combien plus nombreux sont les morts ! Non, jamais on n'imaginera ce que le monde en contient !

Ainsi que nous le verrons ci-après, ces âmes s'incorporent volontiers en insectes et papillons, formes exigeant peu de place et peu de matière.

Hé bien ! de ces esprits mués en éphémères, certain jour, les bandes accoururent si épaisses, nous dit-on, si épaisses, qu'un géant, le terrible Kalévide lui-même, ne put leur tenir tête ; après de longs et pénibles efforts, il ne put traverser leurs multitudes ; force lui fut de s'avouer vaincu et de revenir sur ses pas.

Les gens d'Orshova racontent qu'aux temps jadis, le grand saint Georges offrit bataille à l'épouvantable Dragon qui dévastait leurs quartiers. Dieu aidant, le bon chevalier étendit le monstre raide mort. « A l'orde et vilaine bête il trancha le chef, qu'il jeta par-dessus la muraille dans la citadelle de Golocumba. La tête se putréfia. Mouches et moucherons en yssaient, comme de la gueule d'un four. Tant merveilleux fut leur nombre que, sous la charge, les épaisses murailles se fendirent de haut en bas, s'effondrèrent les tours et croula le donjon. »

Cette curieuse légende exige quelques explications.

Dans l'antiquité, les mouches passaient pour être un produit des cadavres en décomposition. Plusieurs d'entre vous se remémorent l'épisode des *Géorgiques*, où il est raconté comment le pasteur Aristée obtint son essaim d'abeilles. La Bible cite Baal Zébub, le Dieu des mouches. Ces taons et mouches, provenant des charognes pourrissantes, ou du dragon féru par saint Georges, sont des âmes perverses ; à preuve leurs morsures cruelles et leur soif de sang.

Baal Zébub, nous disent les théologiens et les commentateurs des livres sacrés du christianisme, est le Prince des démons. Par conséquent, les mouches dont s'agit figurent des démons, et les démons figurent des mouches. Le peuple confondait les uns avec les autres.

Si l'on voulait entrer dans la voie des interprétations mystiques, et dans ces contes populaires ne voir que des symboles, nous pourrions ajouter que le dragon, ci-dessus mentionné, est l'Orque funeste, à savoir l'incarnation de la mort et de l'enfer. La tête du monstre dévorant est le trépas : son ventre signifie le pays d'Au-delà. Ces mouches qui s'échappèrent du sang répandu et des chairs infectes, signifient les innombrables habitantes du sombre royaume, lequel est encore typifié par la citadelle de Golocumba, la prison dans laquelle les âmes sont retenues captives, et dont le nombre est devenu tel qu'elles font crever les murailles. Le héros sauveur figure ici le Fils de Dieu, faisant sauter les portes de l'enfer et apportant la délivrance.

*

Mais, pour le moment, il ne s'agit pas d'expliquer les mythes et de les faire se volatiliser en idées abstraites, mais de bien saisir l'idée que l'on se faisait naguère de l'autre monde et tout spécialement du nombre de ses habitants. Le conte que nous venons de mentionner est de la poésie barbare, — mais puisque nous sommes ici pour nous renseigner sur nos origines barbares !

Semblables images sont excessives, certes. Mais dans le cas présent, leur absurdité voulue marque l'innumérabilité des âmes, qui, au jour de la résurrection, prendront leur vol, échapperont à leur odieuse prison. Les Primitifs, dans leur langage, ne disposent que de moyens primitifs. Les savants s'évertuent à faire mieux, mais le maniement d'énormes quantités ne leur est pas facile non plus. Ils ont du mal à exprimer le poids du Soleil en tonnes métriques, et en siècles la distance que parcourt la lumière d'une étoile pour arriver jusqu'à nous, ou le temps qu'exigea la condensation d'une comète. Et quand nous sommes, de ce côté, suffisamment éblouis et aveuglés, ces mêmes savants se retournent et nous conduisent dans le monde minuscule. Ils calculent ce qu'une pompe pneumatique laisse encore de molécules d'air, après le centième coup de piston ; ils disent le nombre de vibrations que les ondes effectuent en une seconde pour donner les sensations de couleur ; ils supputent combien notre tympan a palpité de fois en écoutant l'*Invitation à la Valse* qu'on jouait sur le violon. Ces physiciens nous enivrent de chiffres, tantôt désespérément grands, tantôt désespérément petits ; ils jouent et jonglent avec les quantités, jusqu'à ce que nous ne sachions plus distinguer entre le milliard et le milliardième.

Pour vous étonner, les poètes rustiques, les chanteurs ambulants s'y prendront autrement ; ils vous diront que d'épais donjons croulèrent sous le poids des mites et cousins, mouches, moucherons et moucherolles qui s'abattirent sur tours et murailles.

*

Le romancier Huysmans, l'auteur de *A rebours* et *Au-delà*, disait dernièrement : « L'espace est peuplé de microbes. Est-il plus surprenant qu'il regorge aussi d'esprits et de larves ? »

En somme, les sauvages et nos campagnards comprennent le nombre et la fonction des esprits à peu près comme nos physiciens comprennent les fonctions et le nombre des microbes. Les professeurs disent comment ces petits êtres, comment ces minuscules organismes travaillent le vin et la bière, comment ils fixent utilement l'azote dans les plantes légumineuses, comment ils engendrent croup, diphtérie, choléra et autres maladies infectieuses. On traduirait en kanake les dissertations du savant Metchnikow sur les leucocytes et les phagocytes que les sorciers néo-calédoniens, après avoir écouté le conférencier attentivement, se tourneraient vers leurs élèves et jeunes lévites : « Là, que vous disais-je hier ? »

*

Dans le langage courant d'autrefois, les esprits des morts étaient dénommés génies ou démons. Ces génies et démons, nous nous proposons de les étudier sérieusement ; ils composent le fond et la substance des religions. En mourant, croyaient nos lointains ancêtres, en mourant, les hommes passaient génies ; les génies passaient divinités, tantôt bonnes, tantôt mauvaises, mais dans leur immense généralité mauvaises, il faut bien l'avouer. Tout conscrit français, disait-on, porte un bâton de maréchal en sa giberne, et l'en sortira au moment propice. Semblablement, tout mort avait la chance d'être déifié comme génie du bien, génie de la famille, génie de ceci, génie de cela. Rappelez-vous l'empereur romain qui, sentant approcher ses derniers moments, dit aux amis qui entouraient sa couche : « Je me sens passer Dieu. » Parmi les communautés de chasseurs ou pêcheurs, parmi les tribus bergères ou agricoles, l'individu qui avait su se faire aimer, et surtout qui avait pu se faire craindre, avait outre-tombe chance de gagner une belle situation et d'acquérir une divinité quelconque, une divinité vaille que vaille. Les mauvais démons étaient certainement en majorité, puisqu'ils avaient été des hommes comme nous. Mais les bons n'étaient pas rares. Chacun avait son bon démon et son mauvais. Qui n'entendit parler du « Démon de Socrate », un démon de justice, de haute morale, de bon sens et de bonté ? Mais à l'avènement du christianisme, les génies ci-devant, tous les démons de l'ancien régime furent proscrits, mis hors la loi, traités en diables, en suppôts du Grand Diable d'Enfer.

*

On en avait nombre suffisant, ce semble. Mais non, la

théologie nouvelle ayant inventé le dogme du péché originel, se trouva dans la nécessité de l'expliquer et de le rendre plausible. Elle transforma le souple, élégant et insinuant serpent d'Eden en un dragon hideux et colossal, en Lucifer, prodigieux rival de l'Omnipotent, et suivi par des démons en nombre prodigieux.

Avant de créer l'homme, Dieu, disait-elle, avait peuplé les espaces aériens, y avait fait pulluler la vie. Ce que nous voyons d'étoiles, avaient été les stations où se tenaient les quartiers généraux de l'armée céleste et ses postes de commandement.

Le Seigneur Eternel trouva là sa première déception. Séraphins et Chérubins, Anges, Dominations et Puissances se révoltèrent contre celui qui les avait tirés du néant. Leur science, doublée de puissance, vira en orgueil. Sous la conduite de l'Archange splendide, les célestes milices levèrent l'étendard de la révolte, pensèrent renverser le Trône du Très Haut.

Terrible fut la bataille rangée, mais courte. Le Fulminant écrasa ses ennemis. Ne pouvant ou ne voulant les exterminer, il les précipita dans le chaos.

L'*Histoire de Grimaud* — un document authentique, n'en doutons pas — nous renseigne à ce sujet :

« Trébucha la deisime ligniée du ciel en terre, jusqu'en enfer. Et deviendrent diables noirs et cornuts, et plurent VIII jors et VIII neus, autressi espais comme est li poudrière en la raie du Soleil. »

Au chaos, les vaincus étaient déjà fort à l'étroit. Dès que la Terre eut été formée, ils se jetèrent sus, nombreux comme gouttes de pluie et grêlons d'orage ; ils emplirent l'air, la mer, les déserts et la brousse. Depuis, affirme le poète du *Paradis perdu*, « depuis, des millions de créatures spirituelles, à nos yeux invisibles, peuplent la terre et nous entourent. soit que nous dormions, soit que nous veillions ».

*

Entre les diables qui furent des anges et les diables qui furent des hommes, il ne serait pas facile de voir notable différence. La distinction n'aurait d'ailleurs qu'une valeur théologique et n'intéresserait que les populations nourries de légendes chrétiennes et islamites. Venue d'Orient en Occident, la légende dont s'agit prit racine, grandit, donna fruits et développa rejetons. La vague notion d'une immense, d'une innombrable armée démonique, pouvait suffire à Milton. Mais les Docteurs, qui rien n'ignoraient du « plan de Dieu », voulaient plus de précision. Ces professeurs en Sorbonne avaient pour métier de compulser les secrets de la chancellerie suprême et ils y exerçaient leur intelligence subtile. La curiosité les prit de supputer le nombre exact des mauvais anges ; statistique difficile, compliquée à merveille.

Quelle chose pouvait rester cachée à ces docteurs qui connaissaient Dieu dans les fonds et les tréfonds, à ces émules du fameux Pic de la Mirandole, lequel, à ses vingt-trois ans, édictait neuf cents propositions : « *De omni re scibili et quibusdam aliis* », s'offrait à discuter sur toute chose cognoscible et quelques autres ? Admirez cette science-là ; ce qu'il entendait le mieux, c'était l'incompréhensible.

Un autre maître-sot en Faculté, — les sots diplômés sont plus sots que les non diplômés, — Guillaume de Paris, « Gulielmus Parisiensis », se livrant à moult laborieuses recherches et difficultueuses computations, chiffra, statistiqua, finalement trouva que le nombre des esprits pervers s'élève au total de 44.435.556. Pas un de plus, pas un de moins !

En l'an de Notre-Seigneur 1576, Weirus de Clèves, autre savantissime, adopta ce chiffre, ou à peu près, mais expliqua qu'il représente seulement les combattants valides, inscrits par le Prince des Démons sur les rôles de son armée régulière. Avec les irréguliers, ce serait toute autre affaire ; car absolument innombrables sont les cobolds, lutins et farfadets, les gnomes et gnomides.

De leur côté, les Hindous, ayant raisonné les différentes catégories de leurs divinités, arrivaient au chiffre de 330 millions. Par cette multitude de capitaines, maîtres et seigneurs, devinez, si possible, la quantité des serviteurs, domestiques, messagers et autres sous-ordres ; imaginez ensuite combien de maupiteux fournira l'entière démonaille, laquelle pullule dans l'espace en masses atomistiques, de son virus impur pénétrant la Nature entière.

*

Du haut de son infaillibilité, le pape Grégoire le Grand nous donne à savoir qu'en prenant bouchée ou gorgée, nous sommes exposés à la mésaventure d'avaler un méchant diable, ou plusieurs. Ce qu'il prouva par l'exemple d'une pauvre nonnain.

Donc elle agissait sagement et prudemment, la secte chrétienne qui prescrivait les sputations fréquentes, et même en faisait une pratique dévote.

Le Napolitain qui bâille, prend garde à faire le signe de la croix sur sa bouche ouverte, afin d'empêcher un démon de s'y précipiter.

D'après l'inestimable recueil des *Mille et une Nuits*, un marchand malencontreux blessa grièvement un Djinn en lui envoyant un noyau de datte par la tête. Car les Djinns foisonnent autour de nous et, dans leur foule invisible, nous pouvons provoquer des accidents en brandissant un bâton ou en faisant quelque mouvement brusque ; les déserts d'Arabie sont emplis d'une si dense population d'Invisibles, que le Bédouin bien élevé ne jettera rien brusquement et — je demande pardon pour ce détail intime — il ne satisfait certains besoins naturels qu'après en avoir demandé la permission aux Esprits bienheureux. Quant aux autres, il ne s'en soucie.

On dit en Allemagne que la foule des âmes mortes s'accroche aux buissons, se lacère aux épines du chemin. Les mamans recommandent à leur progéniture de ne pas fermer les portes brusquement, une pauvre âme pouvant être pincée entre bois et bois. Elles se blessent, les malheureuses, aux haches et couteaux qui ne sont pas à leur place, aux coutres, fourches et herses dont on a laissé les pointes en l'air.

Trente mille diables, autant en aperçut le brave saint Macaire, trente mille, se massant à la porte d'une seule et même maison, dans la ville d'Antioche.

C'était l'opinion courante que formulait un rabbi babylonien, quand il disait que tout l'espace du monde contient à peine les légions démoniques ; et les chrétiens d'ajouter qu'elles grossissent à chaque génération de tous les hommes blancs et noirs, jaunes ou rouges qui ne meurent pas en état de grâce, c'est-à-dire une multitude incomptée. Un nombre infini s'accroît de nombres infinis.

On en vint à se demander si la Terre, supposée creuse et faisant l'office d'une chaudière immense, contiendrait toute la démonaille ? Et si le vide pouvait exister, du moment que tout l'espace disponible est occupé par diables et démons, — ainsi que l'affirmait le grand Luther.

*

— « O roi des cieux, toi qui créas la Terre infinie, la Terre incommensurable ! » — lisons-nous au livre des *Macchabées*.

Cette Terre — celle d'avant Christophe Colomb —, cette Terre étendant au loin ses vastes plaines, suivies d'autres plaines sans limites, et de forêts et de déserts, cette Terre pouvait encore suffire aux multitudes d'anges tombés. Mais elle avait encore à loger ses propres morts, disions-nous. Chaque génération en apporte fournée nouvelle, et de ces générations elles-mêmes, il n'y avait compte. Multitudineuses sont les feuilles de la forêt. Et les feuilles d'antan, celles qui durant des siècles écoulés, automne après automne, s'amoncelaient en la forêt profonde, combien seraient-elles si la pourriture ne les eût fait disparaître, si la végétation ne reprenait leur matière !

Les chrétiens se tiraient, se tirent toujours d'affaire, par le miracle, qui ne leur a jamais coûté cher. Un miracle de plus ou de moins, qu'importait ? Plus gros le prodige, plus méritoire la foi. Ils en sont restés au système d'un enfer indéfiniment élastique ; d'un espace enfermant d'énormes multitudes, mais pouvant se condenser en tête d'épingle. Comme dit l'apôtre Paul : « La foi n'est pas de tous. »

*

Mais, de bonne heure, les pré-chrétiens et non-chrétiens avaient compris qu'à laisser toujours foisonner la grande macabre, elle finirait par étouffer les vivants, et qu'il fallait remployer ces âmes, avant qu'elles ne débordassent terre, ciel et enfer. — Une solution se présentait, évidente, inéluctable : les morts reviendraient à la vie après avoir séjourné au Pays du Silence. Il fut décidé que la Terre, si fortement mélangée de détritus cadavériques, qu'elle peut passer pour une poussière de tombes, — « tout ça momie », disait le guide aux Pyramides en montrant la campagne ambiante, — que cette cendre ferait la matière de nouveaux organismes, que ces âmes mortes redeviendraient des âmes vivantes, après avoir séjourné un temps plus ou moins long dans les éléments de l'air, de l'eau et du feu.

Entre la pomme qui tombe de l'arbre et les éclosions du printemps, il faut passer les longues attentes de l'hiver. Il y a le repos, le repos apparent avant la renaissance, mystère des mystères.

Pour jeter quelque lueur sur ce gouffre d'obscurité, disons la croyance y relative des montagnards valaisans et tyroliens, catholiques comme il n'en est pas de plus dévots et sincères. Ils prétendent que leurs glaciers, notamment celui d'Aletsch, au pied de la Jungfrau et du Finster Aarhorn, est en son immense étendue bondé de « Pauvres Ames », en nombre tel qu'il serait impossible de mettre le pied entre les têtes. Les voyageurs se figurent que, vu l'absence d'êtres vivants, le silence règne sur ces âpres hauteurs. Mais les montagnards savent que cette immobilité n'est qu'apparente. Immobiles en apparence, ces fleuves de glace roulent en cascades, se précipitent en avalanches. — Vos sens obtus ne perçoivent ni le bruit ni le mouvement — Tant pis pour vous ! De loin, il vous arrive de prendre une cascade pour un filet de neige, ou pour un ruban de satin sur le corsage de la montagne. Tout en pataugeant sur le glacier, vous en êtes trop loin pour deviner ce qui s'y passe. Mais nous, disent-ils, nous y entendons des bruits sourds, des fracas distants. Dans les profondeurs, les masses frémissent et s'agitent, montent et descendent,

poussent, foulent, roulent, écrasent. Le glacier travaille, et travaille comme force forges, il triture la pierraille et l'expulse, il se nettoie. Ailleurs, les âmes sont affinées, en chaudières bouillant, en fournaises flambant. Ici, elles s'épurent par congélations successives, jusqu'à douze fois, s'il le faut. Redevenues neuves et fraîches, elles prennent la transparence du cristal, à travers lequel s'irise la lumière. Elles sont alors prêtes à renaître, et quand il va être procédé à un baptême, et que les p'tites fifilles demandent d'où est sorti petit frère, on répond que Casperlé, le sonneur de cloches, l'a rapporté d'une crevasse de l'Aletsch.

Les Pauvres Ames arrivent de tous côtés, s'engouffrent au glacier, en sortent par escouades quand il y a tremblement de terre, ou qu'elles vont pèleriner aux sanctuaires du Bon Dieu ou de la sainte Vierge.

Leurs processions sont, dans le patois local, désignées sous le nom de *Gratzüge*, ou Marche des Revenants, et portent aussi la dénomination bizarre de « Symphonies ». On vit leurs multitudes s'assembler autour des pics du Vietscher, du Lauter et de l'Ober-Aar ; leurs lignes serpentines, grises et brunes, glissaient sur les blancs nevés, rasaient les glaces vertes et bleues, franchissaient, à l'instar d'un nuage, les sombres crevasses et précipices. Leur mouvement uniforme et régulier fait contraste avec les cavalcades effrénées du Grand Veneur, se précipitant à travers les airs, avec les furieux emportements des Mesnies Hellequin, les charges endiablées des équipages du Roi Hugon. Aux trains de chasse, le cor appelait. Jappaient les chiens, ululaient les loups, grouinaient les sangliers, juraient et blasphémaient les hommes. Ici, l'on distingue à peine comme un bruissellis de feuilles, qu'agite un vent léger. Ce sont murmures et soupirs de chapelets qu'on égrène, d'*oremus* que l'on marmotte. Et aussi un babillage bizarre, des éclats entrecoupés, des éjaculations malcontentes, pleurardes ou ricanantes. Parfois un bourdonnement d'abeilles, des voix distantes et susurrantes qui alternent avec des flûtes lointaines et le roulement de tambours voilés. Curieuse symphonie, fantasque spectacle que celui de la procession des Ombres au glacier d'Aletsch !

*

Ailleurs, on dit que les âmes des morts se mêlent aux bandes d'oiseaux qui, sur la fin de l'automne, fuient à tire d'aile nos campagnes attristées, émigrant au pays du soleil, vers les heureuses campagnes que la lumière inonde. Image ou réalité, le peuple n'a jamais su ou n'a jamais voulu distinguer. Les âmes volaient avec les oiseaux, allaient, par delà les mers, vivre une vie nouvelle.

On allait vers le jour des Morts. La campagne semblait vide. Les plaques brunes des terrains labourés alternaient avec les chaumes grisâtres. A l'horizon, un mur gris-brun : c'était la forêt. On marchait sur des feuilles. Elles manquaient aux arbres, dégarnis déjà, et montrant leur ossature. Le clocher, les toits, les maisons semblaient faits d'ombre ; des hommes de loin en loin passant sur la route, les bœufs cheminant lentement, semblaient spectres et fantômes. Par intervalles soufflait un vent aigre. Il faisait triste, il faisait froid.

Au ciel lavé clair paraissait la lune, mince faucille. Vers l'horizon moutonnaient des nuages gris et blancs ; on eût dit des glaçons sur lesquels il aurait neigé ; le soleil couchant les teintait en rose pâle. Au-dessus de la banquise, deux longues files d'oiseaux ondulaient et serpentaient, leurs taches noires s'atténuaient d'instant en instant, et s'affaiblissaient dans les profondeurs aériennes. Nous quittant avec des cris joyeux, les oies, les canards volaient vers la chaude lumière, vers les bambousières et roselières, vers les tièdes étangs où se mirent les palmiers.

Et nous, de contempler ce départ et de songer combien il fait froid ! Combien il fait triste ! Encore un hiver à passer. D'hiver en hiver nous arriverons au dernier ; nous irons au cimetière, dont les pierres ressemblent à ces plaques blanches des banquises aériennes, Et après? Ferons-nous comme ces oiseaux? Passerons-nous la mer, la grande mer qui sépare les deux mondes? Aborderons-nous en un pays d'outre-vie, lumineux paradis, où les arbres de la science croissent en bosquets verdoyants et fleuris ; où l'arbre de la vie plonge ses racines dans la fontaine de Jouvence, reflète ses fruits d'or dans l'onde limpide? Renaîtrons-nous là-bas? Qui sait? Mais ici, qu'il fait donc froid, qu'il fait triste et sombre !

*

N'en doute point, que tu renaîtras ! s'écria la sagesse de l'Egypte et de l'Inde. Il renaîtra ton lotus, il renaîtra sur un autre globe, puis sur un autre. Emplir l'immensité des êtres et des espaces, la goutte d'eau point n'y hésite ; elle les emplira dans l'immensité des âges.

Voilà ce que comprirent les Primitifs, nos ancêtres, quand de l'effrayante et incoercible multiplicité des morts, ils déduisirent la doctrine des Métamorphoses et des Métempsychoses : la transmigration incessante des âmes dans les molécules de la matière, afin de l' « animer », dans l'acception la plus immédiate du terme, et vivre des existences indéfiniment renouvelées, — mais la même vie, toujours la même.

Cette perspective d'une durée sans fin sourit aux races encore pleines de sève. Les intelligences naïves ont hâte de sentir et d'agir, même sans mesure ; les jeunes, se croyant capables d'éternelles délices, ont soif d'immortalité. Le héros des Scandinaves, leur favori, le magnifique et redoutable Thor, avait parié qu'il viderait le contenu de certaine corne à dimensions énormes. Tandis qu'il buvait et buvait, les autres dieux trichèrent — ça leur arrive — ; ils mirent la corne en communication avec la mer. Et le brave Thor buvait toujours ; déjà baissait le niveau des eaux marines, quand les bons compagnons jugèrent à propos d'arrêter la mauvaise plaisanterie. Maints échauffés se figurent appartenir à cette race divine, croient qu'ils seraient capables, vraiment, de boire à la coupe d'éternelles voluptés, sans se lasser jamais, en criant toujours : Encore ! encore !

Telle n'est pas l'opinion d'autres hommes qui, vivant sous un soleil plus chaud, dans un milieu où la vie est plus intense et les passions plus brûlantes, savent mieux que l'intensité de la sensation est en raison inverse de sa durée. Les Indous ne se plaignent point qu'une trop brève existence leur ait été dévolue. Au contraire. La durée sans fin, dans un cercle toujours récurrent d'avatars et de métempsychoses, ils ne la requièrent point, et même ils en ont crainte ; des philosophes et des révélateurs la leur ont imposée. Ces recommencements les inquiètent et les obsèdent. Ils ont écouté l'éternel gémissement du flot se brisant contre le rivage et s'épanchant en écume blanche.

— O mer bleue, ont-ils demandé, pourquoi ta plainte douloureuse ?

Et la mer de répondre :

— Toujours mon flot se brise contre le rivage, toujours il s'épanche en écume. Je le reforme, pour qu'il aille se briser encore et encore. Je voudrais que blanchissant et gémissant une dernière fois, il s'évanouît pour toujours ! Assez ai-je battu les rochers de ma rive, assez ai-je hurlé la tempête, assez ai-je fracassé de navires et noyé de matelots. Je voudrais enfin me reposer. Mais je n'en aurai jamais fini, jamais fini, et voilà pourquoi je me plains, je me plains !

Alors l'Indou de réfléchir : La vague s'ennuie de battre, et la roche d'être battue. Or, il me faudra être la vague, puis le rocher. J'irai de marée montante en marée descendante, et de marée descendante en marée montante. Il faudra girer de commencement en fin, giroyer de fins en recommencements. Toujours le désir produisant la jouissance, et la jouissance la satiété. Toujours l'amour appelant la haine et le crime le châtiment... Et puisque la peine consiste en une vie de rachat et d'expiation, tâchons de vivre une vie exempte de désir, et de passion et de péché. Faisons-la méritoire, cette vie, afin de gagner le Nirvana, le Nirvana sans phrases. Pratiquons la vertu, et la chasteté, et la charité, et le dévouement, afin d'obtenir le repos. Ce sera le repos conscient, je le veux bien ; ce sera le repos, non conscient, comme il vous plaira. Mais donnez-nous le repos, l'éternel repos ! Le repos, le repos !

Voici une molécule d'eau. Sous forme de vapeur, elle constitue une vésicule gazeuse et transparente, laquelle s'associant à une infinité d'autres, constitue le nuage, forme cirrus, cumulus et leurs combinaisons, monte et descend dans les airs. Le vent la transporte au-dessus des campagnes, des déserts, des mers et des continents. Par chance, elle perd de sa chaleur sur un plateau d'alpe, se condense en flocon de neige, le flocon se fait poudrin que le vent pousse deci, pousse deçà ; il s'engage dans un nevé, s'y enfonce, se transforme en aïguille cristalline. L'aiguille glisse dans un glacier, fleuve dont le flot se meut lentement, lentement, sous une pression obscure, mais irrésistible, broyant les roches, du granit faisant sable et boue. Elle arrive à la moraine, et, sous un climat déjà plus doux, se fait goutte d'eau. La voilà dans le ruisselet ; elle court joyeusement de val en vallon, de lac en étang, de cascade en cataracte, se mêle à torrents et rivières, grossit un fleuve, avec lequel elle parcourt pays et provinces, peuples et nations. Enfin, elle rencontre l'Atlantique ou le Pacifique. Sans hésiter, la toute petite s'allie au tout grand, la goutte épouse l'Océan. Nouveaux voyages. Elle chemine en tous sens et dans toutes les directions, explore écueils, rochers, îles, golfes, détroits, tous abîmes et toutes profondeurs ; s'engage en tous courants, chauds, froids ou tempérés. Combien se passeront de siècles avant que, de déplacements en déplacements, son atome ait empli l'Océan immense ?

Victorieuse de Neptune, elle entreprendra de nouvelles conquêtes. Se laissant choir au fond marin, elle entre dans la composition d'un calcaire ; lui-même constituera une montagne. Avec le temps, toujours avec le temps, la roche vieillira, s'effritera en poussière. Satisfaite de l'expérience, notre éternelle goutte d'eau sortira du minéral pour entrer dans le végétal. Sous forme de sève, elle circulera de plante en plante, de mousse en graminée, d'arbuste en arbre. Après quoi, elle songera aux pérégrinations dans l'animalité ; elle expérimentera l'infusoire et la baleine, le ciron et l'homme. Elle a, certes, de quoi s'occuper : la nature entière à parcourir — quoi, à parcourir ? — à vivifier ! — Et quand elle aura fini sur notre planète, elle pourra recommencer en d'autres systèmes solaires, puis ailleurs et ailleurs.

Une fois engagée dans les renaissances incessantes, l'âme est saisie dans le remous des transformations ; de métamorphose en métempsychose, elle roule dans le Cercle des Existences. Comme une poulie folle, tourne et retourne la Roue de la Loi : elle tourne éternellement.

VIII

L'AME COMME SOUFFLE, OMBRE ET REFLET

Sommaire

Le souffle des hommes et des animaux passait pour être leur âme et leur vie. Quelques étymologies. — Eole et le « han » de saint Joseph. — La densité des âmes. — Sensations diverses qu'elles donnent au toucher. Fraîcheur, sécheresse, foudroiement électrique. — Forme variable des fantômes, leur allongement ou rapetissement. Les Babuces, les Shen. — Difficulté qu'éprouvaient les missionnaires à faire accepter par les sauvages la théorie des Occidentaux sur l'immatérialité absolue de l'âme. Cette théorie n'est pas si évidente et simple que l'on peut penser. — L'Ombre prise comme synonyme de Revenant. La croyance fut assez répandue, que tout ce qui porte ombre possède une âme. — Billets à ordre dans l'autre monde. Té Karawa, le Maori. — Fixation de l'ombre de Bouddha. Sainte Véronique avec le *Verum Icon*, ou la Véritable Image. — Le Reflet, contre-partie de l'Ombre. Le Phôs des Grecs. L'âme se reflétant aux miroirs et aux fontaines. Importance des miroirs en magie. — Ce que les sauvages pensent des portraits. — Respect dû au Double manifesté par l'Ombre. L'ombre du Sonneur de Harlem. Ombres fouettées et souffletées. Les Docètes chrétiens. — Le Férouer ou Bon Génie des Mazdéens. Le Pasador. Respect que l'on doit à sa propre ombre. L'ombre de Peter Schlemihl.

L'humanité qui, en un lointain passé, transforma le cri en parole, avait compris la vie comme étant le souffle qui va et vient des poumons aux narines.

Cet air que nous respirons, n'est pas toujours invisible. Par les temps froids il apparaît, jaillissant des narines en vapeur chaude. Les bœufs qui labourent, les chevaux qui halètent, s'en montrent parfois enveloppés. Ce brouillard, c'est leur âme faisant effort, croyait-on jadis, leur âme en tout semblable à la nôtre.

Le mot « esprit » a pour radical *spir*, d'où aspirer, respirer, inspirer, expirer, etc. D'un autre côté, âme et animal. *animus* et *anima*, ont même origine qu'*anemos*, le vent. *Pneuma*, désignation grecque du souffle. « Théopneustique », inspiration divine des saintes Ecritures. « Théopneustes », nos prophètes et nos évangélistes. « Pneumatique », tout ce qui a rapport à l'esprit en tant que haute raison, contre-partie de « psychique », ce qui dépend de l'âme ou de la « Psyché », ce dernier vocable étant dérivé de l'onomatopée *ps :* siffler, souffler. Souffle, aure et vent, ces mots furent primitivement synonymes ; nous les emploierons conjointement avec ceux d'ombre et de vie. Tous signifiaient jadis l'air en mouvement. Nos mots de « fumée » et de « parfum » sont issus d'un radical grec qui désigne un souffle violent, la colère et la passion, subséquemment le cœur.

•

Le souffle passait pour la chose la plus légère qui fût. L'âme se confondait avec l'haleine. Les esprits gais et amènes soufflaient en zéphirs ; leur colère explosait en ouragans et rafales, soit qu'éclatât la fureur d'un seul revenant, soit celle d'une armée entière. Telle la matérialité du vent, telle celle de l'âme.

Maint missionnaire voulut démontrer à des sauvages l'immatérialité des esprits, ainsi que les chrétiens la comprennent ou croient la comprendre. Le révérend expliquait comment l'esprit va et vient, sent et agit, mais ne possède aucune molécule solide, comment il meut l'organisme, sans peser dessus d'aucune façon. Les moricauds y objectaient. Mais le blanc n'en voulait démordre ; le blanc prenait sa grande mine des dimanches, chapeau noir et redingote noire, affirmait avec une componction solennelle qu'une entité dépourvue de substance, une non-matière, un rien qui serait quelque chose, causait les sensations et les mouvements du corps... Les bons nègres n'y tinrent plus, ils éclatèrent en un rire inextinguible, ils s'esclaffaient : aucun loustic n'égalait Massa, Massa dégotait tout le monde dans l'art difficile du pince-sans-rire.

Les primitifs, et ceux de nos campagnards que l'école n'a pas triturés, — attribuent donc aux esprits une substance réelle, tangible et palpable. L'esprit, pensent-ils, est du vent, c'est-à-dire l'air en mouvement. Notion simple, honnête, de grossière naïveté, mais échappant à des objections qui embarrassent telle doctrine, si raffinée qu'elle en est devenue incompréhensible.

*

Comme l'air, était l'âme. Ainsi que l'âme va et vient dans le corps, ainsi le vent en son antre.

Eole, raconte l'*Odyssée*, habitait en une des îles Lipari un palais qu'embaumaient des souffles agréables et qu'entouraient des murailles d'airain. Au héros Ulysse qui l'alla visiter, il fit présent d'une outre dans laquelle il avait enfermé les vents qui eussent pu lui être défavorables... Il n'est population de pêcheurs qui ne raconte semblable légende.

Tel sanctuaire du moyen âge exhibait une sainte ampoule. Vide semblait la fiole, vide était-elle, en effet, pour le fidèle sans foi ; mais bien savaient prêtres et dévots que cette bouteille soigneusement bouchée contenait un cri, un han de saint Joseph. Ecoutez bien :

— Le patron des charpentiers était à son établi, il rabotait du cyprès, bois très dur et à nœuds. Le pauvre saint Joseph suait et soufflait, soufflait et suait ; à chaque coup de rabot, poussait un « han » qui ressemblait à un gémissement. Invisible, un ange le regardait faire, s'édifiait à le voir si courageux à l'ouvrage. Il pensa que les générations futures auraient plaisir à voir comment on travaillait dans la sainte Famille. Il eut une idée, comme les anges seuls peuvent en avoir. Avisant un flacon vide, qui avait contenu de la colle forte, il guetta le moment. Ahanait le varlopeur, ahanait toujours, il lançait encore un han ! quand notre ange avança vivement la bouteille jusqu'au ras des lèvres, y reçut le han ! boucha vivement. Le han était dans le verre, y resta bel et bien. L'ange en fit présent aux saintes sœurs de Béthanie. Passant de main en main jusqu'à la pieuse impératrice Hélène, la relique fut portée en Occident, où elle édifia les bonnes âmes, jusqu'à ce qu'un de ces fidèles auxquels on ne peut rien refuser — roi, noble dame ou riche baron — requit la bienheureuse fiole afin d'invigorer un sien enfant, chétif et maladif, avec l'haleine du grand saint Joseph. Fut ouverte la fiole : le han fut entendu, le han disparut, le han court le monde.

*

Ainsi, disaient les premiers métaphysiciens, l'âme a la densité de l'air, s'y meut comme poisson dans l'eau. Physique, purement physique, elle jouit des propriétés inhérentes à la matière.

Encore aujourd'hui, les philosophes taoïstes parlent de l'âme comme d'une matière épurée. Qu'on l'affine tant qu'on voudra, qu'on la quintessencie, pourvu qu'on sauvegarde sa matérialité ! Qu'on dise que les esprits, parvenus à la félicité, acquerront une substance solaire ou astrale, — à l'instar des Ameshaspentas mazdéens, lesquels étaient des rayons de lumière, — qu'on raréfie cette substance jusqu'à l'identifier à l'éther, les Midès et Chamanes n'y verront aucun inconvénient, pourvu qu'on leur garantisse que cette substance sera substantielle autant que celle des astres.

Entrant dans cette voie, certains occultistes contemporains forment leur « périsprit » de matière raréfiée en son quatrième état. Là encore, de pauvres sorciers prévoyaient ce que nos salons ont trouvé de plus moderne.

Cependant, elle était encore bien loin de la matière radiante, la secte du Nénuphar, ou Péï Lien Kliâo, que le gouvernement et la bourgeoisie des Chinois ont naguère exterminée. Ces nénupharistes prétendaient que l'âme adulte pèse seize onces bien comptées. A la mort de l'individu, l'âme se rendrait auprès de Lâo Mou, la Génitrice universelle, qui récupérerait quatre onces pour les employer à ses créations, six autres onces seraient prélevées par divers génies, deux autres iraient au bienfaiteur Bouddha qui leur communiquerait son éternelle félicité. Et l'individu, où qu'il aille, resterait avec les quatre dernières onces, son inaltérable propriété. Quatre onces, soit cent vingt grammes pour une âme seule, c'est encore beaucoup !

On ne nous dit pas que, du Rhin à la Vistule, personne ait pensé à peser aucun revenant. Là-bas, ce poids doit être très appréciable, puisque la mère morte qui revient pour allaiter son enfant, laisse un creux dans le lit.

*

Oyez maintenant comment on se débarrasse des âmes gênantes ès-pays de Hesse :

— C'était une meunière experte en faux poids et fausses mesures. La mauvaise vint à mourir. En terre on la mit. Elle hantait son ancien moulin, et personne n'y voulait rester plus, tant elle incommodait les gens. Lors, on manda le berger de Stettbach, un avisé parmi les avisés, lequel dressa un piège, où il attrapa l'âme hargneuse et tracassière. Et sans autre cérémonie, il vous la ficela dans un sac et l'enfouit en vasière profonde. —

Ainsi, l'âme de la meunière ne pouvait traverser les mailles d'une toile grossière. Chez les Madécasses, la substance animique n'est guère plus subtile. Quand il lui arrive de faire l'école buissonnière, on met sur sa piste un sorcier qui la guette, et quand il la voit, se posant sur feuille ou fleur, il lui jette son bonnet dessus, la cueille avec délicatesse, la ramène au logis qu'elle n'aurait pas dû quitter.

De l'âme japonaise, on peut entendre les ailes palpiter et, dans l'obscurité, percevoir un globe de feu verdâtre traçant une ligne serpentine. En jetant dessus drap ou serviette, on n'arrive pas à la capter toute, mais le tissu ne sera pas sans en garder l'odeur.

Au toucher, les ombres donnent des sensations assez diverses. D'innombrables exemples la montrent échappant aux bras qui voudraient la saisir. Ovide la comparaît à serpents ou anguilles :

Lubrica prementes effugit umbra manus.

En pays germaniques, on compara leur contact à celui d'une ouate fraîche. Les Angekoks du Groenland disent que la main s'enfonce dans leur matière, comme en éponge mouillée, eau visqueuse ou glace fondante. Mais les âmes que pratiquent les sectateurs du Vaudou, nombreux en l'île de Haïti, ont, tout au contraire, le contact sec et picotant ; il détermine des décharges électriques, tantôt légères, tantôt foudroyantes, mais toujours désagréables. Comme des anguilles gymnotes.

On sait la haute élasticité de la vapeur, substance dont les esprits sont formés. On enseigne à l'école que, sous forme gazeuse, l'eau prend un volume dix-sept cents fois plus considérable que sous forme liquide.

L'âme a la forme instable des vapeurs et brouillards dont elle est composée. On la voit comme on la sent : sympathique, ou répugnante et difforme. Ses contours reproduisent ceux du corps, soit en plus grand, soit en plus petit. Alors qu'elle séjourne dans la poitrine, elle n'a que la hauteur du pouce, d'après le Maha Bharata. Telle aussi la taille que lui attribuent les missels et les enluminures du moyen âge. Des peintures murales décrites par Philostrate montraient des poupées voltigeant autour d'un char : c'étaient les âmes des rivaux de Pélops, prétendants à la main d'Hippodamie malheureux jeunes gens qu'il avait égorgés. Sur plusieurs vases peints représentant le corps d'Hector traîné par Achille, Patrocle est figuré par une figurine armée, laquelle papillonne autour du monument.

Mais les esprits s'allongent quand on les regarde avec les yeux de la peur ; la frayeur leur donne une taille démesurée. Qu'on cesse de les craindre, leur taille diminue, prend des proportions très maniables ; elle se ratatine et se recroqueville, si on la néglige. Au début, leur stature égalait la hauteur d'une montagne, mais le magicien arrive à l'enfermer dans le chaton d'une bague.

« Tantôt se font grands, les démons Babuces, tantôt se font petits, tantôt se haussent jusqu'au ciel, tantôt s'humilient en terre », témoigne une autorité compétente, Jean Cassien dit l'Hermite, lequel avait été amplement renseigné par les Pères du désert.

De leur fantôme Torngarsouk, les Inoïts racontent qu'à volonté il se fait prodigieusement grand ou réduit ; s'il se loge dans la fourrure d'un sorcier, il a la longueur du petit doigt.

Un Bas-Breton racontait ainsi l'apparition de Guillarmic le « Gars aux Galoches » :

— « Dédaigneux et hautain, il marchait à pas lents. Il grandissait à mesure qu'on le regardait ; il grandissait, mais on se sentait diminué d'autant. »

Un philosophe chinois a trouvé une admirable formule, laquelle satisfait à la fois les partisans les mieux convaincus de la doctrine et ses adversaires les plus déclarés :

— « Shen ou Esprit, ainsi nomme-t-on la chose dont la transformation ne dépend ni des jours ni des saisons. Laquelle chose à son gré s'élève jusque dans les nuages, ou s'enfonce et s'enfouit dans le sol, emplit le monde, mue en asticot ou un ciron. Selon la foi, elle grandit ou diminue. »

*

Tout en affirmant que la matière est œuvre de l'esprit nos théologiens la disent ignoble et funeste. Ils enchérissent sur sa lourdeur et sa grossièreté, afin d'exalter son auteur. Anathématisant, mais pillant les gnostiques qui avaient hiérarchisé l'univers selon le principe de la dématérialisation croissante, ils spiritualisèrent l'âme tant et plus. Avec Descartes, le dernier philosophe du moyen âge, mais aussi le premier du monde moderne, ils raréfièrent et subtilisèrent l'âme à tel point, qu'il fut impossible de comprendre comment elle adhère à un corps avec lequel elle n'a rien de commun.

Pour la rendre capable de percevoir plaisir et peine, d'aucuns imaginèrent une substance mixte entre l'esprit et la matière. C'était expliquer l'impossible par l'impossible. L'Index de Rome, souverain juge de la pensée humaine, condamna ce curieux système, il ne put faire davantage pour nous éclairer.

Le législateur du christianisme, dont saint Paul fut le premier et grand docteur, saint Augustin, ne s'éloigna pas de la doctrine généralement acceptée jusqu'à lui. Il s'exprime avec prudence : « La matérialité des démons n'a rien de grossier, mais elle fut épaissie par le péché, alourdie par le crime. » La pureté morale se mesurant à la légèreté spécifique, les opérations du grand juge seront fort simplifiées au dernier jour. Les âmes passeront sur une bascule qui déposera les unes au paradis, et jettera les autres aux enfers. Système renouvelé de Thot, dans l'Amenti égyptien.

La *Somme* de saint Thomas d'Aquin enseigne que « les anges sont incorporels, comparativement aux hommes, mais corporels relativement à Dieu. Un ange se meut dans l'espace par contact avec les endroits successivement touchés. Sa rapidité se mesure, non point à la longueur de la route, mais à sa propre volonté. Ses mouvements sont une intensité d'éclat, lequel est droit, oblique ou circulaire. Par rapport à Dieu, les anges sont matériels ; ils sont immatériels par rapport à l'homme ; ils changent de nature selon qu'on les regarde d'en haut ou d'en bas. » — Ces subtilités ne sont pas de notre fait. On explique aux catéchumènes que les anges voyagent avec une admirable vitesse, car ils n'ont à compter ni avec le temps, ni avec l'espace. Elle sortait de son catéchisme, la naïve enfant qu'on envoyait à la cave et au grenier. Il lui échappa de dire qu'on ne pouvait être en deux endroits à la fois. Mais craignant de s'être trop avancée, elle corrigea ce que la proposition pouvait avoir de trop absolu : « A moins d'être un ange, ou un petit oiseau. »

Encore faudrait-il savoir ce que parler veut dire. — « Le temps n'a rien à voir dans les mouvements des anges et des esprits ? »

— Fort bien. Mais alors les anges et les esprits ne vont ni vite, ni lentement.

— Leurs mouvements sont indépendants de l'espace ?

— Soit encore. Mais s'il n'y a pas d'espace, où sont les esprits, où vont les anges ?

L'espace, alors, n'est plus le lieu de la matière, puisque les mouvements ne sont plus qu'intensité de pensée. — Comme dit la chanson morvandiote : « Si tu le veux, Zânette, ze le veux ! »

Quant aux esprits qui seraient plus ou moins matériels, quant à la matière qui serait plus ou moins spirituelle, nos autorités scientifiques en prennent à leur aise. Elles refusent de s'occuper, tant de l'esprit que des esprits, n'étudient que « la matière qui a pour essence l'étendue, et pour loi la géométrie ».

Parce que la fixité de l'étendue nous fut enseignée sur les bancs de l'école, on se figure aujourd'hui avec une certaine naïveté, que cette loi, le monde l'avait toujours possédée. En fait, elle est due à Descartes, qui eut la sagesse de ne l'énoncer qu'en Hollande, à distance respectueuse de la Sorbonne et des galères du roi. Encore s'en fallut-il de peu que son livre ne fût incinéré par la main du bourreau. Pour en avoir dit beaucoup moins, Vanini et Giordano venaient d'être brûlés vifs. L'auteur de la *Méthode* fut accusé d'athéisme par les bien pensants, lesquels pulvérisèrent sa doctrine par ce raisonnement d'une triomphante orthodoxie : « L'étendue n'est pas l'attribut de la matière, puisque le corps spirituel de Christ est contenu en une mince hostie, laquelle est grande comme l'univers, plus grande que l'univers. »

Même doctrine dans les contes arabes, racontant comment un djinn que le roi Salomon avait enfermé dans une fiole, prit, dès qu'on eût ôté le bouchon, des proportions énormes, effrayantes. Même doctrine chez le philosophe chinois ci-dessus, qui disait que le Shen, selon la foi du croyant, emplit le monde, ou n'est plus qu'un imperceptible moucheron.

*

Non moins répandue que la notion de l'âme-souffle fut celle de l'âme-ombre. L'ombre que l'homme projette quand il est éclairé par une vive lumière, passa pour la forme du moi, pour la manifestation de son double. De bonne heure on les identifia. Encore aujourd'hui, nous ne nous imaginons les morts que sous forme d'ombres. Si la croyance en l'ombre a décliné, c'est parce que la foi en l'immortalité a diminué dans la même proportion.

Le civilisé n'attribue d'âme qu'aux individus de l'espèce humaine — et encore ! Quelques poètes et des sentimentalistes plaident aussi en faveur de chiens et de chats favoris, pour les alouettes aussi et les rossignols. Plus modestes ou plus généreux, les sauvages concèdent une âme à tout ce qui fait ombre, aux végétaux comme aux minéraux, à tous les produits de la nature, voire aux objets de fabrication humaine. Quand ils brisent un chaudron ou lacèrent une pièce d'étoffe, ils croient que la substantialité du tissu, que les potentialités du chaudron se rendent aussitôt chez les morts. Même les civilisés de l'Extrême-Orient brûlent moult papiers figurant des maisons, des meubles, des pièces d'or ou d'argent : font ainsi munificences magnifiques et présents superbes à leurs amis de l'autre monde.

Té Kamanda, le héros des Maoris, épris d'une fée à peau blanche et chevelure blonde, lui fit présent d'un collier et aussi de pendants d'oreille, qu'elle accepta et regarda longuement. Elle n'en emporta que l'ombre.

*

L'ombre est proverbialement mobile et fugace. D'autant

plus désire-t-on la fixer et la retenir. L'on y réussit pour les divinités bienfaisantes ; car le désir passionné a toujours opéré des miracles. La terre indoue montre plus d'un roc, sur lequel le grand Bouddha laissa son Ombre. Au temps que nos rois mérovingiens faisaient le bonheur de leurs peuples, Hiouen Tsang, homme de conviction robuste, partit du fond de la Chine, accomplit un long et dangereux pèlerinage, pour avoir le bonheur de contempler cette relique. Elle émettait une lueur rougeâtre, était entourée de luminosités, provenant des Boddhisatvas et des Çramanas qui font cortège au Bienheureux. Autrefois, ajoutait-il, « l'apparition n'était pas moins brillante que celle de Bouddha lui-même ; mais depuis plusieurs générations, les formes n'apparaissent plus qu'indistinctes, et les ressemblances sont devenues douteuses... » La foi ne les éclairait plus comme par le passé.

Et l'Occident, lui aussi, voulut avoir son Ombre divine.

Passait Jésus portant sa croix; il ployait sous la fatigue et l'angoisse. Des femmes le regardaient. Véronique vit le front pâle et les lèvres frémissantes, vit les épines dans les cheveux blonds, vit la sueur sanglante, vit les larmes qui sillonnaient les joues, vit Jésus tomber... Véronique arrache son voile, essuie la face douloureuse. Les valets ramassent l'homme, lui rechargent le gibet, le poussent par les épaules. Le chemin tourna. Cela n'avait duré qu'un moment. Mais toujours Véronique garda la vision gravée en son cœur. Mais quoi ! la vision seulement ? Le vrai sang, le vrai souffle avaient, certes, pénétré le voile qu'imprégnèrent la sueur et les larmes. L'âme du supplicié s'infusa dans l'âme compatissante, la transforma en son image et fit de Véronique elle-même l'icone véritable de notre Sauveur.

Et les fidèles de la chrétienté vont encore en pèlerinage adorer la mantille que Véronique avait jetée sur la Sainte Face.

*

Peu experts en catoptrique, les anciens et les sauvages prenaient l'ombre et le reflet pour deux images de l'individu, l'une obscure et l'autre lumineuse, pour ses deux génies et conseillers. L'une et l'autre se plaisaient au soleil, sortaient de leur cachette pour se pénétrer de chaleur et de clarté. Mais le reflet rendait la lumière qu'il avait reçue, se mirait en eau tranquille, aux surfaces polies du verre et des métaux nobles, tels qu'or, argent, acier ou bronze. A noter que les Hellènes employaient un même mot, *phôs*, pour désigner une lumière et un individu.

Quand on se baignait en lac ensoleillé, on avait la satisfaction de contempler sa double image, l'une en sombre, l'autre en clair. Comment ne pas s'attribuer double nature, inclinant au bien l'une, et l'autre au mal, l'une à la raison, l'autre à la folie, alors qu'à la fois on se voyait en lumière et obscurité ?

Mais l'ombre ne montre que la silhouette de l'individu, une forme à toutes les heures changeant, tandis que le reflet donne l'image vivante. Image inverse, toutefois, image d'une absolue fidélité, mais avec on ne sait quoi de changé. Des personnes très sensitives, plus nombreuses qu'on ne suppose, — même de jolies personnes, — éprouvent une sensation désagréable, un malaise réel à se voir dans une glace, ne s'y regardent pas volontiers.

A part ces exceptions idiosyncrasiques, les miroirs, indépendamment de leur office comme « Conseillers des Grâces », ainsi qu'on disait à nos grand'mères, sont le premier luxe d'une demeure qu'ils élargissent à peu de frais, font plus vaste et aérée, qu'ils égaient de leur lumière ; ils y apportent de l'idéal, le doublent d'un monde qui est à la fois ce qu'il y a de plus réel et de plus fantastique.

C'étaient des enfants, qui pour le quart d'heure, se montraient vilains et désagréables : Lili boudait et pleurnichait, Toto grimaçait la colère... La maman les prend, les porte devant la glace, les met en face de leur propre image : « Vrai, Lili, tu fais comme ça. — Toto, regarde donc le vilain Toto ! »

Les Japonais font du miroir l'emblème du soleil, de l'intelligence divine et de la conscience pure.

D'un professeur très apprécié de la génération nouvelle, on raconte qu'il menait, comme étudiant novice, une vie absurde et dissipée. Au boulevard Saint-Michel, de Paris, à l'estaminet de la *Source*, une nuit il descendait l'escalier, la tête fumante d'alcool. Il se tenait encore debout, pouvait mettre les noms sur les figures ; à preuve que, se rencontrant nez à nez avec un gars déchevelé, débraillé, dépoitraillé, l'œil hagard, la démarche titubante, il le reconnut, et l'apostrophant par son propre nom : « Ah, le sale museau ! C'est donc ça le chéri à sa maman ! Ça, c'est le fils à son père qui, là-bas, s'épuise à la peine, pour que ce malheureux-là se vautre dans le vice et l'ignominie ! Va, jeune imbécile, va, soulard ignoble ! Titube jusqu'en ton bouge, cuve ton schnick ! Mais à partir de demain, tu ne boiras plus que de l'eau ! »

On ne s'étonnera pas d'apprendre que les miroirs sont instruments magiques au premier chef; en mainte cérémonie, tenus pour indispensables. C'est en guise de miroir que les sorcières de nos faubourgs emploient le marc de café pour leurs évocations.

Questionné par les filles curieuses, le miroir met de la complaisance à montrer le mari futur, et plus facilement encore l'amant perdu. Mais quoi qu'en pensent des esprits frivoles, il tend au tragique ; il n'a pas souvent l'humeur gaie : en somme, c'est un prophète de malheur.

A la minuit de la Saint-Sylvestre, il fait surgir les amis perdus, ou dira si on en perdra dans l'année nouvelle ; mais il faut les appeler à voix haute et distincte, avec solennité, en tenant une lumière en la main gauche, une lumière en la main droite.

Les âmes du maître et de la maîtresse de maison logent d'habitude dans le grand miroir, l'imprègnent de leurs effluves ; et quand il lui arrive accident, les patrons sont menacés dans leur vie ou leur fortune. Quand il y a mort dans la famille, l'âme se coule aussitôt dans la glace, d'où elle observe ceux qui vont et viennent ; mais son regard est devenu funeste et venimeux. La chose n'est point ignorée dans les familles qui ont de la tradition ; et, dès que l'agonisant a rendu le dernier soupir, on voile les glaces avec des draps blancs.

Pour les opérations de la magie noire, on aimante des miroirs en les faisant regarder par des cadavres. Le charme le plus puissant est alors celui qu'on obtient en violant une sépulture, et en faisant le mort projeter dans la glace sa figure hideuse et noire, son âme bouleversée de fureur.

*

La foi, la passion avaient gravé l'ombre de Bouddha et celle de Jésus, ici en l'étoffe d'un tissu, là dans la substance d'un roc. Mais ce sera la gloire de notre siècle d'avoir par la photographie immobilisé l'ombre inconstante, fixé les apparitions lumineuses qui apparaissaient sur notre rétine, un instant seulement, une fraction minime de seconde. Que de désirs et de rêveries avant d'y arriver, que de tentatives, depuis l'amoureux qui voyant sur la muraille se profiler les suaves contours de sa belle, saisit un charbon et fixa l'adorable apparition !

Les sauvages s'imaginent que Face-Pâle obtient par de diaboliques manigances les portraits dont il se montre si convoiteux : l'âme du modèle serait captée sur le papier, engluée sur la plaque de verre. Et le sorcier d'outre-mer l'emportera. Qu'en fera-t-il ? Ah oui, qu'en fera-t-il ? Sur la plaque de malheur, il subtilise les monts, les rivières, les forêts, les chemins. Cet étranger, fils du démon, s'empare ainsi du pays : avec cette image, il extrait la force et la vertu de la terre. Avec ses glaces, le redoutable magicien emporte les figures des chefs et des chéfesses, des plus vaillants, des plus belles et des plus jolies ; ensuite il mouillera ces images, les lavera dans on ne sait quel acide... et personne n'aura plus la force de résister, il emmène les âmes captives et prisonnières.

Le Dr Léger dessinait une église en Moldo-Valachie. On le regardait travailler :

— Père, dit un petit bonhomme, que fait l'étranger ?

— Il prend le dessin de notre église.

— Pourquoi donc ?

— Pour l'emporter dans son pays.

— Et vous laissez faire ?

— Pourquoi non !

— Mais vous savez bien que, s'il emporte l'ombre de notre sainte église, l'église bientôt s'écroulera ! —

Y faudrait-il plus longues explications ? Parmi nos jeunes gens, est-il plus sérieuse marque d'amour que l'échange des portraits entre amants ? On donne son image, parce qu'on donne son âme et son cœur et que l'on veut encore donner sa personne et sa vie.

Cette ombre, logée dans la poitrine, domiciliée entre le cœur et les poumons, cette âme, tantôt sombre, tantôt lumineuse, ce Double, comme l'appelaient les Égyptiens et tant d'autres peuples, est la contre-partie exacte de l'individu, avec lequel il est, à chaque instant, confondu. Le vocable aztèque d'*Ehecatl* signifie à la fois le vent, l'ombre et l'âme. Cet exemple suffira pour cent autres.

L'ombre ou conscience participe aux pensées et actions de son autre moi, lequel parfois lui confie des besognes qu'il n'aurait pas le temps ou les moyens d'accomplir. Quand le patron est plongé en l'inconscience du sommeil, l'ombre souvent part en excursion plus ou moins lointaine, court aux informations. Les phénomènes de la télépathie, dont le nom est aujourd'hui fréquemment prononcé, ont souvent une analogie frappante avec les exploits du Double.

*

— « Que jamais ne décroisse l'ombre de Ta Majesté ! » formule de salutation qui flatte les oreilles du Schah de Perse. — « Que votre ombre grandisse ! » nul souhait n'est plus aimable à la cour de Téhéran.

Chez les Malais, qui marcherait sur l'ombre du sultan serait immédiatement mis à mort, — ce crime de lèse-majesté eût-il été perpétré par hasard ou ignorance. L'on ne saurait dire combien les puissants ont la sensibilité délicate ; rien que le passage d'une ombre exacerberait le cor qu'ils ont au pied.

Au temple de la grande Dourga, de minutieuses précautions sont prises pour que l'ombre de la terrible divinité ne soit projetée que sur la muraille du fond. Marcher sur l'image divine serait pour le prêtre maladroit ou pour le fidèle inattentif, une impiété digne du dernier supplice.

Au dire des Brahmanes, la colère divine et la loi civile ont à châtier l'imprudent ou l'impie qui aurait foulé les ombres augustes que projettent la statue d'une divinité, les colonnes dressées en l'honneur du soleil, de la lune et autres luminaires célestes, ou qui aurait marché sur l'ombre qu'émet la personne d'un roi ou du prêtre.

Impardonnable crime, si le jeune homme heurtait l'ombre du Gourou, de l'homme saint qui l'initie aux choses divines !

Enfin, qui a marché dans l'ombre d'une femme mariée est coupable d'adultère...

Mais combien grande est la malice des gens ! D'aucuns, parfaitement au courant de l'interdiction, s'enhardissent... à marcher dans l'ombre convoitée ? — Oh non ! certes non, ce seraient là des manières brutales, une criminelle insulte... Mais derrière la personne, s'avance, comme par hasard, l'ombre d'une tête, elle se rapproche des pieds, les affleure presque... La belle, comprends-tu ?

Et dans l'Inde, toujours, il y a des malheureux tellement souillés par leur péché de naissance, qu'ils salissent jusqu'aux objets que rencontre leur Double. Ainsi de l'être abject qui s'appelle le Tchandala, l'ombre qui passe souille l'eau des cruches et des fontaines et, pour purifier cette eau, il faudra l'exposer soit aux rayons du soleil ou de la lune, soit au souffle du vent. Mais, si l'ombre abominable vient à s'étaler sur un vase en bois, il n'y a qu'à brûler l'objet.

Un Bassouto de l'Afrique australe longe la rivière. Qu'il prenne garde à son ombre ! Car si un crocodile la happait, il courrait grand risque de tomber à l'eau et d'être dévoré par le monstre. Les Algonquins de l'Amérique du Nord, les Indiens de l'Amérique centrale, les Abipons de l'Amérique du Sud ont — ou avaient — semblables idées en tête.

Chez les Hollandais, il est conté par les Harlémois que le maître sonneur de Saint-Bavon fut surpris au cabaret par sa ménagère, terrible femme, qui n'entendait point que son mari gaspillât le cher argent avec les bons camarades et mauvais sujets. Un soir, Pieter s'était émancipé. Mais, comme une furie, elle se précipita à travers les buveurs... ; le coupable décampa par la fenêtre, décampa si vite, que son ombre, glacée par l'épouvante, n'eut moyen de le suivre ; elle resta empreinte sur la muraille, assez longtemps pour être dévisagée par les autres buveurs, par le cabaretier, la cabaretière et les servantes, qui en donnèrent témoignage certifié par bourgmestre, échevins et notables.

Ces idées entrèrent dans les mœurs, même judiciaires. L'Allemagne du Saint-Empire admettait que, si noble ou notable commettait flagrante injustice sur la personne d'un vilain, ledit vilain aurait droit à s'en prendre à l'ombre — rien qu'à l'ombre — de l'offenseur. Ainsi le bourgeois qui, sans raison, eût roué de coups jongleur ou paillasse, pouvait être requis de se présenter devant la Maison-Commune par un jour de soleil. Et avait droit le mauvais paillard à giffler le bon bourgeois, si fort qu'il lui plairait, frappant, non sur la joue, mais sur l'ombre en la muraille. Car, merci Dieu et Notre-Dame ! dans l'illustre et louable cité de Nuremberg, il y avait justice pour tous, nobles, bourgeois, artisans, manants et ribauds, tous tant qu'ils fussent.

*

La question des châtiments et expiations avait été traitée par les théologiens, avant de l'être par les jurisconsultes. Une secte plus ou moins gnostique s'était avisée de prétendre que le Rédempteur avait été l'ombre de Dieu apparaissant parmi les hommes. Les Docètes enseignaient qu'en Jésus-Christ la divinité était unie à l'humanité, aussi intimement que l'âme au corps. Mais, comme il leur répugnait de croire que le Fils de Dieu, Dieu lui-même, eût éprouvé les besoins matériels et grossièrement physiques de l'espèce, ils prétendaient que le corps, sous l'apparence duquel se montrait le Christ, était déjà le corps glorieux qu'on lui reconnaît après la résurrection, et que le fidèle s'assimile dans l'Eucharistie. — Ce fut, disaient-ils, une ombre qui mangeait et buvait aux noces de Cana, une ombre qui fut fouettée de verges et crucifiée. L'Ombre souffrit, car les ombres souffrent, mais intacte resta l'essence divine. —

Il plut aux pouvoirs régnants de flétrir les Docètes et de les transformer en hérétiques. On leur reprocha de ne pas entrer suffisamment dans la doctrine : *Credo quia absurdum.* En effet, pourquoi les demi-mesures ?

*

Ce Double, les Mazdéens l'appelaient le Férouer ou le Fravashi. Les Grecs le disaient Is ou Menos, — ainsi, la force des Atrides, la force sacrée d'Alkinoos. — Les Romains le nommaient Génie : génie de Brutus, génie de Virgile, génie de Rome. Faillible était l'empereur, infaillible était son génie. De même dans le pape, faut-il distinguer entre l'homme et le souverain pontife.

Dans sa *Nécyomancie*, Lucien introduit le philosophe Ménippe, retour des enfers. Le cynique raconte à son ami Philonide comment la justice s'exerce au tribunal de Minos, d'Eaque et de Rhadamante :

— « Tu connais les ombres que le soleil produit avec nos corps. Quand nous sommes morts, elles sont nos accusatrices, les témoins qui déposent contre nous, et révèlent les crimes de notre vie ; témoins irréfragables, puisque ces ombres nous suivent partout et ne s'éloignent jamais de nos corps. »

A ce même tribunal, Ménippe vit le tyran Denys être

convaincu d'impiétés et de forfaits par le témoignage de sa propre ombre.

Déjà Platon avait dit quelque chose de semblable dans le *Gorgias*.

Les Siciliens ont conservé l'idée ; ils racontent de Ferdinand IV, un de leurs Bourbons, que son ombre, révoltée des scélératesses qu'il avait perpétrées, avait fini par se cabrer, se refusait à le suivre.

Les nègres du Bénin ont une ombre, dite le *Pasador* ou « le guide », qui les accompagne dans l'autre monde, et dira tout le bien, tout le mal qu'ils ont faits ici bas.

Cette Conscience, notre inséparable compagne, est dite un dieu par des lamas tibétains. Et Piedrahita raille les Lachès et Muyscas de la Colombie, « pour ce qu'ils adoraient leur ombre propre, ayant ainsi leur dieu toujours à proximité ». Le *Vichnou Pourana* recommande au Sage de prendre garde à ne jamais uriner sur sa propre ombre. La recommandation a fort égayé tels de nos Occidentaux, qui devinaient peu la vraie signification du précepte. A ne pas honorer sa propre âme, à ne pas la tenir pour haute et sainte, on la dégrade et on l'avilit, on la rend malheureuse et méchante. Car la haute moralité ne va pas sans le respect de soi-même. Comme il faut au fer une trace d'azote pour en faire le meilleur des aciers, ainsi faut-il à la vertu quelque orgueil. Et voilà pourquoi la vertu chrétienne, cette vertu faite d'humilité, presque d'abjection, la vertu selon *l'Imitation* de Jésus-Christ, ne nous semble pas le véritable idéal qu'il faille proposer à l'homme.

Maintenant nous comprenons le sens des légendes du Diable acheteur d'ombres. Pour avoir vendu son ombre, Lodder ou Ludder devint un grand veneur aux chasses aériennes des Flandres et de Brabant. Et ce pauvre Péter Schlemihl, raconté par Chamisso ! Péter Schlemihl, dont Satanas emporte l'ombre, la roulant comme un tapis...

Schlemihl rencontre son Ombre. L'un et l'autre voulaient rentrer au logis :

— Qui es-tu, toi ?

— Je suis Schlemihl. Et toi, qui es-tu ?

— Je suis Péter Schlemihl. Je suis le vrai Schlemihl.

— Le vrai Schlemihl ? C'est ce que nous allons voir. Dis ton histoire, dis.

Et le premier Schlemihl de raconter combien il est bon, aimable, vaillant et généreux...

— Moi, fait l'autre, je suis sot, méchant et lâche. — Il narre aussi son histoire, que l'autre Schlemihl écoute avec stupeur, sachant moins que jamais qui des deux Schlemihl était le vrai Schlemihl...

C'était la rencontre du Schlemihl lumineux avec le Schlemihl obscur, le dialogue de l'âme-reflet avec l'âme-ombre.

IX

DÉMONISME, POLYTHÉISME, MONOTHÉISME ET TRINITÉS

Sommaire

Sans la méthode d'évolution, il serait impossible de se reconnaître dans le dédale des dieux et des religions. Les religions et les formes politiques ont progressé simultanément. — Le démonisme des hordes primitives. L'Animal-Ancêtre. Quand une tribu prenait de l'avance sur ses rivales, l'honneur en revenait à son dieu. — La légende divine avait commencé par être absurde. Les intellectuels la nettoyèrent peu à peu. — Mais les religions dérivent, non pas de l'intelligence, mais du sentiment et de la passion. Aussi le peuple reste-t-il polythéiste en dépit de la religion officielle. — L'esprit tendant à l'unité, le Polythéisme progressera vers le Monothéisme — L'unité fut d'abord entrevue comme l'obéissance à un Maître, dont le bon plaisir faisait loi. — Ainsi le dieu des juifs, des premiers chrétiens, des Musulmans. Sous l'arbitraire se cache le dualisme. — Les religions monothéistes se disent volontiers trinitaires. Trinité métaphysique des Indous, des Bouddhistes, des Chrétiens. —Nulle trinité n'est supérieure à celle de la Mère, du Père et de l'Enfant. Son type le mieux réussi est le mythe d'Isis, d'Horus et d'Osiris. — Les Trinités sont un caractère important, mais non pas essentiel des religions. — Résumé.

Les Morts innombrables se transforment en Ombres, démons et génies. Les Esprits deviennent des puissances favorables ou funestes, se font nos protecteurs officiels ou nos ennemis irréconciliables ; il y en a 330 millions, disions-nous déjà, qui s'occupent des Indous seulement. Et combien dans le reste du monde ?

Ces multitudineuses divinités suscitent les cultes les plus divers.

En ce dédale de dieux, de religions, de croyances, comment se reconnaître ?

La matière est embrouillée, certes. Mais n'avons-nous pas à notre service la méthode d'évolution, qui, jusqu'à présent, nous a guidés à travers toutes les difficultés ? C'est l'homme qui évolue dans les religions, les arts, les sciences et les industries; il ne peut laisser d'œuvre, exprimer de pensée qui ne soient empreintes de sa personnalité.

Sur l'évolution historique de notre espèce, se calque son évolution religieuse. Tel homme, tel dieu. Aux époques de barbarie, règne le barbare démonisme : fouillis d'incohérences, de stupéfiantes absurdités.

Sans doute, des lueurs incertaines, même des fulgurances, traversent les épaisses ténèbres : au plus bas qu'il soit, l'homme est une forte cervelle, dont les fortes capacités se montrent au moment qu'on y pense le moins. Mais il faut l'avouer, nulle chose au monde ne semble sotte et stupide autant qu'une religion en la phase enfantine. Passons sur cette première période, qui a pu durer indéfiniment.

En effet, quand un certain équilibre s'est établi entre le pays et les habitants, entre les ressources ambiantes et l'emploi qu'on en fait, des hordes et tribus peuvent, pendant des milliers d'années, coexister les unes à côté des autres sans modification apparente. Ainsi l'esprit semble avoir stagné au point zéro du thermomètre, sur le continent d'Australie, jusqu'à la récente arrivée des Européens.

Mais, tôt ou tard, l'équilibre finit par se rompre sous l'effort d'une poussée, venue de l'intérieur ou de l'extérieur. Les tribus se remuent et s'entre-choquent, les agglomérations se défont, se reforment, se confédèrent pour l'attaque ou pour la défense ; dans la masse qui fermente, s'opèrent de nouvelles combinaisons chimiques.

Les hordes, cobongs ou tribus qui s'installaient en forêt giboyeuse, la famille, la gente ou le clan qui s'appropriait terrain de pâture ou de culture, se donnaient pour divinité particulière un ancêtre, dont la notoriété ne dépassait guère les cantons avoisinants. Rival des animaux, l'homme les admirait pour leur force, leur adresse, leur agilité, leur ruse ou leur endurance, aimait à se les donner pour ancêtres. Protecteurs de la postérité prétendue, ces Génies partageaient sa fortune, bonne ou mauvaise. Tous avaient eu pénibles débuts, avaient la vie difficile ; la plupart périssaient par les hasards cruels de la lutte pour l'existence.

Au milieu des concurrences qui faisaient les groupes humains s'entre-déchirer sous des prétextes, non moins frivoles et stupides que ceux de nos guerres modernes, certaines populations gagnaient de l'avance. Les forêts abondant en sauvagines ; les étangs poissonneux, les vallées fertiles, les gués et les cols de passage donnaient à leurs détenteurs une prépondérance toujours renaissante, et l'honneur en était attribué au fétiche local. Les populations ainsi favorisées, passèrent pour posséder des dieux de meilleure qualité. Des légendes surgirent, s'embrouillèrent, grandirent au hasard, la forme la plus récente absorbant les antérieures.

•

Parmi les sorciers qui opéraient sur la multitude démonique, des Sapients, les premiers intellectualistes en date, des rhapsodes peut-être, manipulèrent la légende divine, éliminèrent les plus grosses niaiseries, les plus repoussantes difformités, firent le départ entre les figures principales et les secondaires, « échenillèrent les dieux », introduisirent quelque ordre et quelque mesure dans la démonaille bizarre. De génération en génération, les fables se transformaient en mythes, les mythes se poétisaient, se moralisaient presque ; certains noms se chargeaient d'idée ; la raison commençait à transparaître. Insensiblement, les légendes qui se rapportaient aux grands phénomènes physiques et aux profonds sentiments du cœur, se fixaient plus nettement dans les mémoires. Et, dans l'esprit de l'homme, la nature se reflétait moins obscurément, son image s'éclairait et se complétait. On y mit le temps, un long temps.

Tandis que s'élargissaient et s'articulaient les associations humaines, des cabocères se couvraient de gloire, passaient roitelets, même rois, couvaient des ambitions toujours plus vastes. Simultanément, tel ou tel génie absorbait les sacrifices qu'on apporta d'abord à ses rivaux ; de dieu cantonal il passait dieu régional, puis dieu national. Ainsi le serpent légendaire, qui devint dragon après avoir dévoré force serpentaux.

*

Sans doute les religions ne prirent forme que parce que la critique se mêla de leurs affaires. N'empêche, — l'Intelligence et la Foi sont choses réellement distinctes, peut-être même incompatibles.

Aucune religion n'est raisonnable. Les religions sont les premières, non pas à l'avouer, mais à s'en vanter. Elles dérivent du sentiment, lequel se plaît aux excès. Analysez-les jusqu'au fond, il se trouvera que tantes et quantes sont issues de la Crainte. Dans les natures basses, la crainte provoque la bassesse, mais dans les belles natures, elle se transforme en respect et culte, en dévouement et sacrifice. Et les cœurs les plus tendres, les âmes les plus passionnées, s'écrient en des élans d'amour : — « Mon Dieu et mon Père ! Sans toi je ne saurais vivre, et sans moi, tu serais malheureux, oui malheureux, je le sais. Je suis la goutte qui manquerait à ton Océan de félicité. Toi et moi, moi et toi... qu'importe le reste ! »

Touchant et sublime chez quelques poètes orientaux, ce langage magnifiquement s'accentue dans la bouche d'Ekhart, de sainte Thérèse et de Claire d'Assise. Leur dieu, objet de si fougueuses et exclusives tendresses, ne diffère pas en principe du fétiche strictement individuel, du fétiche auquel le Congolais implante son souvenir dans la poitrine sous forme d'un clou rougi au feu de forge. Toujours est-il que cette passion fait les exaltés et les fanatiques, les dévoués et les martyrs ; inspire la foi, la foi qui soulève les montagnes, fonde les religions, instaure les églises.

Mais l'Intelligence qui, de son côté, s'est élevée jusqu'à la haute Raison, ne perd jamais son droit de critique, et l'exerce : même sur le mysticisme des poétiques et des passionnés. Impersonnelle par essence, elle leur déclare et à bon droit — la Raison a toujours raison —, leur déclare que, si Dieu n'est pas le dieu de tous, il n'est le dieu de personne. Que s'il y a une Providence, elle doit être universelle. Que s'il existe un Père du genre humain, il ne fera des passe-droits à nul de ses enfants ; de sa part, une préférence quelconque serait injustice et même trahison.

On le voit, la critique des intellectualistes s'attaque au fond des choses. Les Rationalistes, — ainsi qu'ils sont appelés par les religieux, non sans ironie, — les Rationalistes ne nient pas encore le fond de la doctrine, mais ils se défient des exagérations, croient jusqu'à un certain point, mécroient pour le reste. Ceux d'entre eux qui sont enrôlés dans la religion officielle, docteurs, jurisprudents du droit canon, commentateurs, exégètes, casuistes, ont la jugeotte aiguisée, la mesure correcte. Jamais ils ne tomberont ou plutôt ne s'exalteront dans la divine folie, la folie qui fait les miracles. Les croyants, les fidèles ne leur attribuent qu'une valeur secondaire, sinon négative.

Les derviches du Levant racontent une légende qui vient ici tout à point :

« Notre Prophète — que son nom soit béni ! — notre saint Prophète cheminait par la plaine, avec Omar et Ali, ses fidèles. Il pensa raccourcir la route et dit à la montagne qui fermait l'horizon :

— Montagne, viens à Mahomet.

La montagne sembla bouger, mais ne s'ébranla point.

Et Mohammed derechef: Montagne, viens donc à Mohammed !

Mais la montagne n'avançait point. Alors le sage Mohammed sourit, et dit à ses compagnons :

« Puisque la montagne ne vient pas à Mohammed, que Mohamed aille à la montagne ! »

Et dans la chaleur du jour, tandis que le maître et ses compagnons fatigués dormaient sous un palmier, apparut l'ange Gabriel.

— Ami de Dieu, je te dirai pourquoi la montagne, ce matin, n'a point obéi à ton ordre. Au premier appel, tu avais pensé : Elle est bien grosse, la montagne ! Et au second appel, tu pensas : Elle est bien loin, la montagne ! Et la montagne pensa de son côté : Combien je suis grosse ! Combien est loin notre Seigneur Mohammed ! Elle s'ébranlait pourtant. Si elle ne ne partit pas de suite, c'est que tes réflexions l'empêchaient ; tu aurais pensé seulement : Montagne viens ! la montagne serait venue, au nom du Miséricordieux. »

*

Et cependant, quoi qu'en disent les intellectualistes, toute religion a pour fonction de donner à chaque fidèle un Dieu personnel, un dieu exprès pour lui. C'est pour cela que le peuple reste polythéiste ou superstitieux ; qu'il le reste, malgré la religion officielle et tout ce qu'ont pu faire lettrés et libéraux. Le Peuple, ainsi nommé, se sent une chose énorme, il aime les choses énormes. C'est un Cyclope. Cependant il éprouverait facilement quelque sympathie pour les mystiques, parce que les mystiques sont aussi des passionnés. Mais sa passion à lui est franchement égoïste, il ne la cache pas, il l'étale. Les intellectualistes le gênent et l'ennuient, il a le mépris et quelque crainte de ces singuliers personnages, qui mangent le vent et le digèrent. Les balourdises de ses dieux l'amusent, il se délecte à leurs stupidités énormes, doublées par pièces d'un gros bon sens, bien lourd, bien épais. Commenter les symboles, unifier les mythes, leur trouver une signification morale, que nous chantez-vous là ? Ceux qu'on lui impose et qu'on lui a transmis, Polyphème les trouve encore trop vagues et trop abstraits ; il les localise dans son entourage immédiat, il les fragmente et les menuise ; afin de les manier plus commodément, il les réduit aux proportions de sa taille intellectuelle et morale, laquelle n'a rien de gigantesque. Conscient de sa force, il se passe des fantaisies, se donne favoris et favorites, s'octroie un saint patron, puis un autre. Ainsi, en terre de France, la faveur de Bonhomme se porta sur saint Martin, puis sur saint Denis et enfin sur saint Michel.

Passe encore quand un saint succède à un autre saint. Admettons que saint François ait des raisons avec saint Dominique. Ne nous scandalisons point qu'un saint Jacques-le-Majeur étrille son saint Jacques-le-Mineur. Mais le même contre le même ! Mais la même Bonne-Dame pourchassant la même Bonne-Dame ! Ainsi voyons-nous telle dévotieuse s'affairer à de multiples saintes Vierges. La béate est membre de plusieurs confréries et archi-confréries ; à ce titre portera sur sa sainte personne plusieurs petits cœurs d'or, d'argent, d'aluminium, de carton durci. En premier lieu elle génufléchit devant la sainte Vierge de l'église cathédrale — à tout seigneur, tout honneur ! Elle exalte la sainte Vierge de la paroisse. Elle magnifie la sainte Vierge de la chapelle préférée. Elle se recommande à la sainte Vierge au-dessus de sa porte. Elle se voue d'une façon spéciale à la sainte Vierge plaquée contre son lit. Mais ses plus suaves ardeurs sont pour la sainte Vierge d'Auray, qu'elle vit une seule fois en pèlerinage.

Frère de la sainte personne était le fameux roi Louis XI, lequel avec l'âme, le cœur et l'esprit d'un petit bourgeois, voire d'un mercier en échoppe, fut un grand politicien et un maître fourbe, reconstitua la monarchie française et la fit entrer dans l'histoire moderne. Cet homme si avisé, ce retors, portait, enchâssées sur sa casquette, plusieurs Notre-Dame. A Notre-Dame de-ci il confiait ses affaires avec le Bourguignon, avec Notre-Dame de-là il complotait contre l'Armagnac, avec Notre-Dame d'ailleurs il préparait une surprise à ce cher Saint-Pol. La seconde le déliait des serments faits à la première, et la troisième lui pardonnait les parjures auxquels il s'était risqué avec les deux autres.

Et la Vierge de la Salette jalouse la Vierge de Lourdes, et la Vierge de Lorette a des comptes à régler avec la Vierge de Montserrat. On vous raconte, en Espagne, le cas d'un rustre qui était en train de se noyer, bien qu'il eût appelé au secours la Vierge de son endroit. Il se débattait éperdu ; il pense à une Notre-Dame voisine, peut-être plus puissante, lui promet monts et merveilles, fait nouvel effort et regagne la terre ferme. Le rustre s'ébroue, le rustre se secoue, le rustre reprend ses esprits, puis avec un geste irrévérencieux : Ha ha ! je me disais d'Alcudia. La sotte m'a cru, ha ha ! La voilà bien attrapée ! Moi qui suis d'Almodivar ! ha ha ! — Oh le rustre !

Ces exemples, il serait facile de les multiplier. Le monde officiel, les gros bourgeois, les fins lettrés pourraient à leur aise adopter une religion perfectionnée, monothéiste, dualiste ou trinitaire, un spiritualisme archi-quintessencié de néo-bouddhisme, ils pourraient même badigeonner l'Etat à ses couleurs ; — le peuple proprement dit, le peuple non verni, non sophistiqué, non saturé d'école primaire, resterait polythéiste et même fétichiste. Pour le sortir de là, il faut plus que des demi-vérités. Le culte de Thor fut remplacé par celui de Wotan, celui de Wotan par celui de Notre Seigneur Jésus-Christ, puis le Pape par Luther et Calvin, il importait peu au pâtre, au bûcheron, au journalier, à toutes gens d'humble condition. Au pauvre Jacques, au misérable Michel, il n'y faut pas grande hiérarchie, ni très subtile division de pouvoirs au ciel, sur terre et en enfer ; les finesses théologiques, les subtilités scolastiques ne sont pas son fait. Du moment qu'il a son fétiche à lui, son fétiche ou son génie, son Double, volontiers fera-t-il la figue à tous autres dieux du tiers et du quart ; il lui suffit d'avoir son patron à lui, lequel compagnonne avec les patrons des amis et connaissances, des compagnonnages et des villages aux alentours.

*

Et qu'on ne s'y trompe pas ! La substance d'une religion, la moelle de ses os, lui est apportée par le pauvre Jean-Jean, par le misérable Jean-Jacques et leurs pareils. Jacques et Jean donnent leur personne, donnent leur foi naïve, donnent leur âme. Les intellectualistes donnent leur approbation ; merveille si dans leur nombre, quelques-uns plus ou moins teintés de mysticisme auront encore la vigueur d'ouvrir quelque chapelle, de fonder quelque secte, qui sera d'autant plus prétentieuse qu'elle contiendra de plus rares affiliés.

Aux religions déjà existantes, aux cultes en vigueur, les intellectualistes rendent d'incontestables services, ainsi que nous l'avons déjà constaté ; ils y font de l'ordre et de l'équilibre, dans la mesure du possible. Tant que ladite religion dominera l'Etat ou dans l'Etat, ils se tiendront avec elle en rapports d'exquise courtoisie, la protègeront afin d'en être protégés. Et ils ne peuvent autrement ; car ils sont les agents, inconscients le plus souvent, de l'intelligence, infuse dans l'humanité. Sévère, comme elle a le droit et le devoir de l'être, l'intelligence a le mépris de tout ce qui devient inutile, le dégoût de ce qui se survit ; elle ne tolère, ne veut plus tolérer que ce qui est intelligent ou promet de le devenir.

*

Entre temps, les belles mentalités se morfondaient dans l'immense désordre polythéiste : chaque Dieu un Ismaël, « sa main armée contre tous, la main de tous armée contre lui. »

Mais la concurrence aboutit au monopole. Si on se livre bataille, expliquait déjà le très sage monsieur de la Palisse, c'est afin de remporter la victoire. Il se fit maint carnage des petites divinités, lesquelles succombèrent les unes après les autres Et dans la suite des âges, elles avaient cédé la place à quelques divinités principales, *Dii Majores*, suivies de divinités secondaires, *Dii Minores* ; derrière lesquelles s'agitait vaguement une multitude anonyme. Il ne pouvait en être autrement ; cela se faisait par la force des choses.

Cela se fit aussi par la force de l'idée. Pendant que les tribus sauvages s'entr'exterminaient dans leurs forêts, déjà maint sorcier de génie aspirait vers un dieu qui commanderait à tous autres dieux. Car l'esprit humain tend à l'unité et cela par nécessité innée. L'immense et multiple nature n'a-t-elle pas, de bonne heure, reçu le nom d'Univers ?

Toute découverte qui simplifie nos connaissances, supprime quelque erreur ou quelque arbitraire, nous rapproche de la Grande Unité.

Il serait désirable, pensa-t-on, qu'un maître fît l'ordre dans sa demeure, qui serait celle de tout le monde. Chacun ferait l'ouvrage qui lui serait assigné, et recevrait son dû. Les querelles, les injustices seraient réprimées avant qu'elles eussent pu devenir funestes. On caressa l'espérance qu'une justice commune à tous contre-balancerait les égoïsmes privés. On l'espérait déjà dans les temps lointains, et nous l'espérons encore. Si l'homme, en ce qui concerne sa propre personne, a la déplorable habitude de tirer la couverture à soi, il désirerait que part égale fût faite à tous autres.

Cette unité bientôt entrevue, au moins par éclairs, les hommes encore incultes et de moralité grossière ne pouvaient la comprendre comme résultant d'un développement spontané, ils crurent qu'elle devait résulter de la soumission de tous à des ordres stringents. En conséquence, chaque nation partit en guerre pour soumettre les nations voisines, et les autres, puis les autres. Il fallait guerroyer partout, pour imposer la Paix Universelle.

Nous avons comme cela des milliers, des milliers d'utopistes, qui en appellent aux baïonnettes pour loger la fraternité dans les cœurs, et qui bourrent des mitrailleuses avec la Déclaration des Droits de l'homme. Sésostris, Xerxès et Cambyse pataugeaient déjà dans cet idéal.

Mais les confédérations qui se donnèrent un roi, s'aperçurent bientôt que pour assurer leur supériorité sur les tribus voisines, elles devaient, sans répit, se tenir sur le pied de guerre ; il leur fallait acheter la domination à l'extérieur par l'esclavage à l'intérieur. Témoins, les Zoulous de Gxatka et de Mousselékatzi, la France sous Napoléon Ier. La gloire masque mal la misère. Combien de fois le justicier invoqué n'arriva-t-il que pour s'asseoir sur le trône du tyran ! Mais « celui que nous appellerons », notre homme à nous, fera mieux que les autres. Notre Dieu se réveillera enfin !

Pendant la féodalité du moyen âge, les hommes trouvaient dans chaque ville d'autres poids et d'autres mesures ; de baronie à baronie, ils transmigraient de justice à justice ; ils cuidèrent que leurs maux finiraient, si toute bourgade, toute baronie, tout comté obéissaient au même seigneur. Et l'Europe eut la vision d'un Pape, qui lirait dans l'Evangile les ordres qu'il transmettrait à l'Empereur.

L'Europe oubliait que l'expérience avait été déjà faite. Avec Marc-Aurèle, le Stoïcien épris de droiture et de vérité, qui n'eût cru qu'aboutirait l'idéal du Bon Gouvernement ! Marc-Aurèle fit tout ce qu'un Empereur de Rome pouvait faire. Il sauva sa propre âme, mais ne sauva pas l'Empire. Et après lui son fils Commode, un fou furieux. — Mais l'on espère contre espérance !

Les fervents du Dieu unique dans le Ciel et du Grand Monarque sur la terre, n'avaient pas compris que le Roi ne fait pas les hommes justes, même en édictant des peines draconiennes, que Dieu ne fera personne juste au moyen de l'enfer. Cependant, le Dieu terrible justicier fut longtemps — et reste toujours — le grand idéal du monothéisme.

*

Des simplistes, des Arabes et Bédouins, pillards, habitant les confins du désert, s'imaginaient que, en sa qualité de Despote Universel, le Très-Haut peut décréter à sa fantaisie que le mal soit bien, ou qu'un bâton n'ait pas deux bouts. Il se trouva des juifs, des chrétiens, des Musulmans, pour approuver la théorie du dieu Caprice et Bon plaisir, lequel avait le droit de dire : « Avant que les enfants fussent nés, j'aimais Jacob et haïssais Esaü. » Or, Esaü était le besson de Jacob, et Dieu avait fait Esaü aussi bien que Jacob.

Auprès des irréfléchis, cette religion passe toujours pour la plus haute expression du monothéisme. Mais les Unitaires protestent contre ce qu'ils appellent un polythéisme mal déguisé. « Votre Dieu, disent-ils, n'est pas un. Il se décompose en autant de divinités hostiles les unes aux autres qu'il se permit de passe-droits. Vous adorez, non pas la Justice Suprême, mais un Baal Zébub en guerre contre Baal Zébub.

*

En définitive, les religions de Moïse, de saint Paul et de Mahomet ne sont pas moins dualistes que celle de Zoroastre, puisqu'elles font remonter la responsabilité du mal à l'Auteur de toutes choses, à l'auguste Fantaisiste, qui tirant de rien sa création, y mit ce que voulut son bon plaisir.

Les apologistes défendent leur christianisme en arguant de la condamnation que des Conciles édictèrent contre les Manichéens et Albigeois, lesquels pour mieux accentuer l'inimitié de l'esprit contre la matière, faisaient de la matière l'équivalent du mal. N'empêche : en maintenant l'éternité des peines, en disant que le Diable persistera à travers les siècles des siècles, les docteurs chrétiens s'affirment plus dualistes encore que les Mazdéens, d'après lesquels, grâce à Mithra, le médiateur, le rebelle Angro Mainyus lui-même finira par être pénétré de la lumière d'Ahoura Mazda.

Et puisque le terme de dualisme est pris en mauvaise part, demandons quelles sont les religions qui ont vraiment réussi à expliquer le mal, réussi à le supprimer.

*

La plupart des religions qui se proclament monothéistes, expliquent que leur Essence suprême peut et doit être considérée sous trois aspects principaux. Leurs docteurs insistent sur le caractère trine d'objets et notions, dont ils font l'énumération complaisante. Ainsi le syllogisme se décompose en majeure, mineure et conclusion ; — le Fini, l'Infini et leur rapport ; — l'Affirmation, la Négation, et l'Absolu qui les réconcilie ; — la jeunesse, la vieillesse et l'âge mûr ; — le commencement, le milieu, la fin.

La grande Trimourti indoue montre Brahma Créateur, Vichnou conservateur et Siva destructeur ; ils se font une implacable guerre, ce qui n'empêche que Vichnou ne soit Siva, et Brahma l'un et l'autre. Ajoutons que chacune de ces personnalités divines se double d'une Sakti, ou énergie femelle, complétant et au besoin combattant l'énergie mâle. Dans la mythologie grecque Héré, Amphitrite et Proserpine accompagnent également Zeus, Poseidon et Hadès, pourraient être dites leurs Saktis.

Les hypostases d'Adi Bouddha, de Dharma et de Sangha sont parfois expliquées comme figurant l'Essence du Bouddha, la Loi ou la Doctrine, et enfin l'Eglise.

Egalement métaphysique est la trinité taoïste du Ki, du Hi et du Oueï. Lamennais interprète la trinité chrétienne comme étant la manifestation de l'Intelligence, de l'Amour et de la Volonté. Les religions qui vieillissent cultivent la métaphysique et se volatilisent en abstractions.

*

La plus vraie et la plus simple des trinités religieuses, celle qui dans les temps émergea la première et se maintiendra la dernière, est la consécration d'un fait naturel, et le plus important de tous, à savoir la relation du Père, de la Mère et de l'Enfant. La mère eût dû être nommée la première. Chez les dieux comme chez les hommes, l'ordre se fit par la famille, voire par la famille matriarcale. Même, il n'y eut longtemps que la mère et l'enfant, tant qu'il fallut à la mère dévisager son fils pour dire le nom du père à bon escient. La Mère des dieux et des hommes passait jadis pour la moins chaste des épouses. Mais ce n'était là qu'une manière de parler poétique : la Terre, en sa verte jeunesse, se montre si prodigieusement féconde, qu'on n'osait lui attribuer un seul époux. Elle n'en avait pourtant pas d'autre que le Dieu du Ciel ; mais il se déguisait à chaque instant, s'affublant de mille formes, dont chacune devint le type d'une espèce végétale, d'une race soit humaine, soit végétale. Le Ciel, ou principe mâle, donnait la forme, — « l'idée », disaient les Grecs, — tandis que la matière était fournie par la terre, la femelle par excellence. Ce thème fut développé par d'innombrables poésies populaires, parmi lesquelles vous connaissez peut-être la version provençale, dont le poète Mistral a fait sa *Chanson de Magali*. L'amante se dérobe à son amant, mais comme Galatée, se réfugiant sous les saules, elle fuit pour être poursuivie. Elle se fait lionne, biche, oiselle ou poissonne ; mais l'amant acharné après elle, se métamorphose en poisson plus gros, en oiseau plus rapide, en cerf plus léger, en lion aux ongles plus puissants. Au prochain printemps, naîtront daims et lionceaux, naîtra aussi le Cygne de Léda.

Cette figure d'amante insatiable, oublieuse des fougueux élans de la veille pour ne songer qu'à ceux du lendemain, pourrait bien remonter à l'antiquité le plus reculée, alors que la femme, une simple femelle, rivalisait avec la lionne et la louve. Et nous pensons aux mères divines de l'Asie, et aussi à l'impudique déesse Syrienne, en son temple d'Hiéropolis, et à la Cananéenne sa sœur, que les prophètes de Yahvé, le Misogyne du Mont-Sinaï, appelaient la Forte Prostituée, cette Astarté, célèbre par ses amants, Atys, Adonis, Thammuz et combien d'autres ! Entre père et fils, et amants, il n'y a que les plus érudits d'entre les théologiens qui puissent distinguer.

*

En contraste avec l'adultère épouse du seigneur Baal, un anthropophage auquel on servait des enfants rôtis ; en contraste avec ce déplorable Adonis, vicieux autant que charmant, — combien pure la famille voisine, celle d'Isis et d'Osiris, avec l'enfant Horus. Osiris, juste, doux et compatissant. Un héros qu'Horus ! Isis, la plus suave image que l'humanité ait contemplée. Isis est la mère, Isis est l'épouse, Isis est la sœur, Isis est la Miséricordieuse et la Secourable. Mille noms disent ses grâces et sa vertu, quelques mille autres les villes et les cantons qui la réclamaient pour patronne. Isis, la Dame du Sycomore, est la terre d'Egypte que traverse Osiris, le Nil fécondant, et qui donne naissance à Horus, le peuple de Kémi. Isis, la mère des vivants, est, avec l'Osiris noir, la gardienne des morts que ressuscitera Horus, quand seront accomplies les révolutions des temps. Isis était la Lune, Osiris étant le Soleil et Horus le Printemps : les principaux aspects de la vie terrestre et de la vie posthume, trouveraient leur expression dans la trinité Isis-Horus-Osiris adorée par Abydos, adorée aussi par la plupart des autres nomes, mais sous d'autres noms et d'autres attributs. La première civilisation avait déjà trouvé la famille idéale.

*

Notre esprit se complaît à la forme triplice et s'ingénie à la mettre où elle n'a que faire. La poursuivre dans toutes les mythologies, celles des peuples enfants comme celles des nations civilisées, ferait entreprendre une tâche dont une longue vie ne verrait peut-être pas la fin. Mais ce serait faire de la mythologie à la façon du botaniste, qui, en possession de la méthode naturelle, s'amuserait encore à classer les plantes suivant le nombre des pistils et des étamines.

Résumons-nous. Les religions sont polythéistes, d'essence et d'origine. L'Intelligence travaille ces produits du Sentiment, supprime les doubles emplois, simplifie, coordonne ; tôt ou tard, elle transforme les polythéismes en oligothéismes. Puis les intellectualistes s'éprennent du Théisme, manipulent les divinités, les concentrent en un seul être, qu'ils présentent volontiers sous l'aspect d'une essence en trois modalités. Arrivés à ce point, les intellectualistes n'ont fait que la moitié de leur œuvre. Maintenant, ils s'appliquent à volatiliser leur essence théiste, ils l'épandent, l'introduisent partout ; le Théisme devient Panthéisme. L'infusant partout, l'atténuant toujours, le sublimant, le subtilisant sans cesse, leur Panthéisme finit par se dissiper et disparaître. C'est l'Athéisme.

Force est alors aux intellectualistes de s'arrêter, ils regardent étonnés, ils cherchent autour d'eux. Et peut-être les entendez-vous qui s'écrient : Notre Dieu s'est perdu... Qu'en avez-vous fait ?

X

L'OMBRE, SON ASPECT ET SA PHYSIOLOGIE

Sommaire

Changement subit que la mort opère dans les individus. — Le masque de la mort transparaît sous la figure du défunt. La Méduse. Thor et Allwys, — Particularités physiques du revenant. Il lui manque des doigts aux pieds et aux mains. Certains ont queue, griffes et sabots ; par contre, ils sont parfois dépourvus de tête. — Yeux à la nuque ou dans le dos. Les Corps Vides et les Figures Creuses. — Yeux immobiles, manquant de sourcils, de blanc ou de prunelle. — Progression par glissement. — Mutisme des Ombres. Soupirs étouffés. Légers sifflements. — Effluves odorantes. — Callot et Breughel. Contraste entre la laideur démonique et la beauté de la statuaire antique. — La psychologie des monstres démoniques. Les statues dans une église et en dehors. — Tempérament frileux des Ombres. Elles s'engourdissent en hiver, se réchauffent aux feux de la Saint-Jean, etc. — Les Revenants furent tous lucifuges à l'origine. Les mauvais démons le sont restés ; une torche les met en fuite. Mais les bons esprits sont devenus des anges de lumière. — Hyperesthésie des Esprits. Ils regrettent le vêtement de la chair.

Toutes les autorités en matière de l'autre monde s'accordent à dire que ceux qui ont passé par la mort sont transformés et métamorphosés. Elles ne savent trop le répéter : le changement est complet autant que subit. Les amis du Ci-Devant feront bien de tenir à distance celui qui, n'étant plus ce qu'il était, est ce qu'il n'était pas.

On raconte dans l'Argentine que les Gauchos, qui ont lassé un cheval sauvage et lui ont inculqué une première leçon ès-humanité, ne prennent pas toujours la peine d'amener le novice à l'estancia, sachant qu'ils le retrouveront et le recaptureront quand il leur plaira ; ils le laissent regagner la bande à laquelle ils l'avaient arraché. Mais en quel état sort-il de sa première initiation ! Le corps couvert de sueur et d'écume, les flancs et les membres déchirés par les épines, les roseaux et les éperons, le crâne hébété par les coups de gourdin, la langue sanglante, la mâchoire déboîtée et désaccrochée. La bête haletante et harassée, éreintée et échinée, revient auprès des siens. Ah ! comme elle voudrait être léchée et pourléchée, caressée sinon consolée ! Endolorie, honteuse de son irrémédiable défaite, elle arrive quêtant la compassion et la sympathie. Mais aucun des anciens ne se laisse approcher, ne s'attendrit à son regard suppliant. Ils font cercle, la regardant avec stupeur, comme si elle fût animal redoutable ou funeste. Ils la voient montée par le spectre de l'homme méchant et terrible, matée par celui qui toujours les menace, et fera tôt ou tard, parmi eux, victime nouvelle.

Le masque de la mort transparaît sous la figure du défunt ; Thanatos s'embûche dans les orbites oculaires, prêt à se jeter sur le premier passant venu. C'est la mort qui donne au défunt l'acuité sinistre du regard menaçant. Les morts s'emploient à propager la mort. De même les pestiférés disséminent la peste ; les barreaux de fer qu'un aimant a touchés, aimanteront d'autres barreaux.

L'œil du vivant rayonne chaleur et flamme ; celui du mort émet une lueur froide, stille une lumière polarisée, dépouillée des rayons caloriques, laquelle décompose l'*aura* nerveuse, engourdit le cœur et glace les moelles. Qui s'obstine à regarder cet œil, se sent défaillir ; plusieurs tombèrent pour ne plus se relever.

Sous le nom de Méduse ou la Dominatrice, la mort émane l'effroi, avant-coureur des dissolutions. Qui rencontrait son regard était changé en pierre. A tel point effrayait la Reine des Épouvantements, qu'il eût suffi de quelques siens cheveux pour mettre une armée en fuite, prétendait la fable grecque, laquelle ajoutait que Minerve remit à Hercule une cruchette et dedans une boucle de la Gorgone, dont Hercule gratifia sa bonne amie Stérope, qui passa le cadeau à la ville de Tégée, laquelle la mit en son palladium.

La légende universelle n'a pas manqué de noter cet aspect étrange, cette physionomie répulsive. Ainsi, dans une saga scandinave, le divin Thor apostrophe Alwys qui avait surgi tout à coup :

« — Hé ! hé ! D'où sors-tu, camarade ? Comme te voilà blanc autour du nez ! Aurais-tu dormi par hasard emmi les cadavres ? Tiens, je crois flairer quelque chose d'un Thyrse ! »

Et l'autre :

« — En effet. Mon nom est Alwys. Oui, je demeure sous terre ; oui, j'habite la pierre ! »

*

Tant que le souvenir de sa vie et de sa personne n'est pas effacé, le mort fait un revenant encore présentable. Tant que dure sa mémoire, il conserve sa figure de naguère et son costume. Mais quand son nom n'éveille plus aucun souvenir précis, il passe pour s'être métamorphosé, avoir émigré en plante ou animal. On en a preuve évidente par les traces trouvées autour de la tombe, sur poussière ou argile mouillée, sur cendre ou sable, traces laissées par l'âme, évidemment ; elles montraient des patouillages d'insectes, des sillages comme de vers ou chenilles.

Si durant sa vie, le compagnon n'avait pas su se faire aimer ou estimer, il tombait bientôt dans la démonaille, était rejeté dans la tourbe des irréguliers et mauvais drôles de l'autre monde. Bientôt son physique se brouillait, tournait au laid, puis au hideux et grotesque ; des griffes lui poussaient, ou des sabots fourchus avec une queue balayante.

En tout état de cause, l'aspect du défunt se modifie. Les dessins des Peaux-Rouges lui font des moignons fourchus ou tri-dactyles au bout du bras et de la cheville. Les démons japonais ont quatre doigts seulement : c'est leur signe distinctif. Partout on en a vu avec les pieds retournés ou la tête devant derrière. De notre encéphale ils se passent aisément. A preuve les chevauchées du Grand Veneur, ces cavaliers qui, pour plus de commodité, portent leur boule à l'arçon de la selle ; ils la reprendront quand ils seront arrivés. D'autres l'ont déposée quelque part, dans un coin ; ils ne la mettent qu'en gala.

Pour ce qui en est de la démonologie spéciale, disons que la plupart des démons sémites sont velus et roux, et par exception, fourrés d'un pourpre violacé. Le moyen âge chrétien encorna et ensabota ses diables, en souvenir des faunes et des ægipans. Pour les faire ressembler au dragon apocalyptique, leur père, on leur attribua une queue à bout acéré, cinglant des coups empoisonnés. Et dans leurs yeux rouges, on alluma des charbons tirés au brasier de l'Enfer.

Les Grecs représentaient Pluton et les Dieux de l'Hadès comme ne dévisageant personne et toujours regardant ailleurs ; moyen de ne s'apitoyer jamais. Ce trait délicat fut exagéré jusqu'au grotesque par des légendes et figurations barbares. Citons les Damaras et Ova Herréros de l'Afrique Australe, qui logèrent les yeux de leurs démons dans le dos ou la nuque. Par contre, tels et tels monstres se mirent deux yeux devant, deux yeux derrière ; leur tête affectait la forme d'une jumelle de théâtre. Quatre's'yeux, une Ogresse des Maïnotes, Grecs de l'ancienne Laconie.

Manquant de substance, dépourvus de chair et d'os, n'étant que du brouillard atténué, les fantômes furent dénommés Corps-Vides ou Figures-Creuses, par exemple en Russie et aux Feroë. On les dépeignit tout en façade, privés de dos et du postérieur, ouverts par derrière.

*

Symbolisés par les « poissons muets », les Esprits, dit-on, sont avares de paroles, ont pour geste fréquent de poser le doigt sur la bouche. Entre eux ils conversent, sans intermédiaire audible et visible, par l'action intime et directe d'âme à âme. Quand on se figure qu'ils parlent, c'est qu'ils font surgir les idées si nettement dans le cerveau, qu'on croit entendre une voix distincte. Ils communiquent avec nous par tables tournantes ou crayons magnétisés, par une légère agitation de l'air, par des soupirs et coups rythmés, par des lueurs rapides, des gémissements ou des éclats de rire, voire par des miaulements, hurlements et coassements. Quel dommage qu'ils ne puissent parler comme nous, parler tout bonnement !

Les Maoris attribuent ou attribuaient à leurs Tahoungas un léger bruisselis, un sifflement. Les Inoïts disent que les esprits bourdonnent. En Océanie, aux îles Gilbert et Marshall, le spectre hante les alentours de son ancienne demeure, pendant trois ou quatre jours encore, et les amis peuvent l'entrevoir aux heures crépusculaires, l'entendre siffloter.

De temps à autre, ils entrent dans le corps des oiseaux chanteurs, surtout de ceux qui ont l'accent triste et la mélodie plaintive. C'est Procné, de classique souvenir, l'hirondelle Procné, qui dit le crime dont elle fut victime. C'est Philomèle, le rossignol, qui raconte aux étoiles sa passion et son infortune.

*

La mort est dite « la Camarde » dans le langage populaire. Un crâne avec les orbites vides et sans les cartilages du nez — ils sont tombés de pourriture —, nul ne s'y trompe ; c'est la mort ou quelqu'un qui lui appartient. Quand on ne la voit pas, on la devine à la fade, à l'indescriptible odeur dégagée par les chairs pourrissantes, on la sent par toute la chimie macabre. Thanatos en est imprégné, pénétré de part en part, ne peut que la dégager. De loin la perçoivent les chiens qui, alors, « aboient à la mort », comme on dit en nos campagnes. Mille fois les animaux fin-flaireurs la reniflaient, tandis que leurs maîtres ne se doutaient de rien.

Ayant perdu les narines, si le mort hume encore les objets, c'est par des moyens à lui connus. Ce problème, nous n'avons pas à le résoudre. Il importe davantage de se rappeler que « le souffle qui traverse les narines », est l'âme même de l'individu, son Double aérien.

Une histoire de revenants débutait ainsi :

« ... Il y avait comme un mystère au fond des glaces. Dans le cabinet de toilette flottait un parfum subtil ... »

L'essence des plantes, celle de tous êtres vivants se décèle par l'odeur dégagée. En vénerie, le fumet ou la fumée de la sauvagine, c'est son âme, — son âme après laquelle courent chasseur, limiers et lévriers.

Quand s'élucubra la première morale, aisément on se persuada que l'infection cadavérique décelait d'ignobles penchants, révélait la mauvaiseté des âmes, leurs haines et leurs envies. Sans doute, la puanteur persistait jusqu'à ce que la conscience eût été nettoyée. Ce qui nous explique pourquoi les Oscilles furent longtemps une cérémonie pieuse conservée dans les mystères dionysiaques. On se balançait en escarpolette à l'intention des morts et pour abréger leur longue peinance. « Jeunes filles et jeunes garçons, montez dans la balançoire, allez de ci, de là, allez encore ! C'est grand-papa qui sera content, en haut de sa branche, et vous remerciera ! »

Dès son origine, le christianisme déclara que les restes des saints et des bienheureux n'exhalaient pas, ne pouvaient pas exhaler l'ignoble odeur du péché. Quelle que fût la manière dont s'opérait la décomposition, il fallait que les Purs fleurassent le baume, l'encens et les parfums suaves. On appuya la doctrine sur un passage découvert dans le livre des Psaumes : « Tu ne permettras point que le corps de ton bien-aimé sente la corruption. » Les *Acta Sanctorum* et autres recueils hagiographiques, racontent cent fois, mille fois, que diables et criminels dégageaient une indicible malodeur, tandis que tels martyrs, vierges ou confesseurs, exhalaient délicieux effluves. Pour canoniser ou béatifier un postulant, par exemple l'illustre curé d'Ars, il ne suffit pas de célébrer ses vertus et de prouver ses miracles, il faut encore établir qu'il est mort « en odeur de sainteté », la sainteté ayant son odeur spéciale, comme le soufre, le chlore et l'arsenic.

En tout pays, il fut tiré avantage de la consubstantialité de l'âme et de l'odeur pour fabriquer des parfums inspirant l'amour. Les sorciers guatémalais ont une rose souëf-odorante, laquelle leur soumet qui la respire.

Des flacons de sel anglais ou autres substances pharmaceutiques très astringentes furent débouchés sous le nez de Peaux-Rouges qui baisèrent le manitou, le caressèrent, vantèrent sa louange, exaltèrent sa puissance extraordinaire...

Suivant la doctrine accréditée, les fantômes pèsent si peu

que rien, ne sont autre chose qu'un brouillard lumineux. Tout aériens qu'ils fussent, les démons et les génies supérieurs représentaient une certaine quantité de matière, puisque l'on ne supposait pas qu'aucune vie pût en être tout à fait dépourvue.

Avec le temps, ils se raffinèrent. La subtilité de leur étoffe s'accorda avec la délicatesse de leur intelligence, et les plus éthérés n'eurent de substance que ce qu'il en fallait pour émaner la lumière.

Leur médiocre pesanteur expliquait leur genre de progression dans l'espace. Notre marche s'opère par saccades, par une succession de demi-chutes. Mais les revenants de toute espèce, glissent par mouvement continu, tout d'une pièce, planent sans incliner la taille. Leur genou manque de rotule, particularité mentionnée tant par les Toltèques et Tlascaltèques américains que par les Indous. Le *Lalita Vistara* raconte ainsi l'arrivée de personnages divins :

« Je ne leur vis aucune ombre, ô Roi ! et je n'entendis point le bruit de leurs pas. Ils marchaient, mais ne soulevaient aucune poussière. Leur parole ne ressemble point à la nôtre ; profonde et caressante, elle va au cœur. Ils ont des manières douces et de belles formes : les gens ne se rassasiaient pas de les regarder. »

Partout les apparitions spirites se décèlent par l'absence d'ombre. L'ombre ne jette pas d'ombre.

Sita, lisons-nous dans le *Ramayana*, reconnut qu'un Dieu lui parlait, à l'immobilité des yeux qui la regardaient.

Et les Annamites savent qu'ils ont affaire à un génie céleste, quand ils voient sa barbe et sa chevelure blanches, sa physionomie imposante et surtout son air de mystère.

Ce mystère, tâchons d'en pénétrer les causes.

S'il faut en croire les Macousis guyanais, la vie se tient en la pupille, y réside sous apparence d'un homme microscopique, dont l'image s'éclipse au moment de la mort.

Rabelais prétend, de son côté, que « le diantre n'a pas de blanc à l'œil ». Le Chiloman siamois manque de pupille. — « Pupille », mot dérivant du latin *Papa, pupilla*, poupée, fifille. A l'instar des Macousis et autres Galibis, les anciens Italiotes se représentaient leur Double sous la figure d'une fillette. De nombreux vases grecs montrent l'âme sous forme d'Eidola, poupées minuscules.

Les Tlascaltèques donnaient à leurs génies des yeux sans blanc, ni cils, ni sourcils, ni prunelle. La sculpture grecque employait le même système, mais rehaussait l'arcade sourcilière, donnant ainsi au masque des Elyséens une dignité surhumaine et le regard inquiétant du Sphinx, et les investissant d'une majesté dangereuse à contempler. Ces Dominateurs portaient une lumière en eux-mêmes, n'avaient pas besoin d'ouvrir les yeux, voyaient sans regarder et savaient sans apprendre. La perfection des formes allait de pair avec celle de l'intelligence. L'univers se refléta dans le vaste miroir de leur sapience, laquelle procédait par intuition immanente, et non point par efforts successifs, pas plus que leur marche.

*

Ce sont nos populations chrétiennes, et plus particulièrement celles de race germanique, qui ont le plus avant pénétré et le mieux approfondi le mystère du démonisme.

Callot, maint Flamand et, en première ligne, le Bruxellois Breughel d'Enfer, ont trouvé le sublime du genre en leurs *Tentations de Saint-Antoine* et leurs *Sabbats*, rendez-vous des sorcières, des diables et lustucrus. Ces peintres nous montrent des corps humains disloqués de toute façon, sens dessus-dessous, devant-derrière, derrière-devant, accouplés en formes bestiales, forgés en outils et instruments qui volent, rampent ou titubent. Ce sont monstrueuses bouffonneries et dégoûtantes absurdités, fornications du difforme et de l'horreur, de l'impossible avec de répugnantes vulgarités. Caricatures et biscorneries, tohu-bohu de hideurs et laideurs. Au premier abord, rien de plus curieux. Le spectacle effraie les petits enfants, amuse les grands, mais bientôt perd de son piquant, et l'intérêt s'émousse On ne déguste pas de cet alcool longtemps sans qu'il fasse mal aux cheveux. Après s'être saturé des grotesques et de leur stérile abondance, c'est avec bonheur que l'on revient à la simple, à la pure, à l'idéale beauté.

*

A l'origine, les démons et génies étaient des individus quelconques, bons ou mauvais, comme cela se trouvait, mauvais le plus souvent, parfois très mauvais.

L'équilibre n'étant pas moins nécessaire au monde moral qu'au monde physique, il fallut opposer des génies bienfaisants à la tourbe démonique infestant le monde. On ne réfléchissait guère que l'on eût pu se passer des uns et des autres. Des plus puissants on voulut avoir l'effigie.

Les premiers artistes faisaient gauche et laid, ne pouvant mieux faire ; mais à mesure qu'on se rendit maître de la forme, on voulut que la laideur signalât les génies méchants et que la beauté fût le privilège des bons patrons et protecteurs. Mieux que tous autres, les Grecs exprimèrent par des lignes la noblesse intellectuelle et morale. Ils y réussirent si bien, que l'humanité s'enorgueillit encore de leurs succès. Pour avoir des visions de grâce, de charme et de majesté, nous contemplons encore les formes de Zeus, d'Apollon et de Dionysos, celles de Diane et d'Aphrodite.

On ne trouva pas mieux que la beauté humaine. Cependant quelques-uns, surtout parmi les modernes, accrochèrent une paire d'ailes aux personnages angéliques. Ces grandes rémiges font bel effet quelquefois, le plus souvent elles alourdissent ; nos peintres et sculpteurs savent le mal qu'ils ont à passer une robe entre le corps et les ailes. Mais la pudeur avant tout, la pudeur spéciale dont l'éducation par les moines et par les nonnains infesta l'Occident chrétien.

La laideur fut tout autrement facile à exprimer que la beauté. On avait ample provision de haines et colères à placer contre son prochain. Les personnages du monde invisible n'ayant pas de voix pour répondre, on leur attribua tous accidents, malchances, malheurs et maladies. On les accusa même de ses erreurs et de ses maladresses. Après avoir commis de lourdes fautes, lesquelles aboutissaient à grièves douleurs, on se prétendit la victime des Malfaisants. Impossible aux diables de nier les crimes dont on les accusait, cornus comme on les avait faits, avec des crocs de sangliers à leur gueule ensanglantée. L'homme les avait enlaidis en proportion de ses remords. N'osant discuter avec sa conscience, il extériorisa ses passions et ses penchants, afin de les maudire et honnir plus à son aise. Ce qu'il n'osait s'avouer, il le cornait aux oreilles de ces vilaines bêtes.

Si les peuples n'ont que le gouvernement qu'ils méritent, de même n'ont-ils que les Dieux qu'ils voudraient être, que les diables qu'ils sont. On prétend que le Créateur se manifeste par ses œuvres... Et l'homme donc ! l'homme qui formula notre monde intellectuel et moral. Tant vaut l'imagination d'un peuple, tant vaut sa poésie. Tant vaut sa conscience, tant valent son ciel et son enfer. L'évolution des Religions nous montre ce que nous croyons, partant ce que nous sommes.

Salomon, lisons-nous dans les légendes de l'Islam, puisées pour la plupart aux sources talmudiques, Salomon obtint la faveur de voir les djinns sous leur forme réelle, et non pas seulement sous les apparences, tantôt terribles, tantôt engageantes, sous lesquelles ils se déguisent. L'homme le plus sage et le plus savant du monde fut stupéfait au spectacle de ces difformités. Il n'eût jamais cru que pareils montres fussent possibles. C'était une tête d'homme sur un cou de cheval, c'étaient des ailes d'aigle sur la bosse d'un chameau, un paon avec des cornes de gazelle... Et l'ange Gabriel lui expliqua : « Sache que ces formes de chimère accusent les crimes d'existences antérieures, proviennent de rapports infâmes avec hommes, quadrupèdes, oiseaux et reptiles. Rien n'arrêta la concupiscence de ees êtres immondes, qui naquirent en inceste et vécurent en adultère. De génération en génération, leur hideur augmente à mesure que se multiplie leur espèce. »

*

Tous, nous avons remarqué les gargouilles qui peuplent les murailles, les toits et les piliers de nos Eglises gothiques, figures étranges, résurrection des amphibies qui peuplaient les marais jurassiques. Ces œuvres de l'art chrétien, on les a traitées fort dédaigneusement. Oublieuse des maux qu'elle n'a pas endurés, notre génération ne voit, en ces reliques d'un autre âge, que bizarreries, drôleries, cocasseries. Les disant de mauvais goût, elle se dispense de les étudier sérieusement. Mettons-y plus de complaisance. Evoquons la mentalité de nos malheureux ancêtres. Revivons le moyen-âge. Rentrons en cette longue et lugubre nuit. Ces animaux fabuleux, formes incongrues, absurdes juxtapositions de corps et de membres enchevêtrés, ces alectro-dracontes, ces lago-pardes et léonto-pithèques furent les images de violences doublées de lâchetés, de roublardises acoquinées à des imbécillités. Des anato-falcones ou anseri-falcones, ont des têtes de rapaces montées sur des corps de palmipèdes : le bec plonge en son ventre, le fouille et dévaste ; le rapace s'irrite contre son propre cœur, son cœur d'oie stupide, de canard voué au marais fangeux. Que d'infortunés dans les asiles, que de pauvres détraqués qui s'écrieraient que ce sont là leurs portraits d'une ressemblance déplorable ! Les Sphinx et les Sphinges ne sont-ils pas notre propre mystère ? Ces Chimères et ces Fantasmes sont à la ressemblance de nos imaginations et désirs. Oui, ces Cauchemars, Empuses et Lamies, représentent nos haines et nos remords. Frayeurs, lâchetés et désespoirs prennent un masque bouffon, s'affublent en Blemmyes, Sciapodes et Martichoras.

Les symbolistes ont suffisamment expliqué que la nef des cathédrales représente la Sainte Eglise et l'objet de la Foi chrétienne. Regardez le Crucifié tirant sur les clous, pleurant des larmes sanglantes. Ensuite considérez les figures mornes et hébétées tout autour, saints déhanchés et décharnés, saintes laides et moroses. Une mourante lumière tremblant devant un reliquaire : c'est le cœur, le triste cœur du fidèle, pauvre âme mal éclairée !...

Voyez maintenant le dehors de l'édifice sacré. Le dehors c'est le monde, la société politique et civile en tant qu'opposée à la communion des fidèles. Ces pierres sont animées. Ça grouille de diables, démons grimpant partout, nichés dans tous les coins. Débordant sur le présent siècle, l'Enfer envahit la vie quotidienne. En ces dragons hideux, en ces guivres méchantes, le peuple contemplait ses mangeurs et ses bourreaux. Ces animaux féroces étaient les Dominations et les Puissances, le Diable, les Mahom et les Tervagant ; c'étaient aussi les rois de France et l'Empereur du Saint-Empire, et les barons et baillis, et la famine et la maltôte, tout ce qui le suçait, le piquait, l'empoisonnait, l'empestait, lui arrachait la chair vive, lambeau après lambeau. C'était la Vie, image de l'Enfer, et l'Enfer, réalité de la vie. Mais il ne devinait pas encore, le Peuple, enfant colosse, — ne comprenait pas que ces cauchemars de pierre, affreuses réalités, n'étaient autres que les démons en son cœur : Sottise et Folie, Envie et Cruauté.

Le Peuple, c'est nous, n'est-ce pas ?

*

De tempérament frileux, les Ombres se plaisent à la tiédeur des forêts, cagnardent sous les racines tordues des vieux hêtres, dans les fourrés que la cime des grands arbres protège contre les vents, dans les broussailles ou sous les feuilles sèches. Les feuilles pourrissantes développent une chaleur obscure, laquelle supplée au sang qui leur fait défaut, à la nourriture qui leur manque si fréquemment. Il faut bien qu'elles reçoivent du dehors un calorique, dont elles n'ont plus la source en elles-mêmes. Le plus souvent qu'elles apparaissent, on les voit en peine de se réchauffer. Ne dit-on pas « la Mort à la main glacée », « froid comme la Mort, chaud comme la Vie » ?

Sans parler des cierges et bougies qu'ils leur allument à la Toussaint, nos paysans invitent leurs défunts à se donner une bonne flambée devant la bûche de Noël, les convoquent aux brandonnées de la Saint-Jean, devant lesquelles nos Bretons laissent la place d'honneur à des hôtes invisibles. Aux fêtes de famille, ne doit manquer le bon feu dont la chaleur les ragaillardira.

Nos antipodes, les Non-Non d'Australie, racontent que les âmes qui viennent de passer par la mort, ne s'accoutument que difficilement à la froidure, — pendant quelques semaines, restent engourdies et tout effraidillées. De temps à autre, les amis se font un devoir d'allumer un brasier sur la tombe : « Arrive pauvre camarade, arrive! chauffe-toi, ranime-toi! »

Pendant les mois d'hiver, les Odjibéouais, tribu de Peaux-Rouges, se montraient diserts sur le compte de Ménabochou, bavardaient sur ses compagnons. Quand arriva l'été, ils ne voulaient plus se laisser interroger sur le héros national. On leur demanda le pourquoi de cette nouvelle attitude?

« Les Esprits, répondirent-ils, ne peuvent supporter les rigueurs de l'hiver. Rien qu'un petit vent frais les met déjà mal à l'aise. Dès qu'arrive la mauvaise saison, ils se réfugient dans les cavernes, se mussent dans les feuilles sèches, s'engourdissent à la façon de notre oncle l'ours, claquemuré en son arbre creux. Mais le printemps les dégèle les uns après les autres. Ils recherchent alors notre compagnie, vont et viennent après nous, ne perdent mot de nos conversations. Quand ils étaient blottis, dans la mousse, sous la neige, libre à nous de nous amuser à leurs petites histoires. Mais quand ils sont dégelés, bernique! Un sot se laisserait aller à leur déplaire. »

Sans insister sur la contradiction qu'elles présentent — ou semblent présenter, — les légendes chrétiennes attribuent au chef des mauvais anges un contact réfrigérant, mais brûlant autant que la glace du pôle et emportant la peau. Certains prétendent que messire Satanas trouve le climat de l'enfer trop frais pour son tempérament. Après tout, n'est-il pas le démon du feu?

En son « Poème des Aïeux », Mickiewicz, le grand poète polonais, met en scène un vampire qui exhalait des flammes ; mais son haleine soufflait froid.

De ces renseignements, il semble résulter que les pauvres défunts sont affligés d'une sensibilité avoisinant l'hyperesthésie. Dans l'Indo-Chine, ils peuvent avoir froid jusque dans leurs images. Quand la température se fait rigoureuse, ils grelottent en leurs statues de bois, leurs marbres gèlent, leur bronze se morfond. Et les Arakanais, touchés de leur souffrance, apportent des fourrures pour les emmitoufler, les enveloppent de manteaux chauds et moelleux... Acte d'humanité, qui leur sera compté en ce monde ou dans l'autre.

*

De toutes les belles choses, la plus belle est la lumière des vivants. Combien les morts la regrettent, cette lumière du jour si claire et si pure, qui leur était si douce, mais qui maintenant fait vibrer douloureusement le brouillard dont leur matière se compose ! Maintenant elle les surexcite, les agace, les insupporte, comme ferait un bain surchauffé. Le grand jour de l'été les éblouit et les accable, sauf pourtant les démons méridiens ou de la Méridienne, espèce qui pullulait jadis en Syrie et en Palestine, et qui hante encore quelques cervelles de l'Islam et du Christianisme. Aux heures brûlantes, les âmes délicates se dissimulent dans les feuilles d'arbres, ou entre le tronc et l'écorce, disparaissent dans les ombres des fourrés épais, se glissent dans les fentes des roches, aux interstices des pierres et sous les cailloux. Ils ne se sentent à l'aise qu'en mi-obscurité.

L'Arabe raconte que les ghouls séjournent en cavernes qu'ils empuantent, vont la nuit viander comme hiboux. La vue d'une torche allumée les jette en une rage impuissante, les force à détaler. Chacun sait qu'un charbon, brandi en cercle, épouvante les fauves nocturnes. Tel rayon coupant l'obscurité, en dardant à travers la ténèbre, apparaît comme flèche acérée, glaive scintillant.

Êtres crépusculaires et surtout nocturnes, les morts ont pour reine Hékate à l'arc d'argent, Hékate, dont le moyen-âge fit la plus laide et la plus méchante des sorcières. Mais les vivants regardent au Soleil, au brillant Apollon lançant au loin ses flèches d'or. Encore les Ombres de faible constitution préfèrent-elles les nuits que les étoiles n'éclairent que vaguement. Chacun sait que le Hadès, sombre royaume, ne connaît que lueurs grises et cendrées, luminosités incertaines, froides phosphorescences.

Photophobes furent les premiers démons, et le sont restés. A mesure que son esprit s'éclaira, l'homme craignit de moins en moins les fantômes de l'erreur et de l'obscurité, aima davantage la lumière, qu'il identifia avec l'intelligence, la raison et la justice. Force fut aux religions de suivre le mouvement. Celles qui succédèrent au culte des ténèbres partagèrent les esprits en anges de lumière et en démons de l'obscurité, déclarèrent suspectes les larves obscures et qualifièrent de criminelle toute la gent lucifuge. Les réprouvés furent jetés dans l'abîme noir, au-dessous des justes et bienheureux qui se meuvent en flots de clarté.

*

« Pauvres morts ! » nous écrions-nous après notre enquête. Ah ! combien peu nous savons apprécier les biens que la vie nous octroie ! Ceux qui en sont privés, avec quel regret parlent-ils de la plaisurable vie faite à l'âme par la chair ; — cette chair tant dépréciée par les raffinés du spiritualisme, qui en font un terme d'insulte, un objet de mépris et de dégoût ? — Les malavisés ! A travers cette heureuse chair, manteau de délices, vêtement idéal, tissu de nerfs, appareil intellectuel, siège de sensations, tantôt suaves, tantôt douloureuses, circule un sang vivifiant et chaud, issu de la toujours bouillonnante fontaine du cœur, merveille vivante et pour ceux qui le mieux la connaissent, mystère encore, admirable mystère!

Avez-vous assisté à quelque représentation d'*Orphée aux Enfers*? Alors vous vous rappelez le valet de chambre, John Styx, ex-roi de Béotie, lequel n'apprit ce que vaut la vie qu'après l'avoir perdue.

Ce qu'ils abondent, les rois de Béotie! Si par delà les sombres bords, on conserve l'intelligence et le souvenir — plusieurs en doutent —, combien qui regretteront d'avoir si peu goûté la vie terrestre, si mesquinement profité de l'extraordinaire, de l'incommensurable chance dévolue à qui naquit parmi les hommes! Mais une Parque ironique et maligne décida que les souffrances nous seraient sensibles jusque dans leurs nuances fugitives, et que le pli d'une rose froisserait notre peau délicate... ; que nous jouirions de la force en n'y pensant pas, et de la santé presque sans nous en douter.

La santé, — cette harmonie merveilleuse dans les activités multiples d'organes compliqués, — on la définit comme étant un équilibre, un équilibre seulement. On la confond presque avec l'inertie du caillou gisant sur le sol. Et des barbares se croient exquis parce qu'ils vantent la souffrance, et des hurluberlus se vantent de savourer la douleur en ses intimes et délicates voluptés!

— Peut-être ne savez-vous pas même ce qu'est la vie? Dépêchez-vous, il est encore temps!

XI

LA FAIM CHEZ LES OMBRES : LEUR NOURRITURE

Sommaire

Les organismes se dépensent par le mouvement et se restaurent par la nourriture. Puisque les Ombres sont matérielles, elles n'échappent pas à la grande loi de la matière. — Les légendes ne tarissent pas sur la faim des Ombres. — Les Pays de Famine et les Pays de Cocagne. — Les apologètes chrétiens exigeaient que l'on cessât de nourrir les démons. — La formule des Ostiaks : les dieux n'existent que par le sacrifice. — Ovide prétendait qu'une miette de pain dans du lait suffit aux Ombres. Mais le peuple savait qu'elles hantaient les boucheries, suçaient les cadavres. — Comment les Ombres s'alimentent.

Les Esprits doivent ou devraient avoir la nature de l'esprit, semble-t-il à nos Occidentaux.

Or, qu'est-ce que l'esprit ? C'est une substance simple et intelligente, une substance à laquelle il ne suffit pas d'être immatérielle, et qui se présente comme l'antithèse de la matière, et jusqu'à un certain point comme son ennemie. Telle est la doctrine régnante, héritage de la doctrine scolastique, laquelle façonna pendant de longs siècles les cerveaux de l'Occident, et même les façonne encore. L'Esprit, nous enseigne-t-on, est la négation de la Matière, laquelle Matière est la négation de l'Esprit. Les deux substances se trouvent réunies dans notre corps, réunies ou juxtaposées. Nul système intelligible ne parvint encore à jeter un pont entre l'une et l'autre incompatibilités ; entre le monde de l'Esprit et le monde de la Matière. A l'image de Dieu, l'Esprit incréé, seraient les hommes, ou esprits créés ; Dieu serait la Volonté suprême, l'Intelligence pure, et les hommes seraient aperceptions et sentiments, volitions et désirs.

Il ne s'agit point ici de discuter le bien ou le mal fondé de l'assertion ; — il nous suffit de constater qu'elle fait autorité, qu'elle nous fut enseignée comme définitive. Plusieurs d'entre nous l'acceptèrent comme vraie. Véritable ou non, elle a façonné les intelligences, leur donnant le pli. Ce dogme qui régna pendant de longs âges, — et qui chez les peuplades incultes règne encore, — devient inintelligible. On ne comprend plus que notre esprit possède une existence séparée du corps ; on comprend encore moins qu'il faille à l'esprit manger et boire. Plus d'un homme intelligent, même instruit, — surtout s'il est instruit, — est capable de prendre pour une plaisanterie de goût douteux, l'affirmation que les esprits peuvent avoir faim, qu'ils peuvent avoir soif, manger et boire à l'excès, se donner ivresse ou indigestion.

Pourtant cette doctrine fut le principe des superstitions ataviques, le pivot des religions primitives. Elle fut le résultat de méditations prolongées ; on peut la taxer de folie, mais non point d'ineptie.

*

Voici le raisonnement que nos ancêtres mirent sans doute en avant :

— Que l'âme soit immortelle, personne n'en doute. Chacun voit, chacun sent l'Ombre aller et venir parmi nous. Sur ce point, l'assentiment est unanime. Ne discutons pas l'évidence.

Second point : — Puisque l'Ombre est toujours vivante,

il faut la nourrir. La vie est une flamme, qu'il faut entretenir.

En effet, la vie est un mouvement incessant. Il n'y a pas de mouvement sans friction, et pas de friction sans déperdition de substance. Cette déperdition doit être réparée pour que la vie puisse continuer. Tous les actes physiologiques, parmi lesquels la pensée, sont autant d'efforts qui coûtent quelque chose à l'organisme, peu ou beaucoup. En ses multiples formes, la matière ne cesse de se dépenser, et, dans les formes animales, se dépense plus rapidement qu'ailleurs. Plus la vie est ardente, plus vite elle s'use ; mieux brûle la flamme, plus promptement disparaît le bois. Les êtres se consumeraient, se réduiraient à rien, si la nourriture ne reconstituait au fur et à mesure la matière entamée, incessamment réduite. L'être qui jamais ne diminuerait, serait immortel — mais de quelle immortalité ! La vie se porte au dehors. Elle lutte et travaille. Pour qu'elle se prolonge, il lui faut se refaire par la nutrition, se reconstituer par la matière venue du dehors, par un apport d'aliments qu'elle décompose à son profit. La matière organisée ne fait guère autre chose que se déperdre, se reconstituer et se déperdre à nouveau. Pour quantité d'individus, l'existence ne va pas au delà du manger pour vivre et du vivre pour manger.

La Nature donne le spectacle d'êtres qui dévorent et s'entre-dévorent. Ils y vont chacun à sa manière : humant, suçant, lappant, grugeant, grignotant, avalant, ruminant, digérant. Cela dure ou non. A son tour, le mangeur est happé, déchiré, broyé, dégusté, travaillé par divers acides, fluidifié, absorbé ; il passe de combinaison en combinaison, de dent en estomac, d'estomac en dent nouvelle. Le monde mange le monde. Mangeur émérite, l'homme est un Grandgousier, bien qu'il n'ait pas la forte gueule de la baleine ou de l'hippopotame. Mettant son intelligence éprouvée au service de son insatiable appétit, il mange tous les autres. Comme lui, ses dieux ont formidable appétit : il les gorgea de sang, n'y épargna pas sa propre chair.

Ainsi la Mort, pour les Ombres, ne supprima point la nécessité de vaquer aux besoins d'un estomac exigeant. Encore le manger et le boire, encore l'asservissement aux ignobles nécessités de la réfection ! Toujours tuer pour manger et manger pour tuer, — n'en finira-t-on pas avec cette odieuse ritournelle ? — « Puisque l'âme est faite de lumière et de chaleur, d'intelligence et de passion, pourquoi la sustenter autrement que par les rayons du soleil ? » pensèrent des poètes. Fallait-il, faudra-t-il toujours se nourrir par les substances solides extraites des animaux et des végétaux ? Combien souvent des utopistes, prophètes incompris, rêvèrent de donner à notre organisme le moyen de prendre directement à l'atmosphère les quotités d'oxygène et d'hydrogène, d'azote et de carbone que consomme l'organisme sous les espèces élaborées, soit par les végétaux soit par les animaux ?

Mais pareilles conceptions sont le fait de chimistes, tels que Berthelot, et non point des Primitifs qui étaient persuadés que la vie ultra-terrestre continue en ses grandes lignes la vie terrestre — sauf la différence, que le corps dématérialisé n'a plus même poids et même consistance. Sans doute, le buffle ne raisonne que médiocrement le comment et le pourquoi : il broute parce qu'il a faim, il broute parce que cela lui est agréable, il broute de son mieux. Que deviennent ses camarades, qu'il vit emmener et qui n'ont point reparu ? S'il se figure quelque chose à leur endroit, c'est qu'ils broutent en d'autres prairies. Semblablement, le Primitif s'imaginait que ceux qu'il voyait tomber pour ne plus se relever, avaient été chasser ailleurs. Quand on ne faisait guère autre chose que manger pour vivre et vivre pour manger, la notion de la vie se confondait avec celle de la manducation. Les bienlotis allaient à des festins perpétuels — au Banquet d'Abraham, au dîner de l'éternel Gamache, au pays de Cocagne. Là sourdent fontaines de vin, de nectar, de soma, d'hydromel, jaillissant à gros bouillons. — On s'en donne à cœur joie sur un sanglier dont les morceaux repoussent à même, on s'attable devant une baleine-montagne, où baffraient Béhémoth et Léviathan. Rien que d'y penser, l'eau en venait à la bouche. Mais pour les ennemis, pour les rivaux détestés, il y aurait les supplices de la faim, les affres de la soif, la sempiternelle misère.

Les dogmes des Paradis et des Enfers prirent leur point de départ dans les imaginations de terribles famines et de mirobolantes ripailles. Pour le moment, il nous suffira de savoir que, tant subtile soit-elle, la matière animique s'use par le mouvement, et même par le repos. Ne récupérant pas ses pertes, elle ne peut que s'affaiblir, s'amincir, s'atténuer, se dissiper dans l'atmosphère avec le vent qu'elle a pour substance. N'être plus vu, disparaître, — pour un Esprit, c'est « la mort seconde. »

*

Innombrables sont les témoignages affirmant que les Ombres ne peuvent se passer de nourriture et qu'il est pieux de pourvoir à leur subsistance. Nous pourrions apporter les témoignages, on ne peut plus catégoriques, des docteurs chrétiens. Mais ils ne disaient pas si bien que les Ostiaks, Syrgènes et autres Bouriates, chez lesquels Castren entendit formuler l'axiome :

« Nos idoles perdraient leur vertu, si nous cessions de leur sacrifier. »

On ne pouvait mieux dire. Les Dieux ne conservent leur divinité que si on leur donne à manger... D'autres que les

Ostiaks auraient conclu : « Les Dieux n'ont d'autre existence que celle dont nous les gratifions bénévolement. Donc, supprimons-les une fois pour toutes. »

Quoi qu'il en soit, la formule est précieuse, elle résume toutes les religions, ouvre la clé de leurs mystères.

*

La seule odeur d'aliments n'eût-elle pas dû suffire à nourrir des Ombres ? Leur fallait-il chose plus substantielle que des parfums ? Les aures et les souffles ne doivent pas être exigeants. On eût pu croire qu'un gâteau feuilleté, les aromes du Falerne, quelques gouttes de vin muscat devraient rassasier toute une nation, un peuple entier d'esprits, à matérialité délicate et légère.

Ovide, en effet, le poète des *Fastes*, dit en termes exprès : « Les divinités du Styx ne sont pas avides. Aux riches présents, les Mânes préfèrent un pieux amour. Que leur faut-il après tout ? Quelques miettes trempées dans du vin, avec des grains de sel. Ajoutez-y des violettes. Les Morts n'en demandent pas davantage. »

— Ainsi il en coûte moins de nourrir une Ombre qu'un rouge-gorge ou qu'un chardonneret ?

— Ovide n'était pas sincère. Il développait un thème que lui avait suggéré Mécène, lequel faisait sa cour à l'empereur Auguste. Auguste savait, ou avait su, — tout comme Napoléon Ier — ce qu'il faut penser de la religion ; Lucrèce l'avait assez dit. Mais il voulait que la restauration du culte fût la grande idée de son règne, parce qu'il faut une religion pour le peuple. Parce que tel était l'ordre du Maître, Ovide chanta les Fastes calendaires et pontificaux, mais il s'en souciait autant que des calendes grecques. Sous l'enthousiasme de commande, on sent l'indifférence et la mécompréhension intime du sujet. Chanter Lesbie, Délie, Cynthie, à la bonne heure ! Mais au poète de la cour, au grand meneur de la jeunesse dorée, l'Empereur et Grand Pontife avait intimé l'ordre de remettre en honneur le culte domestique trop négligé. Il fallait s'exécuter. Il fallait faire passer les Lares pour modestes, gracieux et charmants. L'impératrice n'eût guère complimenté le poète s'il eût dit les exigences des antiques divinités, dit les faims cruelles, le féroce appétit de la démonaille, conté les banquets où les dieux sabins et latins se gorgeaient de chair humaine. Livie désirait qu'on représentât les Lares comme des êtres inoffensifs, gentils tout plein. Les siens, ceux des Jules, oisifs et aristocratiques, étaient confortablement logés. Leur estomac, délabré par de multiples ripailles, ne vivait plus que de régime. Ces Mânes, dont l'auteur de l'*Art d'Aimer* vantait la sobriété délicate, pensaient qu'on peut se passer de pain quand on a de la brioche.

Mais dans le peuple, chacun savait que les Ombres sont d'une insatiable faim, que semblables à des mouches elles sont toujours prêtes à se jeter sur les terrines de lait, sur les flaques de sang. Ce qu'elles préfèrent, c'est le sang, le sang rouge et chaud, le sang élixir de chair, essence de vie, extrait de force et d'intelligence. Et nul sang n'est doux et sucré, n'est exquis autant que celui de l'homme. Les Dieux n'en eurent jamais assez. Ils en étaient ivres, qu'ils en redemandaient encore et encore, jamais n'en assouvissaient la soif.

A défaut de sang humain, les Ombres lappaient le sang des taureaux, chevaux et moutons, des poulets et pigeons. La plus grosse carcasse leur plaisait le mieux. De loin, les Ombres flairaient le sang, elles y couraient, se jetaient dessus avec frénésie.

Quand Ulysse visita le Hadès, il creusa une fosse, y

égorgea des brebis. Tout autour les âmes s'assemblèrent, immense et frémissant amas. Et dans leur multitude, Antikleia, la propre mère du héros, ne vit son fils, ne le reconnut, qu'après avoir bu quelques gouttes du merveilleux liquide, le sang chaud, qui lui rendit la parole, le sentiment et la volonté.

Quand même une seule Ombre ne demanderait pas grosse nourriture, des Ombres innombrables ne laisseront pas de manger beaucoup. — Y a-t-il maladministration dans l'autre monde, comme en celui-ci, où les gaspillages des uns font l'indigence des autres ? — Toujours est-il que partout l'on entend dire : Les Ombres ont froid. Les Ombres ont faim. Les Ombres mendient.

Même les âmes chrétiennes ont faim. En ce cas elles sont bien déchues du christianisme de l'église de Jérusalem, dans laquelle les biens étaient en commun, les repas aussi. Ainsi la veuve d'Oberlin, le vénérable pasteur du Ban de la Roche, se plaignait au médium qui l'intervistait : — « Ma misère, ma terrible misère, c'est la faim ! Je ne puis avoir ma suffisance. »

Mais brisons là-dessus. Il y aurait inconvénient à discuter le spiritisme moderne. Tenons-nous en aux dires anciens, et surtout aux racontars des Primitifs.

•

Les Quichuas offraient à leurs divinités des feuilles de coca. Mieux instruits aujourd'hui, ils les apportent sur l'autel de la Sainte Vierge, et les curés se chargent de les transmettre. Dans la Nouvelle-Guinée, les esprits se repaissent de sagou, — de sucre dans Aïtou-Katou. En mainte île de l'Océanie, on leur abattait des têtes de cocotier, on leur saignait des mayorés ou arbres à pain.

Pareillement, les nègres de Haïti se privent de mameys et de guabayas, fruits délicats, pour que les âmes aillent les picorer dans l'obscurité.

A défaut d'autres ressources, les Ombres vivent d'industrie, honnête ou malhonnête. Ils grapillent graines, baies et drupes, sucent les exsudations du cocotier et du raphia. Par leurs déprédations, ils font la rouille et la nielle, le phylloxera, les maladies de la vigne et des pommes de terre. En Australie, les Boulyas se tiennent le jour dans les feuillages et les troncs moussus, dans les abris des rochers ; la nuit venue, ils essaiment dans la brousse en si grand nombre, que l'air s'emplit d'un vague brouhaha de mâchoires rongeantes ; ils s'attaquent aux vers et insectes, aux rats, lézards et grenouilles, aux larves de fourmis. — Qu'on a donc de mal à gagner sa pauvre vie, en ce monde et dans l'autre !

Au dire des Inoïts, les démons iraient à la chasse, dépouilleraient de leur butin les renards qui vont aux poissons échoués sur la plage. En pays chauds, ils s'incarnent en taons avides, tracassiers et obstinés, en hippobosques suceuses qui boivent à même l'artère, se laissent écraser plutôt que de lâcher prise. Dans l'Evangile, leur chef porte le nom de Béel Zébub ; à la suite de Lucifer, il tient le rang de prince.

En son tableau du Hadès, le peintre grec Polygnote montrait le démon Eurynome dépeçant des cadavres, le figurait en énorme mouche à viande avec des ailes noir-bleu. Ce fut une heureuse indication pour les metteurs en œuvre de l'*Orphée aux Enfers*. Ils firent de Jupiter un bourdon zonzonnant autour d'Eurydice.

Dans l'Argentine, circule une légende, d'après laquelle, au matin, les âmes se métamorphoseraient en moucherolles. mais le soir, reprendraient forme humaine. — Les Bhoutas de l'Indo-Chine se repaissent de viandes putréfiées, d'ordures et de détritus, même de fiente et d'excréments. — Nécessité n'a pas de loi.

En Chine, les Koueg s'ébattent ès-lieux infects, sur les eaux croupissantes, se repaissent de carnes puantes, et si possible de cadavres humains, dont ils revêtiront l'apparence.

Les Maoris de la Nouvelle-Zélande croyaient que la nourriture préférée des revenants fût la gadoue. Au matelot naufragé Jackson, qu'ils supposaient arriver de l'autre monde, ces grands innocents offrirent le contenu d'un vase de nuit.

Au dire des Orientaux, les djinns exploitent les latrines, en si grand nombre, qu'il ne faut entrer en ces lieux qu'en s'annonçant : « Avec votre aimable permission, bienheureux Invisibles ! »

Quand le ghoul tient une proie, il en dévore, tout d'abord, les intestins, et s'il s'agit d'un homme, il attend par friandise, que les vers rongeurs aient multiplié et engraissé. Du moins, c'est ce que prétend Ibn Wabschiach, en son *Agriculture Nabatéenne.*

Les Ogres et autres cannibales sont alliés aux dévoreurs de cadavres. Ils pullulent dans les contes et légendes. Déjà Hésiode mentionnait les Kères, qui accouraient sur les champs de bataille pour se gorger du sang des blessés. Les Limousins disent que leur châtelaine de Gimel, — une Dame-Blanche, — a le corps blanc comme neige, et transparent au point qu'on voit, à travers sa gorge, couler le vin et aussi le sang ; car la délicate personne affriande les enfants.

Le plus redouté parmi les démons groenlandais, porte le nom : d'Erloer Sortok, ou le Détripailleur.

Finir ainsi ! Etre rongé par l'infecte vermine ; devenir mouche charognarde ; quelle honte et quelle désolation ! La dernière prière du Non-Non d'Australie à ses proches était de lui donner la « sépulture honorable » de leur corps, de vouloir bien le manger eux-mêmes. Les parents et amis y mettaient dévouement et bonne volonté.

Çà et là on entend parler d'Esprits brigands, qui infesteraient les routes menant à l'autre monde, exerceraient l'industrie des grands chemins. N'ayant rien à se mettre sous la dent, ils détrousseraient les caravanes des morts, les dépouilleraient des provisions qu'elles apportent. Aussi les Kourdes Douchiks, pillards eux-mêmes, munissent le défunt d'un bissac suffisamment pourvu et d'un bâton noueux, lui disent : « Partage avec les voyageurs honnêtes. Quant aux autres, défends-toi ! »

*

Qu'à des Esprits errants il faille de la nourriture, que des fantômes, toujours en mouvement, soient obligés de se réconforter en absorbant quelque gaz subtil, quelque parfum délicat, cela peut faire le sujet de discussions intéressantes dans un salon moderne entre théosophes et néo-bouddhistes. Mais que penser des Aquapins, des paysans serbes ou bavarois, des sauvages malais, quand ils prétendent que les Eléments étant des êtres vivants eux aussi, il faut donner à manger au Vent, il faut offrir à la Flamme des rafraîchissements ?

Au feu pétillant et jetant étincelles, les nègres congolais du père Cavazzi parlaient comme à une créature vivante, l'applaudissaient, le félicitaient, le sollicitaient, le remerciaient, lui jetaient de la farine.

Castren raconte que, chez les Kaïbals, il eut le spectacle de l'hôtesse faisant ses révérences au feu de sa yourte et lui donnant quelques morceaux de lard. La bonne femme ne manquait pas d'offrir quelques bouchées au Dieu du Soleil levant.

Des Tartares régalent leurs lacs et rivières. Ils ont l'extrême générosité d'éparpiller dans le feu quelques brindilles de leur tabac, de leur précieux tabac : — « C'est pour toi. Fais-toi de l'agrément ! Nous ne t'oublions pas, ne nous oublie pas ! »

Les Afaris de l'Afrique Occidentale sacrifiaient des vaches à la montagne de Yahva. Tous les douze mois, les Javanais fêtent le volcan Tengger, versent du riz dans le cratère toujours en éruption. A celui de Bronok, ils apportent cocos, mangos, ananas et bananes, des gâteaux, de friands poulets à peine éclos.

Les Diris du Nicaraguais immolaient des filles à Nesaya, la Dame du Volcan, vieille et ridée, à longues dents crochues. — « Pélé, notre ancienne déesse, expliquait-on à Jules Rémy, Pélé a maigri, maigri... Depuis qu'on est chrétien, elle n'a plus rien à se mettre sous la dent, ni mayoré, ni porc, ni personne. Elle fait mal à voir ! »

Des volcans, passons au feu du ciel. Quand il tonne, les Igorrotes savent que cela veut dire : « Cabouniang a faim. » Ils vont lui offrir un porc en belle cérémonie.

Si la foudre tue homme ou animal, disent les Cafres, c'est qu'on l'a négligée et qu'il lui a fallu pourvoir elle-même à son repas.

Le Lette qui entend gronder le tonnerre va chercher une couenne, la brandit, la montre au ciel. — « Perkoun, bon Perkoun, te voilà du lard, du bon lard ! Mais sois gentil, hé ! ne nous fais pas de mal ! »

Un cacique péruvien, celui de Tumbez, s'imaginait que les Castillans logeaient la foudre dans leurs mousquets. Il versa de la chicha dans le canon, caressait le fusil, pensait l'amadouer : — « Ne nous foudroie plus ! »

Les Annamites servent un banquet annuel à leurs deux grands-pères, le génie du Feu et le génie de l'Eau.

Afin que les fleuves et les rivières, que les lacs et les étangs ne fassent pas de victimes et ne pourvoient pas eux-mêmes à leur subsistance, il est ou il était convenu, en tous pays, qu'il faut leur sacrifier. Pour le moment, il suffira de mentionner les Tchouktchis. Aux Esprits qui foisonnent ès-caps et rochers de la Mer Blanche, ils apportent de la bouillie, afin qu'ils veuillent bien la partager avec tels amis ou camarades qui se perdirent dans les eaux.

Sur la Mer Rouge, Burckhardt vit les matelots arabes jeter quelque farine par-dessus bord... — « Que faites-vous là ? » — « Nous donnons à manger aux Esprits des tempêtes ! »

Quand le vent menace de faire verser les blés, les paysans de Carinthie vont à l'arbre qui ombrage la maison, y attachent de la viande, peu ou prou : — « L'ami, assez ragé comme ça ; mange, et tiens-toi tranquille ! »

Nachtigal vit des Baghirmis prodiguer les offrandes à un gros poteau, lequel avait l'honneur de figurer le grand Baghirmi, leur patron.

Nous apprenons par Siculus Flaccus qu'on oignait d'huile les bornes, figuration des Ancêtres, qu'on leur mettait des guirlandes, qu'on leur attachait des voiles flottants. Numa Pompilius leur faisait servir de la bouillie, des gâteaux, les premiers fruits, — sans préjudice d'un agneau qu'on égorgeait de temps à autre.

Naguère, les paysans de Norvège conservaient précieusement des cailloux ronds. Chaque jeudi, ils leur donnaient un air de feu, les enduisaient de beurre, les aspergeaient de bière, puis les déposaient sur un lit de paille, respectueusement.

Que penser encore de la farine offerte à la Lune, des bouillies au Soleil, des seaux de lait qu'on leur jette à la figure, du sang dont on prétend asperger Sirius, les Pléiades et autres constellations ?

Abrégeons. Mais disons encore que les brahmanes sont tenus chaque jour de faire offrandes et prières au Dieu du Feu, le glorieux Agni, au Dieu Lunaire, à la Déesse du Jour, à celle du Ciel, à celle de la Terre, aux Vents, aux divinités des Eaux, à celles des grands Arbres, à tous les Esprits qui marchent dans la lumière ou dans l'obscurité.

A tous et toutes, il faut boire et manger, il faut l'indispensable ration de louange et de flatterie.

XII

LE SEXE ET L'AMOUR CHEZ LES OMBRES

Sommaire

Puisque l'amour fait le charme de la vie présente, on ne veut pas s'en passer outre-tombe. — En maints pays, la veuve était immolée afin que l'époux ne s'ennuyât pas sans elle. — Le Quichua était enterré avec une idole de l'autre sexe. Mariages posthumes chez les Ingushis du Caucase. — Les dieux bien posés sont mariés, mais les célibataires sont fréquents dans la démonaille. — Les paradis sensuels. — Amours et amourettes des dieux. Anubis et Paulinia. Saint-Sébastien et Sainte-Catherine. — Les dérèglements des démons et démones. Les Chilomancs. Les Ma-Laïs. Mme Thompson. — Suivant la Genèse, les fils des dieux épousèrent les filles des hommes. — Les déesses sont astreintes à plus de retenue que leurs époux. Cependant, la fable grecque raconte quelques-unes de leurs galantes aventures. Les Wilis, les Roussalkas, les Filles-Cygnes. — Recensement des familles divines dans l'Inde. Les Fauggen, les Hadettes. Le démon de Témeffe. Les Nixes de Luther, les Duses de l'archevêque Hincmar. — Tous démons sont suspects de viols et d'adultères, pour lesquels perpétrer il leur faut entrer en des corps vivants. Les possédés de Gergésa. — Salomon vit la forme réelle des djinns, indice d'accouplements monstrueux. — La furie de Jeypour. Cause des épilepsies. Les Trudes ou cauchemars. Toutes les Trudes ne sont pas effrayantes. — Exemples pris dans l'*Evangile de l'Enfance*, dans l'*Histoire de Tobie*. — L'étonnante conformité des doctrines relatives au sexe des Esprits, fait supposer qu'elles ont été puisées à une source commune. — En définitive, l'homme trouve commode de rejeter sur les démons la responsabilité de ses péchés et dérèglements.

Puisque l'amour fait le charme de la vie présente, on ne saurait s'en passer outre-tombe.

Pour continuer au défunt les douceurs et agréments de la vie conjugale, mainte épouse dut suivre son époux dans l'autre monde, de suite et sans attendre la mort naturelle qui, tôt ou tard, n'aurait pas manqué de réunir les anciens conjoints. On s'attendait à ce que la vertueuse veuve s'ôtât la vie sur la tombe de son maître et seigneur, auquel nous ne voyons pas que jamais la même obligation ait été faite. Mais quoi? Là-bas serait le pays de la justice et de la liberté. Pourquoi donc, dans les choses de l'amour, la loi est-elle faite autre pour l'époux, autre pour l'épouse? — Mais ne nous appesantissons pas sur ce pénible sujet; il nous répugnerait d'insister sur le spectacle de malheureuses égorgées, assommées, brûlées, ou mourant de faim sur le cadavre du mari. Au moins, les nègres du Kakongo n'immolaient plus les infortunées.

Le cabocère trépassé, faisant preuve de mansuétude et d'une rare bonhomie, condescendait à ce que ses femmes ne vinssent le rejoindre que l'une après l'autre, à la commodité de chacune; il n'exigeait point qu'à son départ leur troupe lui fît cortège en grande cérémonie ; il poussait la complaisance jusqu'à venir vers elles. De temps à autre, il visitait son harem peuplé de trois cents épouses, dont cinquante, chaque nuit, faisaient la garde près du cercueil, et chaque jour, lui faisaient offrandes de nourriture et libations d'eau-de-vie.

Parmi les Ingushis du Caucase, le père qui avait perdu un garçon, recevait tôt ou tard la visite d'un compère en deuil de sa fille, lequel lui tenait ce langage :

— Ton fils voudra se marier en l'autre monde, n'est-ce pas ? Volontiers je le prendrai pour gendre ; mais d'abord il te convient payer le douaire de ma fille. —

Pareille offre ne serait refusée qu'au prix d'une terrible inimitié entre les deux familles ; les deux pères se mettent donc en devoir de discuter la dot, laquelle pourra s'élever jusqu'à trente vaches.

Ainsi les morts trouvent à se marier presque avec la même facilité que les vivants. Toutefois, les vieux garçons et les vieilles filles abondent en la démonaille. Là-bas comme ici, c'est parmi les célibataires que se recrute la population criminelle et délinquante : insensés, détraqués, mélancoliques, furieux, rageurs, mal équilibrés de toute espèce. Mais dans la société spirite qui se respecte, parmi les génies justement considérés, aucun dieu ne se présente sans être accompagné de sa déesse. Dans les huancos péruviens, on trouve généralement avec chaque momie une idole de sexe différent ; car, dit Wiener, l'Indien a compris que l'individu social n'est complet que par l'union des deux sexes.

On pourrait deviser, heure après heure, des paradis sensuels, dont racontent les diverses légendes. Au plus modeste, au moins prétentieux de tous, préside le bon dieu des Roucouyennes, lequel a réussi à trouver de nombreuses femmes pour lui et les bons compagnons qui entreront en son carbet, mais il laissera les mauvais gars à la porte. Le Paradis de Mahomet, le plus célèbre, est suffisamment connu. Il y aurait à se familiariser avec les houris, les Apsaras, les Péris et les Walkyries, avec les sirènes, nymphes, naïades et autres divinités, qui, si nous en croyons les vases grecs, dansent sur la pelouse aux asphodèles, rient, chantent, courent, se baignent aux frais ruisseaux dans les bosquets de l'Elysée, se balancent aux escarpolettes. Mais dans un sujet aussi vaste que le développement des mythes et des religions, le temps nous est avaricieusement mesuré.

Bientôt, nous devrons nous occuper des théogamies ou mariages divins, fêtes de la Nature, fêtes aussi de l'agriculture : telles les théogamies de la Grande Déesse en Carie, celles de Zeus et d'Héré, celle de Hadès et de Perséphoné.

Pour le moment, ils nous suffira de rappeler en passant les festins et lectisternies, auxquels les Romains convoquaient les dieux par couples, dieu avec déesse.

Quant aux amours et amourettes des personnages divins avec les mortelles, nous nous tenons pour suffisamment renseignés par les leçons qu'on nous faisait aux écoles, lycées et collèges. Il appartenait à la majesté d'un grand monarque, tel que Salomon ou le Roi de Perse, d'avoir un harem nombreux ; donc les cultes opulents pourvoyaient d'office aux fantaisies passagères du Dieu souverain, lui recrutaient une troupe de favorites. Ainsi les bayadères qui, par leurs chants et leurs danses, devaient égayer Vichnou. Voici les pallacides — ce titre dont se paraient les plus grandes princesses de l'Egypte, nos théologiens et professeurs l'emploient aujourd'hui pour ne pas prononcer les mots de maîtresse et de concubine — ; il y avait à Memphis celles d'Ammon-Ra, à Babylone celles de Belus, à Quito celles de Pacha Camac. Ainsi le Grand Cabocère du Loango présentait au Grand Fétiche une pallaque ou pallacide qu'il avait choisie en son propre harem : nourrice en titre du poupon grotesque, elle veillait à sa nourriture et à sa boisson, le brandissait devant les guerriers, pour leur promettre victoire et pillage.

L'historien Josèphe raconte comment Paulinia, dame fort considérée en l'aristocratie romaine, accepta volontiers d'être l'épouse momentanée du dieu Anubis, dans le temple duquel la conduisit un soi-disant prêtre d'Isis, dont l'empereur Tibère récompensa mal l'obligeance : il le fit crucifier.

Le christianisme, lui aussi, nous montre de naïves lectisternies dans le nouveau monde. En telle province du Guatémala, les habitants du village de Saint-Sébastien, — le plus beau saint catholique, comme en peuvent témoigner nos dévotes —, font un banquet le jour de sa fête, l'emmènent en joyeuse procession, le conduisent au bourg voisin, dans une chapelle de Sainte-Catherine, notre plus jolie martyre. La porte du sanctuaire se ferme sur le couple charmant, et le lendemain, on viendra chercher le héros avec les jubilantes bambochades d'un retour de noces.

Passons aux démons proprements dits.

Au dire des Siamois, les Chilomanes sont des esprits qui se plaisent à prendre forme humaine, tantôt celle d'une fille, tantôt celle d'un garçon. Ainsi déguisés, ils contractent mariage, sans que personne se doute de leur personnalité véritable : ils se montreront époux attentionnés, procréeront des enfants, les élèveront tendrement, se conduiront d'une façon exemplaire. Par malheur, ces âmes quittent leur corps de temps à autre, afin d'aller à la chasse et de manger certaines viandes, auxquelles elles ont pris goût. Ainsi tel mandarin tonkinois avait épousé une fille aussi jolie qu'intelligente, toujours aux petits soins pour lui, et qui lui faisait vie douce et agréable. D'ordinaire, il dormait tout d'une traite ; mais une nuit qu'il se réveilla brusquement, il trouva une femme sans tête étendue à ses côtés. Grand émoi, émoi plus grand encore, quand à l'aube il vit la tête, suivie de tout l'appareil digestif, rentrer par la fenêtre et se recoller vivement au tronc. Et le mandarin comprit l'affreuse vérité : son épouse était une Ma Laï ; de temps à autre elle s'esquivait, pour viander aux charognes et excréments.

Dans cet ordre d'idées appartient l'anecdote d'une Européenne naufragée, Mme Thompson, qui fut jetée par la tempête sur un écueil de l'île Prince de Galles. De naïfs Australiens supposèrent qu'elle était une de leurs aïeules ressuscitées, et qu'elle venait, faveur insigne, visiter les bons nègres de sa descendance. — La fête qu'on lui fit ! On se la disputait ;

elle allait de banquet en banquet ; les tribus rivalisaient à qui lui donnerait le plus magnifique corrobori ; à ses genoux soupiraient les plus vaillants guerriers, les plus adroits chasseurs.

Donc les morts, surtout quand ils sont devenus dieux ou démons, ne se refusent pas au plaisant déduit, volontiers courent le guilledou, flirtent de-ci, flirtent de-là. Mais leurs compagnes tiennent-elles conduite aussi légère ?

Certes, elles sont astreintes à plus de décence. Toutefois, rappelons-nous les déesses, qui du haut de leur observatoire céleste, regardaient avec complaisance les pasteurs de l'Ida, de Cylléné, ou du Cithéron, s'exerçant à la lutte ou à la course, chantant et dansant avec les pastourelles. Lumineuses et souriantes, parfois descendaient-elles de leur nuage, venaient visiter les bergers de l'Arcadie. La fable grecque conte les galantes aventures de Diane avec Endymion, d'Aphrodite avec Anchise, de Déméter avec Iasiôn. Ulysse ne fut-il pas aimé par Circé et par Calypso ? Aurore, l'inconstante épouse d'Astrée, s'octroya le chasseur Orion, puis Clytos, puis Céphale, puis Tithon — encore ne se vantait-elle pas de tous ! Quant à Téthis, ce fut en noces légitimes qu'elle s'unit à Pélée. Suivant de si nobles exemples, combien de nymphes et naïades, combien de nos fades, fadettes et blanquettes, combien de Péris, de Wilis et de Roussalkas se donnèrent-elles à de beaux jeunes gens, à l'ombre d'un saule, au bord d'un ruisseau gazouillant ! Combien de Filles-Cygnes se baignant dans les eaux d'un lac limpide furent surprises par de hardis compagnons, lesquels leur dérobèrent le blanc manteau de plumes qu'elles avaient déposé sur le rivage !

Les Béarnais de France vous expliquent tranquillement que leurs « hadettes » sont les épouses des dieux : « las hennos dous dions ». Et les bûcherons de la Forêt-Noire n'ignorent point que les « Fanggen » ou Femmes Sauvages ont pour maris, tant des géants que des nains, des cobolds et lutins de tout poil.

Plus près que nous des antiques traditions, les Orientaux savent d'agréables historiettes sur des amours tout autrement délicates que celles des mortels. A les croire, il serait assez rare que les dieux aillent jusqu'aux extrémités du baiser sur les lèvres : ils se parlent par des rayons de lumière, par des brises caressantes ; mais combien profonds leurs regards, et combien doux leurs sourires !

Dans ses pérégrinations, Ulysse avait touché terre à Témesse, l'ancienne Œnothrie, ville du Bruttium. L'un de ses matelots s'enivra, viola une fille, fut lapidé par les indigènes. Certes le marinier intempérant s'était mis dans son tort ; mais on eut beau l'avoir tué, il ne voulut pas se faire une raison et se le tenir pour dit. D'un jour à l'autre, il revenait, assassinait un habitant, puis un autre.

Ne pouvant lutter contre lui, les gens de Témesse pensèrent à s'expatrier, demandèrent conseil à la Pythie, laquelle les avisa d'apaiser le démon en lui consacrant une enceinte, dans laquelle ils bâtiraient un temple, et tous les ans lui offriraient la plus belle de leurs filles. A cette condition, le génie voulut bien se tenir tranquille. Déjà son culte fonctionnait, quand arriva dans ces parages Euthymos, un garçon de cœur, digne du nom qu'il portait. Quand il vit la fille réservée à si affreux trépas, son cœur s'émut d'amour et de pitié, il jura à la malheureuse de l'épouser ou de périr à la peine. Se tenant à côté de la vierge, il provoqua le démon, qui ne se trouva pas de force à lutter contre le robuste fils du fleuve Kaikinos. Le scélérat recula avec un cri de rage, plongea dans la mer et disparut pour toujours. C'est une histoire de Pausanias.

Les Français ont encore le dicton :

A bon vin
Et belles catins
Courent lutins.

Dans ses *Propos de Table*, inappréciable document du fameux réformateur sur l'état d'âme de son siècle, Luther raconte comment les nixes mâles attirent dans l'eau les filles et les femmes pour faire graine de diablotins. Hincmar, archevêque de Reims, enseignait déjà que maints duses, ou satyres velus, mettent à mal la paysanne et la fille rustique, en prenant la forme et l'apparence de ses amants.

Les traitants d'esclaves, qui avaient à traverser le lac d'Ounro, ne s'embarquaient qu'ils n'eussent noyé leur plus belle esclave, en l'honneur de Send Schéro, dont ils achetaient ainsi la protection pendant la traversée.

A Céram, dans les Moluques, chaque négrerie consacre sa plus avenante négresse au démon protecteur.

Quand meurent de beaux garçons ou de belles jeunesses, les Fidjiens, les Tchouvaches aussi — et combien d'autres ! — prétendaient que démons ou démones les avaient enlevés par amour. Ne serait-ce pas l'origine du mélancolique apophtegme : — Ils ne vivent pas longtemps, ceux qu'aiment les dieux !

Le Talmud explique tout au long comment les démons de la nuit désespèrent le pieux Israélite, qui, dans l'inconscience du sommeil, se voit livré sans défense à leurs infâmes obsessions. Il est de doctrine rabbinique que, pour éprouver des sensations voluptueuses et les satisfaire, les démons sont obligés d'entrer en êtres vivants, par exemple, dans le corps d'un animal. Ce qui explique, dans l'évangile selon saint Mathieu, la requête si modeste que firent au Rédempteur les démons dont il venait de délivrer les deux Gergéséniens : ils demandèrent la permission de se réfugier dans le corps de pourceaux qui paissaient par là. Nous n'abuserons pas des exemples ; mais il en faut quelques-uns :

— Un Fidjien se confessait au révérend missionnaire Williams, lui avouait être l'objet des sollicitations pressantes d'une démone, laquelle tout à coup surgissait à ses côtés, dès qu'il se trouvait seul.

Les Ma Qui, diables annamites, proches parents des Ma Laï, déjà nommés, ont la spécialité de troubler le sommeil des jeunes femmes — des jeunes femmes notons-le, et non pas des jeunes filles, car ces bons diables ont le respect de l'innocence ; ce qui est fort honnête de leur part.

Mais laissons là ces peccadilles, dont les prêtres et les confesseurs ont par-dessus la tête, tant on leur en a servi ; il importe davantage de savoir qu'en cette malsaine engeance la passion parfois s'exalte en furie. L'Inde connaît l'existence d'horribles démons qui s'esbaudissent ès-champs de bataille, y trouvant époux à foison ; mais en temps ordinaire, il leur faut se contenter des cadavres du cimetière. Aussi fait-on bien de veiller le corps des défunts.

En la ville de Jeypour perambule une horrible femelle ; nue et flambante, elle court et bondit, tigresse acharnée à la proie.

La fameuse Nitocris, dite aussi Rhodope, apparaît encore aux bateliers du Nil, qui la voient descendre sur la pyramide de Chéops, affolant les gens, image de la sublime et terrible volupté.

On vous raconte au Caire que les attaques d'épilepsie sont autant de viols perpétrés par les défunts mâles et femelles se ruant sur leurs victimes.

Les paysans allemands disent les extraordinaires exploits des Trudes, lesquels entrent en de malheureuses gouges et filles de ferme, obligées alors de passer leur fureur sur des troncs de chêne ou d'ormeau ; l'une aurait même étouffé un bœuf entre ses bras nerveux.

Ces Trudes sont la personnification des monstres nocturnes et tout particulièrement des crampes, lesquelles s'abattent soudain sur le dormeur, lui donnant la sensation d'être écrasé soudain par une charrette ou par la chute d'un gros cheval. Le malheureux se tord et se débat, tandis qu'il a le cou broyé, le dos rompu et le corps concassé. Angine, hystérie, hypochondrie, spasmes de la tunique musculaire de l'estomac, prétendent les médecins...

Cependant les Trudes ne prennent pas toujours formes repoussantes, elles peuvent se dispenser de mettre les chairs en pâte, les os en bouillie. Telle se faisait amoureuse et caressante ; telle autre promenait sur le front et les joues des doigts lents et suaves, riait à travers les cheveux qui lui cachaient la figure, voilaient ses épaules blanches et s'éparpillaient sur des seins roses. Les récits populaires racontent que maint dormeur, éveillé soudain, eut l'heureuse inspiration de sauter à bas le lit, de boucher le trou de la serrure avec chiffon ou mie de pain. — Alors à l'aube, il voyait fille ou femme qui, tremblante, éperdue, l'implorait à genoux, se mettait à sa merci. C'était une amoureuse. Peut-être avait-il rêvé d'elle, elle avait certainement rêvé de lui. Pendant le sommeil, une Ombre avait visité une autre Ombre ; l'Ombre féminine était accourue, s'était glissée à travers la petite ouverture. Elle était nue, naturellement ; ayant oublié son corps, comment aurait-elle pensé au vêtement ? — Le jeune homme n'abusait pas toujours de sa victoire, son amour s'augmentait de reconnaissance. On trouvait bientôt une robe pour la fille, et l'on convenait du jour des noces. On se mariait, on était heureux ensemble... Qu'en soient louées les bonnes fées et les aimables Fadettes !

L'*Evangile de l'enfance* conte l'histoire d'une matrone qui avait été d'irréprochable conduite, jusqu'à l'accident qui lui arriva un jour tandis qu'elle se baignait à la rivière. Le maudit Satan l'agrippa sous forme de couleuvre, s'enroula autour d'elle, ne la voulait plus lâcher, et pour en débarrasser la malheureuse, il fallut l'intervention divine. Le même Evangile nous dit l'histoire d'un autre démon qui, ayant envahi quelque innocente, fut contraint de déguerpir, et s'enfuit sous l'apparence d'un beau jeune homme.

Nos livres sacrés nous disent le cas de la fille de Raguel, fiancée à sept fiancés, qui, les uns après les autres, furent assassinés par le même démon, amoureux de la belle Sarah. Voici qu'à son tour se présenta Tobie, un charmant garçon, pieux et naïf ; mais il était piloté par l'ange Raphaël. Sur les conseils de son guide, il empesta la chambre nuptiale en y brûlant soudain du foie de poisson ; le diable, suffoqué par cette vapeur vireuse, fut facilement maîtrisé et expédié au désert d'Egypte. — Cette histoire biblique a de nombreux équivalents ; nous en savons dans les contes russes, mongols, hindous ; plus on en chercherait, plus on en trouverait.

Nos théologiens chrétiens expliquent minutieusement la physiologie des conjugalités spirites. Le Révérend Père Gaspardus-Schottus, de la Société de Jésus, entre autres, a fourni un bouquin spécial sur la matière. Que pour courir aventure, démons et démones assument des corps, tantôt masculins, tantôt féminins, cela se comprend assez ; mais il est malaisé de suivre le savant canoniste quand il s'engage dans les cas d'une anatomie compliquée. Boileau prétend que « le latin dans les mots brave l'honnêteté ». Il parlait du latin profane — mais le latin d'église ! — Les sorciers et sorcières, que les prêtres interrogeaient par la torture, n'ont jamais manqué de corroborer en tous points les affirmations des savants docteurs, preuve que sur ce sujet délicat les bourreaux avaient opinion unanime, l'inculquaient à leurs patients et à l'opinion publique.

D'ailleurs la doctrine chrétienne sur ce point différait à peine de celle que professaient les autorités religieuses de l'Islam, et aussi les rabbins juifs, disciples eux-mêmes du Talmud, lequel avait puisé aux sources de l'Assyrie et de la Babylonie.

Concluons : les démons n'agissent que par l'homme, dont ils accaparent le corps et l'esprit, par l'homme qu'ils exploitent et déçoivent de mille et mille manières. Et quand il commet acte répréhensible, il le fait par incitation démonique ; souvent n'est-il que le masque inconscient de ces êtres pervers, il n'y a fureur et crime que par la faute de ces méchants génies. A vrai dire, la passion n'est autre chose qu'une aliénation mentale, une possession diabolique : on ne saurait dire à quel point le mal et le péché nous sont étrangers.

Comment débute notre légende de l'humanité ? Par un péché : Adam et Ève ont mangé la pomme fatale. Adam s'excuse : C'est la faute à ma femme. Ève s'excuse : C'est la faute au serpent.

Et le grand apôtre saint Paul lui-même, au lieu d'avouer franchement aux Corinthiens qu'il est coutumier de quelque humiliant péché, raconte qu'un ange de Satan le soufflette, et lui a glissé une écharde en la chair. Adam, Ève, et le fondateur du christianisme s'accordent à dire qu'au fond de toutes nos transgressions et convoitises, il y a un démon prurient et venimeux, peut-être plusieurs. Sans les esprits mauvais qui implantent l'ulcère en notre chair, nous serions autant de petits saint Jean, tout au moins autant d'apôtres saint Paul. L'épine n'appartient pas au pied qu'elle blesse, donc le péché est étranger à notre cœur... En fin de compte, le Diable n'est si noir que parce que nous l'avons chargé de tous nos crimes !

XIII

LA PROGÉNITURE ANIMIQUE

Sommaire

Puisque les Esprits ont conservé leur sexe, ils peuvent avoir progéniture. C'était l'opinion de Luther. — Légende du Talmud relative à Adam et Eve. Première idée du Péché originel. Naissance des Kourdes. Origine des premiers habitants de la Grande-Bretagne. — La fécondation démonique pouvait être inconsciente ; un songe pouvait y suffire. Les esprits du cimetière renaissent en corps de femme. Pouvoir que le Vana Parva reconnaît au brame. Dire des Koloches et des nègres occidentaux. Le *Revenant* de Victor Hugo. Les enfants « renés », les « connus ». — Jadis on s'expliquait les naissances par des renaissances. L'épouse latine menée au foyer. L'ancêtre se perpétue dans la famille. Le Génie en tant que Géniteur. Le Daimôn. — Quand il fallait peupler le monde, les dieux ne pouvaient être trop féconds. Après les dieux créateurs, les dieux ordonnateurs et administrateurs. On s'aperçut enfin que la procréation est œuvre du temps, non pas de l'éternité. — D'abord la progéniture animique passa pour supérieure à la progéniture humaine. Mais on changea d'avis, à mesure que la foi diminuait. — Parallèle entre la nativité d'Ion et celle de Jésus-Christ.

La physiologie du revenant se calque, avons-nous vu, sur celle des corps vivants, autant que possible le reproduit en ses parties essentielles. Les ombres mangent et doivent manger ; il leur faut se sustenter par une nourriture qu'il leur faudrait régulière, et qu'elles souhaitent délicate et choisie. L'aliment reconstitue la matière qu'use la friction, que détériore le mouvement incessant, l'effort vital, lui-même. De nouveaux tissus se forment par bourgeonnement.

En l'autre vie comme en celle-ci, la nutrition détermine la reproduction ; les deux fonctions sont intimement liées, l'une étant la continuation et le développement de l'autre. Dès que la matière organique s'est assimilé l'indispensable nourriture, l'organisme se renouvelle à l'intérieur, puis à l'extérieur. Puisque, d'un consentement unanime, les peuples, les religions aussi, ont voulu que les revenants, dieux et démons, aient gardé les principaux et les plus précieux attributs de la vie, la fonction du sexe leur a été conservée ; et si elle leur a été conservée, sans doute ce n'est point pour qu'elle reste inutile. Donc, les ombres peuvent procréer et procréeront peu ou prou, honnêtement ou malhonnêtement, selon qu'ils seront de bons ou mauvais génies.

Au Pérou, le conquérant Pizarre s'étonnait à la blancheur d'une femme et de son enfant... — « Nos idoles les engendrèrent », — lui fut-il expliqué.

Nos campagnards savent de nombreuses histoires relatives à des sages femmes requises par les Albes et Petites-Gens pour donner leurs soins en des accouchements difficiles.

Les Con-Ranh et Con-Lon annamites sont issus d'esprits qui, ne pouvant se fixer en êtres humains, ont, néanmoins, la passion de s'incarner ; ils entrent en femmes, naissent, traînent quelques semaines, expirent et vont recommencer ailleurs. En Lithuanie, de semblables avortons ne sont pas rares, on a remarqué qu'ils ne dépassaient pas la treizième année.

Un curieux exemple de la foi naïve avec laquelle ce dogme est accepté, nous est donné par les Kolhs, Gonds et autres populations de l'Inde contemporaine. Quand l'administration anglaise opère le recensement, des villageois inscrivent, le plus naïvement du monde, sur le rôle officiel, les noms, prénoms des Lares, énumèrent les titres et qualités de leurs saints patrons et saintes patronnes, disent aussi l'âge et le sexe des enfants qu'on leur attribue.

Entre les membres de la famille vivante et ceux de la famille idéale, les bureaux de Calcutta ont souvent peine à distinguer.

La Fécondation démonique passait pour s'opérer avec une extrême facilité. Ces êtres aériens s'introduisaient dans un organisme, à son insu ; ils entraient par une inspiration, sortaient par une expiration. S'il leur plaisait rester, c'était une prise de possession. Selon l'organe où ils se fixaient, selon qu'ils s'y comportaient, ils faisaient la santé ou la maladie ; s'ils séjournaient en une matrice, ils effectuaient une grossesse. Il suffisait d'un rêve pour qu'une innocente se trouvât prise, d'un songe dont peut-être n'avait-elle même pas gardé souvenance.

En telle de ces populations qui tiennent fort à la race pure, et surveillent sévèrement la virginité des fiancées, une jeunesse se trouve en situation intéressante : on l'interroge ! — Qu'est-il arrivé ? — Raconte-t-elle qu'elle a rencontré un jeune homme qui, qui... gare ! il lui arrivera malheur et au jeune homme aussi... Mais, dit-elle : « Ça m'est venu, je ne sais comment ». Alors on lui répond : « Peut-être as-tu plu à un bon génie. Plus probablement, es-tu la victime d'un démon courailleur et débauché. Prenons notre mal en patience, et voyons à l'enfant ».

Etant la cause efficiente de tous actes importants, les Esprits ne peuvent se désintéresser des nativités. Au temps jadis, on ne s'expliquait les naissances que par des renaissances.

Mainte sauvagesse se promène au cimetière avec l'espoir d'y trouver maternité.

Parmi les Algonquins, Hurons et autres Peaux-Rouges qu'évangélisa le missionnaire Charlevoix, les nourrissons qui venaient à mourir étaient placés sur des peaux tendues par quatre pieux, ou enterrés au bord d'un sentier fréquenté ; puis de temps à autre, l'on entendait dire qu'un enfant avait réintégré la tribu.

Selon le Vana Parva, un brame aurait pouvoir d'envoyer tel démon en tel corps de femme, et faire de sa matrice le domicile accoutumé des Rakshasas abominables.

— La Koloche qui rêve d'un parent mort pense qu'il s'annonce pour renaître en elle, — apprenons-nous par Pinart. Cette croyance, on la rencontre partout. Ainsi les nègres de l'Afrique Occidentale vous diront que les Chinibindés qui ne se soucient pas d'entrer encore dans leur ciel du Chinimbé, se donnent l'agrément de revivre la vie humaine ; n'ayant besoin pour cela que d'entrer en négresse de leurs cousines.

Victor Hugo raconte comment une dame qui vivait dans l'intimité de sa famille perdit un enfant chéri, un enfant adoré ; il dit ses larmes et son désespoir. Quelque temps après, elle se sentit mère une seconde fois :

Le jour où, tout à coup, dans son flanc tressaillit
L'être inconnu, promis à notre aube mortelle,
Elle pâlit. — Quel est cet étranger ? dit-elle.
Puis elle cria, sombre et tombant à genoux :
« Non, non, je ne veux pas. Non ! tu serais jaloux !
O mon doux endormi, toi que la terre glace,
Tu dirais : On m'oublie ; un autre a pris ma place ;
Ma mère l'aime et rit ; elle le trouve beau,
Elle l'embrasse, et moi je suis dans mon tombeau !
Non, non ! »
Ainsi pleurait cette douleur profonde.

Le jour vint, elle mit un autre enfant au monde,
Et le père joyeux cria : C'est un garçon !
Mais le père était seul joyeux dans la maison ;
La mère restait morne, et la pâle accouchée,

Sur l'ancien souvenir tout entière penchée,
Rêvait. On lui porta l'enfant sur son coussin ;
Elle se laissa faire et lui donna le sein ;
Et tout à coup, pendant que, farouche, accablée,
Pensant au fils nouveau moins qu'à l'âme envolée,
Hélas ! et songeant moins aux langes qu'au linceul,
Elle disait : « Cet ange en son sépulcre est seul ! »
O doux miracle ! ô mère au bonheur revenue !
Elle entendit, avec une voix bien connue,
Le nouveau-né parler dans l'ombre entre ses bras,
Et tout bas murmurer : « C'est moi. Ne le dis pas ».

*

Les morts revivaient en de nouvelles générations, les aïeux et les aïeules en leurs petits-enfants. N'importe quel mort se reproduisait en individu quelconque, mais les héros revivaient en d'autres héros. La nouvelle épousée était conduite tout d'abord au foyer domestique, le nouvel époux la présentait aux Manes grouillant ès-cendres ; en humble servante, elle adorait les ancêtres du seigneur et maître avant d'entrer dans la chambre conjugale. Le mari lui-même ne se considérait que comme le représentant des Manes et leur fondé de pouvoirs ; ils lui transmettaient l'étincelle divine qui passait de génération en génération.

Comment les Primitifs n'eussent-ils pas été convaincus que les naissances ne sont autre chose que des revivifications? Regardez un peu les curiosités qui se perpétuent en telle ou telle famille : mains à six doigts, boucle blanche en chevelure noire, nœvus avec mèche de poils, et cætera, et cætera. Tel garçon fait revivre un grand-oncle, mort depuis belle-lurette. Le nez des Bourbons de France, la mâchoire des Bourbons d'Espagne, la lippe des Habsbourg, le boutoir des Saint-Simon, l'Esprit des Mortemart, que sais-je encore? sur ce chapitre, on n'en finirait pas.

Ce que nous appelons espèce ou famille, les anciens le

prenaient pour l'ensemble des caractères transmis par les ancêtres. Le Génie ou Générateur, pensaient-ils, se reproduit constamment en sa race. Les Latins titraient de *Genitales* les douze Dieux *Consentes*, ou consubstantiels, et de *Genitrices*, les grandes Déesses parmi lesquelles Cybèle et Déméter. Le génie éponyme présidait à la génération matérielle et morale du *genus*, de sa *gens* ou *gente*; le sang génuine se propageait de naissance en naissance ; la sève du gland se transmettait à la tige, aux rameaux et feuilles.

Ajoutons que tout rejeton de noble famille, tout individu qui était quelqu'un, avait un ancêtre revivant en lui, son génie particulier, inspirateur de ses actes, sa vertu essentielle et sa force dirigeante. Nous le connaissons déjà sous le nom de « Double ».

Alors qu'il fallait peupler le monde, les esprits et démiurges ne pouvaient trop procréer ; on demandait qu'ils payassent de leur personne. Alors la divinité se confondait avec le pouvoir créateur, les dieux se géraient en pères, et les déesses en mères de tout ce qui a vie. Des théogamies et hiérogamies, des unions entre Ouranos et Gaia, sortirent les espèces végétales, animales et humaines.

A la longue, tout se peupla. Monts et vallées, fleuves et sources, plaines, forêts et prairies trouvèrent habitants, possesseurs et détenteurs. Et comme Kronos, dit aussi Saturne, s'obstinait à toujours émaner, sauf à dévorer la surabondante progéniture, Rhéa entra dans la conjuration qui détrôna son trop fécond époux, qui le mutila, ne pouvant le tuer. On ne demandait plus aux dieux de fonctionner en Forgerons, Ouvriers ou Semeurs, mais en Protecteurs et Providents. Commença le règne de Jupiter l'Ordonnateur. S'il lui plaisait courir le guilledou, ce ne pouvait plus être qu'avec simples mortelles. Les grandes administrations du Cosmos étant déjà en des mains puissantes, des fils, tels qu'Hercule et Persée, ne pouvaient mener que la vie d'aventuriers non reconnus, sans autre fonction que de pourchasser les derniers monstres. Certain roi d'Italie, que nous avons connu, semait garçons à droite et à gauche ; les calait gardes-chasse, faute de pouvoir leur octroyer duchés, comtés ou marquisats. Ouranos et Ghéa, Kronos et Rhéa, eurent des enfants avoués, mais les dieux nouveaux n'engendrèrent que des bâtards. Zeus avait d'abord caressé l'idée d'épouser Thétis. Mais apprenant, lui, l'orgueil et l'ambition personnifiés, apprenant que celui auquel elle donnerait le jour, serait plus puissant que son père, aussitôt renonça-t-il à la seule qui lui eût inspiré quelque tendresse. Voulaient-ils posséder l'éternelle durée, les Olympiens devaient se priver de postérité légitime. Car tous fils, aînés, puînés et cadets ont poûr commune devise : Ote toi de là que je m'y mette ! Zeus se révolta contre Kronos, comme Kronos l'avait fait contre Ouranos. Voilà pourquoi les dieux nouveaux ne se permirent qu'amourettes sans lendemain : — « Je n'ai jamais appris qu'enfant de dieu et de mortelle ait jamais été heureux », remarque Euripide.

Les Derbètes, Olioutes et autres Mogols, racontent qu'il suffit aux Immortelles du regard d'un Immortel pour concevoir et enfanter. A merveille ! mais elles n'usèrent guère de cette faculté, autrement, le ciel eût débordé sur la terre. Plus réfléchis, les Polynésiens décidèrent qu'en leur Paradis de guerre, de mangerie et de volupté, les femmes seraient stériles. De bonne heure, les sages comprirent que la génération est œuvre du temps et non point de l'éternité. La doctrine de Jésus, conforme à celle des Esséniens, et reflétant peut-être quelque enseignement bouddhique, fut que, dans la résurrection, nul n'épouse ni n'est épousé, mais que l'on y vit comme les anges. Toutefois, le peuple se rebiffait contre cette doctrine, dure à entendre. Et l'Islam de protester : Que l'Immortalité supprime la famille, soit ! Mais qu'elle nous laisse la volupté !

*

Des mythologies, la partie la plus intéressante relate les amours entre dieux et mortelles, héros et déesses. On nous enseignait à l'école que de ces unions la progéniture légitime prenait rang dans l'Olympe, et que la race mixte faisait les dieux et demi-dieux.

Les saints patriarches, raconte la Genèse, Adam, Seth, Enos, procréèrent si belle race que les fils des dieux, voyant la beauté des filles des hommes, les prirent pour épouses.

Le Maha Bharata raconte ainsi la naissance des cinq Pandavas, qui furent les plus puissants, les plus sages, les plus vertueux, les plus glorieux de tous les héros passés, présents et futurs :

« Ne pouvant plus avoir d'enfants, Pandou dit à son épouse : Enfante-moi des fils, puisque, de par les Shastras, ceux qui n'ont pas d'enfants n'entreront pas dans le monde supérieur. —

« Autorisée par ces paroles, Kounti s'adressa au dieu Yama, puis au Maître des Vents, puis au Roi des dieux, qui lui donnèrent, le premier Youdishtira, le second Bhima Sena, et le troisième Arjouma.

« Et Pandou, joyeux de ses trois fils, dit alors à Kounti : Celle qui partage avec toi le titre d'épouse, n'a pas d'enfant non plus. Hé bien ! qu'elle me donne des fils, elle aussi ! —

« Que ta volonté soit faite ! répondit Kounti, qui porta l'ordre à la connaissance de Madri, laquelle Madri s'adressa aux Asvins, qui lui donnèrent Nakoula et Sahadéva. »

Notons pour qui pourrait l'ignorer que les Asvins sont Castor et Pollux, les beaux cavaliers, frères de la Belle

Hélène. Et que Yuma fût chez les Hindous le Dieu de la mort, lui-même, l'Elve le plus puissant dans les trois mondes. Certes Pandou ne pouvait pas se plaindre que Kounti lui eût choisi de médiocres représentants.

Dans la fable grecque, les plus grands parmi les héros et demi-dieux, sont issus des Olympiens. Tels, Hercule et Persée se réclamaient de Jupiter, Achille de Thétis, Enée de Vénus, Bellérophon de Neptune.

« Les fils des Djinns ont force plus grande que le commun des hommes », dit et répète la légende de l'Islam. Mais elle ajoute que la progéniture des Ghouls est toujours perverse.

« Hill dou diablo ! » expression admirative chez les Béarnais du midi de la France.

Nos épopées, nos chansons de geste nomment de terribles géants et puissants guerriers, nés du commerce de démons avec des mortelles. Ainsi Ortuit, ainsi le Robastre du *Doon de Mayence :*

« *De fantosmerie — chil vallés en yssi, et vous dis sans faintie — Si fort home n'en a desi qu'en Lombardie.* »

L'historien Frédégaire raconte que l'épouse du roi Chlodion se baignait en mer, lorsque se jeta sur elle une bête de Neptune, triton ou minotaure. Ainsi naquit Merwig, ou le Monstre marin, le fondateur de la dynastie Mérovingienne (un de vos Tournaisiens).

*

Tant que les peuples eurent la foi naïve, ils ne doutèrent point que la progéniture spirite ne fût supérieure à la mortelle, et que les procréations démoniques, mi-humaines mi-divines, fils ou filles de Djinns et Wilis, d'Elfines ou d'Ondines, se distinguassent par beauté, force ou vaillance. Elles se grandissaient en chefs de peuples, fondateurs de dynastie, et aussi en grands chasseurs ou pêcheurs de baleine, ouvriers, inventeurs et artistes. Les tribus puissantes, les nobles familles, les métiers et corporations, les prenaient pour éponymes.

Mais à mesure que les croyances primitives cédèrent le terrain aux religions intellectuelles, aux religions du Livre, qui les dégradaient en superstitions, ravalaient la démonie méchante en démonaille, ces unions disparates ne furent plus vues avec faveur, leurs procréations devinrent crime et péché ; les démons et démones n'émirent plus que démonules. D'eux les enfants sans tête, les céphales ou tricéphales, monstres avec un œil au-dessus du nombril, ceux à quatre jambes et deux sexes, et maintes autres abominations, présageant malheur à la contrée. Le moyen âge chrétien prétendit qu'Asmodée et Baal-Zébub se plaisent à procréer formes animales en corps de femme ; formes hideuses, que maintes gargouilles des cathédrales avaient la prétention de reproduire. En Allemagne, en Russie et autres pays, on raconte que la semence du Diable, levant en sorcières, produit ces êtres exécrables, dits vampires. Un peu partout, mais plus spécialement parmi les peaux brunes, il fut admis que les albinos ou nègres blancs sont géniture spirite, infligée à la mère par quelque viol, le plus souvent à son insu. Les goîtreux et les hydrocéphales, encore de la mauvaise graine. On vous en fait juges : père robuste et mère saine — voyez leur apparence ! — sont-ils responsables de pareils avortons, de ces chétifs et difformes ?

— Soit ! mais alors se pose la question inverse. — Comment les terribles diables qui ont pu lutter contre Dieu, qui luttent encore contre lui, ne feraient plus que lignée rachitique et contrefaite ?

— Et nos paysans de répondre sans embarras, et par un raisonnement de pure orthodoxie :

— Autrefois, en effet, les diables et les démons furent puissants et vigoureux ; ils le sont encore. Mais en même temps que le Seigneur Jésus-Christ fut conçu dans la bienheureuse Vierge Marie, le Seigneur Dieu foudroya les démons mâles, qui depuis ne battent plus que d'une aile. Les cloches font avorter les démones. Depuis le premier Noël à Bethléem, l'engeance a été frappée aux parties vives. Pour que leurs produits réussissent, il y faut la collaboration de chrétien renié ou de chrétienne infidèle ; il en sort des scélérats et mauvais gars, des sorciers et sorcières de premier choix ; et c'est avec une abominable juive que le Diable fera le beau, le terrible et superbe Ante-Christ. Mais quand les diables y vont tout seuls, leurs germes fondent en eau, disparaissent en air ou fumée, à moins que ça ne grouille en vermine, en têtards, limaces ou salamandres, en sauterelles voraces, en crapauds pustuleux, en raines suant le venin, en toute sorte de bestioles fantômes.

*

De famille proprement dite, il n'y en a guère, ne peut y en avoir que chez ceux ayant fixe habitat et constante occupation, tels les diables des mines et forêts. Avec leur lascivité notoire, comment les démons s'encombreraient-ils de famille ? Les mâles couraillent, les femelles girent et vaguent sans pouvoir échapper à la faim et à la misère. On a quelques exemples de mamans spirites qui adoraient leur progéniture, mais comme font les guenons, en l'étouffant de caresses. Plus souvent entend-on parler de démones ayant colloqué leur vilain coucou en nid de bonne catholique.

Nous lisons en « la très élégante histoire de Perceforest »,

— tel est le titre exact du livre — que l'œuvre diabolique enfante enfants de *puteur* et *mâle croisson*. — « Or, se voyant délivrée de mauvais fruit, souventefois la mère démone le change en un bon. »

C'est ainsi que force lutines et gobelines, des sorcières aussi, leurs commères maudites, ont troqué leurs crapoussins contre de jolis nourrissons, issus de chrétien et de chrétienne. D'où l'engeance des « Criards » mal-venus. Criards, dit-on dans les campagnes françaises, « changelings » en Angleterre et « Wechsel bælge » en Allemagne. De minutieuses précautions sont prises en nos écarts et villages pour prévenir ces substitutions, fréquentes encore dans la paysanaille miséreuse, ignorante de l'hygiène.

Ces bambins supposés, mal facés, mal nasus, mal oreillés, maigres et pourtant lourds, dévorent et dévorent sans rien profiter ; leur ventre ballonné ne s'emplissant pas, visage enflé, et pour tête une grosse boule. La stupidité dans l'œil gauche, la ruse dans l'œil droit. Il y a germe d'incube ou de succube en ces inquiétants poupards, qui regardent leur nourrice avec des yeux, où l'expérience d'un centenaire semble s'être blottie. Ces nouveau-nés à figure de vieux — des « viélomes », dit-on à Bruxelles — sont cousins-germains des enfants « renés », dont il a été question ci-dessus, des renés ou des « Connus », lesquels semblent avoir toujours su ce qu'on leur enseigne, se rappeler sans avoir besoin d'apprendre. Un rustre du Yorkshire s'exclamait : « Foi de Johny Hodge, ce marmouset du diable en sait plus long que moi. Ce qu'il a déjà roulé dans les cimetières ! »

*

En somme, toutes religions et la chrétienne aussi fort qu'aucune, affirment le fait de procréations divines ou diaboliques en matrice humaine.

— C'est chose effroyable que diables et nixes aient tel pouvoir d'engendrer racaille ! gémit le docteur Martin Luther, parfaitement orthodoxe sur ce point.

Le Talmud — un des plus curieux et précieux documents qui existent, le répertoire de la pensée religieuse des Juifs pendant mille ans —, le Talmud raconte que les démons ont avant la race humaine foisonné sur la terre. Ayant expulsé du Paradis nos premiers parents, le seigneur Yahvé, en voulant plus spécialement à Eve, — sur laquelle on nous fait entrevoir qu'il avait des desseins particuliers, et qu'en tout cas il n'avait pas mise au monde pour qu'elle courût après le Serpent, — la livra aux emprises de Lil et de sa ribambelle : bon gré mal gré, la pauvre Eve gésina en nombreux diablotins, accoucha plus souvent qu'elle n'eût voulu. Quant à Adam, il fut remis aux bons soins de quatre démonesses de haute marque, dont l'altière et tragique Lilith, et Naémah, ou Noémi, la digne mère d'Asmodée, le démon de la volupté. L'un et l'autre furent punis par où ils avaient péché. Après cent et trente années de cette singulière pénitence, notre père et notre mère eurent enfin permission de convoler en justes noces. Sans doute, ils ne s'étaient qu'imparfaitement purifiés de l'immonde commerce ; car leur premier né, encore mélangé de semence diabolique, fut Caïn, le meurtrier d'Abel.

Même que le Talmud, en plusieurs endroits, développe l'idée qu'Israël constitue la seule race vraiment humaine, — les Goïm — soit les autres peuples et nations — étant de souche démonique. Cette légende, — inventée pour couvrir les non-juifs d'ignominie et les envelopper de haine, — nous autres non-juifs, nous fumes assez godiches pour l'accepter et en faire article de foi, quand on nous la présenta sous la forme du Péché originel, péché abstrait, difficile à comprendre pour tout autre qu'un théologien endurci dans les textes, mais qui s'explique mieux quand on le ramène à sa signification première : « Par la faute de cette malheureuse Eve, nous avons dans les veines le sang du serpent ancien, et c'est pour cela que, sitôt nés, nous méritons les flammes de l'éternel enfer. » Nous n'avons encore rien fait de mal? — C'est vrai. Mais le vipéreau, lui aussi, n'a d'autre crime que d'être fils de vipère.

De cette même source découlent les nombreuses légendes de peuples démoniques, tels que les impures multitudes de Gog et Magog. Quand surgit une idée saugrenue, notre humanité s'en délecte aussitôt, la garde pieusement, la fait resurgir en moments et endroits inattendus. De ce côté, on trouverait les éléments d'une nouvelle et assez curieuse ethnographie. La laissant faire à d'autres, bornons-nous à citer la tradition rapportée dans les *Prairies* de Maçoudi, d'après laquelle les Kourdes seraient issus du démon Djéçad, qui débaucha les concubines du roi Salomon. — Une légende médiévale prétend que la Grande-Bretagne fut peuplée par des Amazones, venues on ne sait d'où, et par des démons locaux, dont elles sentirent les approches, mais qu'elles ne virent même pas.

*

Donc, qui douterait encore que les mortels et les immortels ne soient de même race, puisque les dieux s'énamourent de nos filles et procréent avec nos femmes? Des religions, toutes et chacune narrent quelque histoire de dieu fécondant vierge et s'incarnant; tel demi-dieu pour le salut de tribu, peuple ou nation, et le Verbe pour la rédemption du genre humain. Nulle révélation qui ne débute par quelque conception miraculeuse.

En son discours aux Athéniens, l'apôtre saint Paul prenait argument de la consanguinité entre les dieux et les hommes. En effet, les Athéniens se vantaient d'être de race divine. — Le comment fut raconté par Euripide en sa tragédie d'*Ion*.

Mercure y expose que Créuse, la fille d'Erechthée, ou de l'Attique personnifiée, fut rencontrée par Apollon, qui la surprit cueillant des fleurs, l'entraîna en une retraite de Pan, la viola en la grotte de Macra, lui dit de tenir secrète l'aventure. Temps venu, elle déposa dans ladite grotte l'enfant qu'Hermès porta tout aussitôt à Delphes, exposa devant le temple, pour qu'il fût recueilli par la prêtresse. laquelle lui donnant le nom de Ion, ou « né parmi les violettes », l'éleva en serviteur du sanctuaire. Entre temps, Xouthos, un Thessalien, avait été chercher fortune dans la naissante Athènes, et avait épousé Créuse. Après plusieurs années d'un mariage stérile, les époux vinrent demander des enfants à l'oracle. Mystifiant Xouthos, Apollon le fit se souvenir comment aux orgies de Dionysos, il avait eu les faveurs de certaine ménade, laquelle serait la mère de Ion. Et le bon Thessalien, tout réjoui, de reconnaître pour son fils l'enfant trouvé, de le prendre pour héritier et successeur. C'est ainsi que Ion devint l'ancêtre de la race ionienne, la plus illustre qui jamais exista ; tandis que Xouthos et Créuse, cette fois-ci sans la collaboration d'Apollon, engendrèrent Doros et Achaïos, celui-ci faisant souche d'Achaïens, lesquels s'illustrèrent dans la guerre contre Troie, et celui-là, éponyme des Doriens, parmi lesquels les Spartiates, les rivaux et perpétuels ennemis d'Athènes.

Cette tragédie est curieuse entre toutes celles que l'antiquité nous a laissées. Les esprits passaient alors par une crise profonde. Après Eschyle, ce génie si profond, après Sophocle, d'une piété sincère, mais déjà pénétrée d'humanité, surgit une génération critique, celle d'Aristophane, l'auteur des *Oiseaux*, de Platon, mécontent des divinités d'Homère qu'il morigénait dans le traité du *Gouvernement*. Maintes fois, sans doute, Euripide discuta la question avec Socrate, que les Trente finirent par condamner comme contempteur des dieux. Mais Euripide n'était pas homme à boire la ciguë, s'il pouvait s'en dispenser. Il se donna le plaisir de bafouer les Immortels, mais de complicité avec les spectateurs, dont il avait su flatter l'orgueil et la vanité. Les Spartiates avaient infligé aux Athéniens de terribles revers. Euripide consolait ses compatriotes en vantant la supériorité native des Ioniens sur les Doriens. La mode étant au chauvinisme, le poète reprenait la fable d'Erechthée, pour dire à ses concitoyens : O fils de Créuse, l'autochtone, à bon droit vous réclamez-vous de l'Apollon paternel. Quant à vos rivaux, les Achaïens et Doriens, ils ne dérivent que de Xouthos, cadet de Thessalie, soldat de fortune. Et les cœurs ayant été gagnés par cette flatterie, nos Athéniens ne pensaient pas à s'indigner des reproches adressés à un dieu, reproches sanglants et mérités. Créuse disait son fait au séducteur :

« C'est à toi que j'adresserai mes reproches, devant cette lumière du Soleil ! Tu vins à moi, brillant de l'éclat de ta chevelure dorée, tandis que je m'ornais de fleurs, éclatante parure qui rivalisait avec l'or. T'attachant à mes blanches mains, malgré les cris par lesquels j'appelais ma mère, tu m'entraînas dans la grotte où tu me fis violence, ô dieu impudique, emporté par l'amoureuse fureur ! »

— Et voici comment Ion rabroue celui qu'il ignore être son père, comment il qualifie des manœuvres qu'il ne sait pas avoir été faites à son profit :

— « Je ne sais pourquoi Apollon viole les vierges, les abandonne, et laisse mourir les enfants qu'il en a eus secrètement... Apollon, sois fidèle à la vertu, puisque tu règnes sur les mortels !... Est-il juste, ô dieux, que vous violiez vous-mêmes les lois que vous avez édictées ? Si par impossible, les hommes vous faisaient porter la peine de vos violences et de vos criminelles amours, bientôt toi, Apollon, Neptune et Jupiter, roi du Ciel, vous dépouilleriez vos temples pour payer le prix de vos fautes ! Il est injuste d'accuser les hommes de méchanceté, tant qu'ils ne font qu'imiter les vices des dieux ! »

— Quand Ion demande comment Apollon, son père, le fait passer pour le fils de Xouthos, il lui est répondu :

— « Le dieu ne dit pas que tu sois né de Xouthos. Mais le dieu, ton père, te donne à Xouthos. En effet, un ami peut donner son fils à un ami pour héritier. Apollon te place dans une noble famille. Comme fils du dieu, tu n'eusses pu recueillir l'héritage d'un père mortel. C'est par tendresse pour toi que le dieu t'a donné à un autre père. »

— Et Minerve, la sage conseillère d'Athènes, apparaît à Créuse, lui explique l'intrigue :

« Apollon n'a pas voulu paraître en votre présence, pour éviter tout reproche sur le passé. Il a donné Ion au roi d'Athènes pour faire entrer Ion en illustre maison. Ne divulgue pas qu'Ion est ton fils. Laisse à Xouthos la joie de son llusion, et toi-même, jouis du bien qui t'es rendu. Adieu ! »

Notons que les plus acerbes critiques furent mises dans a bouche d'Ion, gros innocent, tirant encore sur les jupes de la prêtresse qui l'avait élevé, comme s'il eût été sa fille. L'enfant de chœur faisait son apparition, portant un énorme balai en feuillage de laurier, il lavait et frottait le parvis ; s'armant d'une arbalète-bijou afin de faire peur aux oiseaux qui auraient pu souiller les offrandes, il rudoyait des hirondelles, les accusant de vouloir construire un nid sous le portique sacré ; il s'exaltait, et menaçait de ses minuscules sagettes toute la gent volatile, criait aux aigles et aux cygnes de prendre garde à eux. Mis en verve, le grands dadais dira son fait à Phœbus, au dieu du temple lui-même. Vous le voyez d'ici... C'était d'un comique digne d'Aristophane. Ce que les Athéniens riaient de bon cœur ! Ion, Apollon, ils se délectaient à ces histoires de famille. On savait assez que les formalités du mariage civil n'avaient pas été imaginées pour les Olympiens. On se rappelait que, dans le même récit de l'*Iliade*, et presque de la même haleine, Dioné, la mère d'Aphrodite, parle d'Hercule, tantôt comme le fils d'Amphitryon, et tantôt comme le fils de Jupiter. Grand honneur à Xouthos qu'Apollon lui eût colloqué son fils, pour qu'il lui préparât le trône d'Athènes. — Mais Créuse avait été violée ?... Bagatelle ! On savait bien qu'aux temps héroïques, les héros n'avaient pas le loisir de faire longue cour aux héroïnes. Ils leur couraient sus, ils les saisissaient par la longue chevelure flottante. Il en fut ainsi dans la Proto-Hellade et partout ailleurs. — « C'est le mariage à la mode des Gandharvas », ou des « Centaures », constatait dans l'Inde la loi de Manou.

Visant par-dessus les têtes du peuple et des gros bourgeois d'Athènes, Euripide s'entretenait avec Socrate, Thucydide et Xénophon, avec Prodikos et Protagoras ; il posait aux penseurs et moralistes présents ou futurs la grosse question : Est-il licite aux dieux d'induire en erreur individus ou nations ? — Voici Apollon qui a trompé Xouthos. En trompant Xouthos, Apollon s'est engagé en une série d'actes qui, chez les hommes, seraient taxés d'hypocrisie, qualifiés de manœuvres en captation d'héritage et falsification d'état civil. Le mensonge peut-il être divin ? un menteur peut-il être un dieu ? Peut-on mentir, faut-il mentir pour la plus grande gloire de Dieu ? *ad majorem Dei gloriam ?* Les jésuites affirment que oui, comme faisait Minerve.

*

Le cas d'Ion trouve un parallèle inattendu en celui de Notre-Seigneur Jésus-Christ.

L'Evangile débute ainsi : Voici le livre de la naissance de Jésus-Christ, fils de David, fils d'Abraham. Abraham engendra tel, qui engendra tel, et ainsi de suite, jusqu'à Joseph. Un soubresaut alors : Et Joseph fut l'époux de Marie, laquelle enfanta Jésus, dit le Christ (Matthieu).

A son tour, saint Luc donne la généalogie du Messie, en une liste composée d'autres noms que ceux de Matthieu ; non-concordance qui désole les commentateurs. Puis il raconte comment l'ange Gabriel vint annoncer à la Vierge Marie qu'elle allait être enceinte par l'opération du Saint-Esprit et enfanter le Fils de Dieu. — Nous apprenons que Joseph, scandalisé de voir sa fiancée devenue grosse, pensait rompre avec elle discrètement, quand un ange lui dit en songe : Ne crains pas de passer pour le père d'un enfant issu du Saint-Esprit.

Ce Joseph nous rappelle Xouthos, Xouthos auquel Apollon voulut bien songer en la grotte de Macra : Eh, le Thessalien ! il fera le père de mon fils ! Il fallait attribuer à Joseph la paternité de Jésus, pour que Jésus fût dit fils de David. Car, en dehors de cette lignée, nul ne pouvait prétendre au rôle de Messie.

Ainsi le fils d'Apollon passait pour fils de Xouthos, et le fils de Dieu pour fils de Joseph. Passait pour... passait pour... L'expression que relevait Euripide revient à plusieurs reprises dans le texte sacré des chrétiens. Même la mère parlait à Jésus comme si Joseph fût son père. Les voisins disaient : « N'est-ce pas là le fils du charpentier ? Sa mère ne s'appelle-t-elle pas Marie ? Jacques et Joseph, Jude et Simon ne sont-ils pas ses frères ? N'avons-nous pas ses sœurs pour voisines ? » Mais aux intimes, aux futurs apôtres, on laissait deviner le secret de la naissance divine. Et saint Matthieu de nous glisser d'un air confidentiel : « On prenait Jésus pour le fils de Joseph... » Il était alors dans le plan de la Rédemption que, parmi les juifs, Jésus fût cru le fils de Joseph... Apollon avait aussi son plan en faveur des Ioniens.

Visiblement agacé par ces questions délicates, Luc, moins bonhomme que Matthieu, se décide à prendre le dilemme par les cornes : — « Certes, Jésus est le fils de Dieu, dit-il en d'autres termes; mais cela n'empêche qu'il ne soit aussi le fils — non pas de Joseph — mais de David et aussi d'Abraham. Car Dieu, auquel nulle chose n'est impossible, peut d'un caillou faire un enfant à Abraham ! » — Est-ce clair ?

*

Et le christianisme en est resté là. Si bien que, tout récemment, l'administration scolaire de Londres fut mise en émoi : nombre d'électeurs exigeaient sa dislocation. Il faut savoir qu'un compromis était intervenu entre les partisans de l'enseignement laïque et ceux de l'enseignement religieux ; d'office, le Nouveau Testament serait lu dans les écoles, mais sans explication ni commentaire, afin d'éviter toute controverse entre protestants et catholiques.

Voilà que s'amène un inspecteur en tournée d'examen. Il connaissait mieux que sa géographie le catéchisme. Il demanda :

— Savez-vous de qui Jésus est le fils ?

Et un petit bonhomme de lever le doigt : « Msieu, je le sais, moi ! « De Joseph ! »

— De Joseph ? qui t'a dit ça, petit malheureux !

— Hé ! on nous a lu ça, l'autre jour, dans l'Evangile !

Et les orthodoxes de conclure : « Il nous faut des écoles,

dans lesquelles on interprète les Evangiles. Car, si l'on ne fait que lire et croire ce qu'il y a, on tombe en hérésie ! » D'où grand émoi dans le London School Board, querelle passionnée entre les partisans et les adversaires de l'interprétation, entre les cléricaux et les libéraux ; ces derniers étant menacés dans leurs positions péniblement acquises.

*

Résumons la question :

Pour que Jésus devînt populaire, pour qu'il se fît accepter par les Juifs, ses contemporains, il fallait de toute nécessité qu'il fût de la tribu de Juda, fils de Joseph et petit-fils de David. C'était à prendre ou à laisser. Si le Messie n'était pas juif, il n'était pas le Messie.

Mais les non-juifs, mais les Gentils, mais le monde gréco-romain, ne tenaient nullement à ce que le Rédempteur fût un juif, au contraire. Alors on leur présenta Jésus, vaguement, comme le Fils de l'Homme, et très positivement, comme le Fils de Dieu.

Mystère en tout point semblable à celui de Ion, qui était le fils d'Apollon tout en étant celui de Xouthos, — semblable à celui d'Hercule, fils d'Amphitryon, — d'Amphitryon, oui, sans doute ; mais vous savez l'histoire du seigneur Jupiter, qui s'introduisit chez la femme d'Amphitryon avec les habits, le masque et la voix du brave Amphitryon.

Et tandis que nous devisons ici, Euripide nous écoute. Et souriant avec ironie, il glisse à l'oreille de l'historien Thucydide :

« Tout comme chez nous ! Toujours comme chez nous ! »

XIV

LA POLYPSYCHIE OU L'AME MULTIPLE

Sommaire

Homère raconte qu'Ulysse visitant les Enfers y trouva l'Ombre d'Hercule. Cependant Hercule lui-même habitait l'Olympe, où il avait épousé Hébé. — Lucien, le malin critique du *Dialogue des Morts*, fait rencontrer l'Ombre de Diogène le Cynique par l'Ombre d'Hercule, qui lui explique, sans grand succès, comment lui, Hercule, est en deux endroits à la fois. — Homère et le peuple grec croyaient en une âme double. Elle leur expliquait les phénomènes dualistes en l'homme : rêves, somnambulisme, mémoire latente, etc. On avait donc autant d'Esprits à son service que l'intelligence avait de facultés, que le corps avait d'organes. Le Laotien s'attribue trente âmes, les Battas et les Karèns sept. Autres exemples. Déductions que les anthropophages tiraient de cette idée. — Ces âmes se suppléent mutuellement. On peut raccommoder celles qui sont endommagées, tandis que les autres font le service : on peut cacher la plus précieuse. — De ces âmes multiples les plus extérieures passaient pour les plus matérielles. — Les âmes de l'Egyptien : Ka, Ba, Chou. — Les Foun des Chinois, Sang, Kok et Lin. Ces triades se résolvent dans le dualisme de la Chair et de l'Esprit. — Et l'âme charnelle — celle d'Hercule, par exemple, — va dans l'Hadès expier ses fautes et péchés, tandis que l'impeccable Esprit va dans l'Olympe jouir du bonheur des Dieux.

En son voyage de découverte aux Enfers, Ulysse rencontra la « Force d'Hercule ». Rongée d'ennui, elle dardait de sombres regards, eût trouvé querelle volontiers. Pourtant, ce n'était là qu'une ombre vaine. Ulysse n'ignorait point que, du véritable Hercule, le moi habitait l'Olympe, où jouissant du bonheur des Immortels, il se délectait avec une épouse charmante, Hébé ou l'éternel printemps.

L'histoire du demi-dieu nous est familière. Nous savons ses prodigieux travaux, son courage, sa sincérité, son étonnante modestie. Mais nous savons aussi ses faiblesses. Sans parler de ses lâches amours avec la voluptueuse reine de Lydie, cette Omphale, qui s'amusait à faire le pauvre héros se vautrer dans le ridicule. Le goinfre se rendit coupable de toutes les intempérances. Même sans l'excuse de potations excessives, il partait en abominables colères ; ses fureurs aboutissaient au meurtre, au meurtre même des siens. Le malheureux assassina Mégara, sa fidèle épouse, égorgea ses deux neveux, fils d'Iphiclès, massacra Lychas et Iphitus, ses amis et compagnons. Trop d'argile entrait en la chair du héros, trop d'éléments grossiers. Tel quel, comment n'eût-il pas déparé le séjour des bienheureux ? Donc, les Moïres ne firent que justice en lui imposant un purgatoire, en l'envoyant dans l'Hadès expier ses fautes et ses crimes.

Lucien, le caustique auteur des *Dialogues des Morts*, narre comment l'Hercule Pénitent fut rencontré aux enfers par Diogène le Cynique, qui tout aussitôt le gouailla :

— « Ainsi, s'écria-t-il, tu es l'Ombre d'un Dieu ? Mais comment fais-tu pour être la moitié d'un Dieu et la moitié d'un mort ? Pourquoi Eaque, sévère mais juste, ne t'a-t-il pas voulu tout entier ? — Dis, je te prie, où est Hercule, le vrai. Serait-ce ici ? —Alors qu'aurait-elle de toi, cette chère Hébé ? »

Et le naïf garçon d'expliquer au mauvais plaisant comment il se trouvait être l'enfant de deux pères, Amphitryon de Tirynthe ayant procréé l'Hercule qui se trouvait aux Enfers, tandis que l'Hercule olympien était sorti de Jupiter. Il était tiré à hue et à dia, par l'âme mortelle et par l'esprit immortel.

Et Diogène n'y voulant rien comprendre, lui demande : « Ne serais-tu pas une manière de Centaure, homme et dieu tout à la fois, deux natures en une seule ? »

Avec un malin tel que Lucien, le brave Hercule ne se sentait pas de force ; brusquant la conversation et plus renfrogné que jamais, il manœuvra vers un coin obscur et disparut derrière un pli de terrain.

Si elle n'eût visé que la mythologie d'Homère, l'ironie eût passé pour exquise dans nos cours de littérature. Malheureusement pour Lucien, on savait qu'il était l'ami du médecin Celsus, lequel écrivit la *Parole de Vérité*, une réfutation du christianisme, que les chrétiens contre-réfutèrent, mais que, pour plus de sûreté, ils firent disparaître quand ils en eurent les moyens. Tant valait l'ironie du rhéteur contre le fils d'Alcmène et d'Amphitryon, tant valait-elle contre le fils de Marie et de Joseph le charpentier.

Mais ces libres-penseurs de Diogène et de Lucien ignoraient-ils donc que le cas d'Hercule n'était point unique ? Mainte sorcière de l'Epire ou de la Thessalie eût pu leur expliquer que tout homme possède plusieurs âmes ; à preuve que, de temps à autre, elle allait se promener chez les morts sans que son corps bougeât de la cabane. Notre rhéteur lui-même n'ignorait peut-être que saint Paul, le fondateur du christianisme, racontait les luttes entre l'âme et l'esprit, entre l'esprit de sainteté et la chair de péché... et c'était précisément ce que le pauvre Hercule n'avait pas su dire.

Même en nos temps et en nos pays, il est de science vulgaire que notre âme, ou l'une de nos âmes, peut quitter son corps pour aller vaguer au dehors ; elle s'attarde et s'égare parfois, et retourne pour trouver le logis fermé. Rappelez-vous ces histoires de télépathie toujours actuelles ; des nouvelles communiquées instantanément à travers de longues distances, — âmes de mère ou d'amante allant à la découverte du bien-aimé pour lui dire adieu, lui faire quelque recommandation, lui confier un secret. Cette âme que le sauvage se figure être en majeure partie composée d'une ombre et d'un reflet, d'une âme passionnelle et d'un esprit rationnel, pouvait se dédoubler.

*

Ce qui dans la phraséologie courante s'appelle facultés primaires ou secondaires, le primitif et tous novices en psychologie le prennent pour autant d'âmes, pour une troupe de serviteurs fonctionnant aux ordres du maître qui s'appelle le Moi. Jadis, la multiplicité des esprits expliquait la diversité des fonctions. — Puisque voir est autre chose qu'entendre, il faut un esprit pour regarder, et un autre pour écouter. Un troisième flaire les odeurs, un quatrième goûte les aliments, un cinquième loge dans la peau. Encore est-il vrai que les yeux n'ont qu'un seul démon ? On pourrait croire qu'ils sont une ribambelle, puisqu'ils changent si souvent d'expression. En tout cas, il en est de malins et de mutins, de gais et de tristes. Pensez donc à leur vie, à leur flamme, à leur langage ! Impérieux et dominateurs, ou timides et craintifs, haineux, féroces, ou caressants, suaves et rayonnant la tendresse, joyeux ou tristes ; diamants noirs, opales, gris d'acier, bleus de pervenche ou de myosotis, chargés de ténèbres ou s'ouvrant comme une aurore...

— Et les voix ? Il y a celles de l'amour, celles de la fureur et de la colère. Voix hargneuses et rancunières, voix grinçantes ou grondantes, voix aiguës et acides, ou voix pleines, franches et sonores ; voix lugubres et craintives ; les unes vibrent la terreur et la couardise, les autres la bravoure et la joie. Les Talmudistes connaissaient les « Filles de la Voix », qu'on pouvait définir des voix sans corps.

— Quant aux cheveux, — qui ne sait que l'amour se gagne

à plonger la main dans la fontaine d'électricité que sont les boucles foisonnant sur les jeunes têtes ? Naguère, les docteurs chrétiens prescrivaient, avant d'interroger la sorcière, de lui raser la tête, surtout quand elle était dans la fleur de l'âge ; mais, combien d'autres démons nichaient en nuque, seins et épaules, jusque dans la fossette du coude !

Autant le corps contient d'organes, autant imaginait-on de démons, agissant isolément ou en troupe, pour les faire fonctionner. Même les modernes ont conservé dans le langage courant des expressions comme celles-ci, le démon de la soif, le démon de la faim, le démon qui bâille dans l'estomac, et le tiraille. Combien de malédictions sont proférées contre le « démon de la boisson », contre les insatiables démons du brandy, du schnaps, du whisky ! Des génies spéciaux opéraient, qui au cœur, qui aux poumons, qui dans le foie, qui dans la rate. Les plus puissants, les plus formidables étaient ceux du sexe, auxquels on attribua souvent une vie presque indépendante, et qu'on put croire, non pas les serviteurs de l'individu, mais ses maîtres et tyrans.

Et combien plus nombreux, les démons qui s'affairaient aux fonctions de l'être intellectuel et moral !

En Allemagne, il n'y a pas que les paysans pour croire que certains démons se plaisent à parler des langues étrangères, — et le prouvent par des exemples, dont le suivant a été reconnu authentique. Nous ne le citons que de mémoire : — Une jeune campagnarde, ignorante et même sotte, s'était louée comme domestique chez un pasteur luthérien. Plus d'une fois elle balayait le vestibule, tandis que le patron, porte fermée, déclamait des tragédies dans son cabinet. Quel ne fut pas l'étonnement, quand, un long temps après, la cuisinière, tombée dangereusement malade, se mit à expectorer des tirades d'Eschyle, de Sophocle, de Sénèque le tragique ! — Des naïfs rappelaient à ce propos que le don des langues existait dans la primitive Église, dont les fidèles parlaient des langues étrangères qu'ils n'entendaient pas, et que parfois personne ne comprenait autour d'eux.

Autres exemples de polypsychie :

Au plus fort de son jeu, quand la passion l'entraîne, il faut au grand tragédien moduler la voix et le geste en des nuances dignes du violon de Paganini ; comparer les effets déjà produits à ceux qu'on tient en réserve, établir des calculs étonnamment compliqués, mais qui devront être résolus avant qu'on en ait eu conscience.

Et l'orateur ? l'orateur de génie ? Le voici qui aborde la prosopopée, il est dans le feu de ce qu'on appelle l'improvisation. A ce moment, si on pouvait lui ouvrir le cerveau, regarder comme il fonctionne, on y verrait une activité de fourmilière, une nuée de diablotins allant et venant, faisant fonction d'éclaireurs, de messagers, de rapporteurs. Les uns passent en revue les assistants, prennent note des poses et attitudes, des regards, du mouvement imperceptible des lèvres, des colorations au front et aux joues. D'autres s'occupent du discours, comparent les arguments déjà produits avec ceux qu'on tient en réserve ; ils décident que tel mot ne sera pas prononcé — notez que c'est le plus important —, par contre, tel autre sera accompagné d'un roulement de tambours. Par instants surgissent des problèmes, compliqués, certes, et qu'il faut résoudre en même temps qu'ils se posent. Un beau discours s'étudie comme un phénomène de la Nature ; un grand orateur s'appelle Légion, il est possesseur d'une âme multiple.

*

Cette bizarre polypsychie — ou croyance en la multiplicité des âmes en un seul individu — régnait au temps du polythéisme. Sous l'influence du monothéisme elle fut mise au rancart, et le système du monisme fait loi aujourd'hui. Mais il y aurait illusion à prétendre que nous possédons les formules définitives en psychologie — en psychologie surtout, la plus importante et peut-être la plus arriérée des sciences.

Avoir une âme — rien qu'une —, maigre portion pour le Laotien. Il s'en attribue trente : cinq pour les sens, quatre pour les bras et jambes, quatre pour les pouces et orteils ; les dix-sept autres président aux fonctions organiques. De ces *Kouan* ainsi nommés, le plus important est celui du cœur ou de la vie générale, sur lequel se règlent les autres. Fut-il bon et généreux ? Après la mort il monte au ciel avec ses compagnons. Mais rarement ces âmes sont-elles irréprochables. L'œil avide ou coutumier des regards adultères ira se faire nettoyer en enfer.

Quant au Karèn de l'Indo-Chine, il se contente de sept esprits, comme fait aussi le Batta de Sumatra. De leur septuple activité bien réglée, de leur concorde, dépendent la santé, le bonheur et la prospérité de l'individu. Peut-être fusionnent-ils au moment de la mort. On attribue les maladies, les revers de fortune, les contrariétés graves ou légères, les mauvaises chances quelconques, au mécontentement de l'un ou de l'autre. Si les sept détalaient à la fois, ce serait la fin du Karèn, la mort du Batta. En cas d'indisposition ou d'autre contrariété, on ne sait pas toujours lequel des génies a faussé compagnie aux six autres. On voudrait l'apaiser par un sacrifice, le réconcilier par quelque aimable flatterie ; mais où le trouver ? A bout d'expédients, on expose l'offrande aux portes de la ville, aux plus prochains carrefours de la campagne. Peut-être le volage court-il les grands chemins, s'attarde-t-il aux mûres et aux fraises ? Certes, on ne lui en veut pas, à ce cher enfant, il aura bonbons et confitures ; mais qu'il rentre au logis attristé par son absence, qu'il rentre seulement.

Déjà nous voyons poindre l'adoration du Génie. Le Moi s'adresse à lui-même vœux et prières, adore sa propre essence. Encore quelques développements, et la doctrine aboutira aux Fravashis des Perses, au Démon de Socrate, aux Génies de Rome et de César.

Les peuplades indo-nésiennes s'attribuent une âme multiple, des animules en nombre variable, siégeant dans la tête, le ventre et la poitrine ; celle du cœur ayant pris forme d'araigne. Sans doute, elles comparaient la grosse poche du cœur à l'abdomen capace de l'araignée, assimilaient aux longues pattes, s'amincissant en fils, les vaisseaux sanguins, les veines et artères finissant en artérioles et veinules capillaires. Selon leur habitude, ces animettes s'éparpillent, elles s'absentent en rêves, désertent pendant les maladies, vont jusqu'à prendre domicile en animal, arbre ou plante. On voit des malheureux, préoccupés, inquiets et dolents, crier aux échos d'alentour : Reviens, chérie, je ne puis vivre sans toi !

Des Maoris et autres Grand-Océaniens, l'âme principale réside en l'œil gauche. Aussi les cannibales ne manquaient-ils pas d'en faire leur première bouchée. Tel missionnaire anglican fut mangé de la sorte, non par gourmandise, certes, ni par cruauté. Mais il disait et répétait avoir apporté une Révélation divine. S'étant vainement efforcés à la comprendre, les pauvres gens s'imaginèrent que l'œil du Révérend leur en donnerait l'intelligence, éclairerait leur obscure cervelle.

Cette doctrine de la multiplicité des âmes, nous la retrouvons chez plusieurs populations américaines, lesquelles professent toujours la doctrine énoncée ci-dessus que tous membres, ainsi que les organes essentiels, ont chacun son esprit particulier. Toute pulsation des artères en décelait un, prétendaient les Caraïbes. Le chef de leur troupe siégeait au cœur et non point dans la tête. Ces Indiens étaient des impulsifs plutôt que des intellectuels. A cette âme cardiaque, ils offraient des sacrifices ; donnaient à celle du cacique défunt l'escorte d'épouses et de serviteurs immolés. Des organes secondaires les esprits, ou *maboyas,* allaient, après décès, se loger dans la brousse ou les fourrés des bois, soit à la mer, où elles agitaient les vagues, soufflaient brises et tempêtes.

« Le Huron, lisait-on déjà en une *Relation* de 1636, possède deux âmes maîtresses qui se disjoignent à la mort. L'une adhère aux ossements, n'en bouge que pour se réincarner en quelque nouvel Huronneau. La seconde loge au « Village des Ames », en sort de temps à autre pour visiter les amis et connaissances, ne voudrait pas manquer la Fête des Morts.

Les trois âmes du Dacota ont semblance humaine. L'une adhère au squelette ; la seconde se rend au pays du perpétuel hiver, et la dernière en la contrée où l'été ne finit point.

D'autres Peaux-Rouges, dit-on, jouissent d'une âme quadruple, se disjoignant à la mort, et allant vivre, la première fraction avec les ancêtres, la seconde dans les airs, la troisième dans l'ossuaire tribal, tandis que la quatrième va et vient parmi les vivants.

Les multiples âmes des morts peuvent entrer dans l'âme multiple d'un vivant, s'adjoindre à elle en tout ou partie, former combinaisons nouvelles. Des deux côtés, on peut en prendre et laisser ; rien de plus commode. Mais pour une qui arrive, deux peuvent quitter, une bonne peut être remplacée par une mauvaise.

Les Dayéris d'Australie prétendent qu'il leur suffit de faire un signe, de siffler une note d'encouragement pour que tel inguaq ou farfadet qui s'ennuyait sur sa branche et piaulait tristement, leur entre au corps; il se ragaillardira en organisme humain, prendra du bon temps, s'en ira quand il voudra. Les « Petites Ames » courent le monde, dit le Sicilien, lequel ne fait sottise, auquel il n'arrive accident, sans qu'il ne les en rende responsables.

*

De l'homme qui avait été tué en combat singulier, puis mangé, l'âme allait habiter le corps du vainqueur, s'ajoutait à celles qu'il possédait déjà, apportait du renfort, ajoutait de la variété. Tel héros était le chef d'une joyeuse bande. Tel anthropophage, dont nous vitupérons les sanglants exploits, se congratulait, lui, d'être un grand dévoreur d'âmes, le successeur et le représentant de tous les vaillants que digérait son estomac; il qualifiait de « sépulture honorable » ce que nous dénommons « cannibalisme ». A tous les individus auxquels il fit mordre la poussière, il n'avait pas fait l'honneur de se les assimiler. Evidemment la pratique dégénéra en abus et dut être discontinuée. Mais on la regretta longtemps. Combien de fois les partisans du Bon Vieux Temps geignirent: — « Oh, les novateurs stupides! Alors que les illustres Casseurs de Têtes mangeaient l'ennemi, son âme s'adjoignait à la leur, devenait un auxiliaire. Mais aujourd'hui, qu'on la laisse vaguer après le coup fatal, elle s'enfuit en hurlant et gémissant, garde sa rancune et rumine sa haine, se met en quête d'alliés qui épouseront sa cause contre nous! »

La légende germanique raconte que Dietrich von Bern, alias Didier de Vérone, venait d'abattre le géant Ecke, dont le frère Vasolt accourut, flambant d'ire. Chose étonnante parmi les gaillards de cette espèce, Dietrich refusa le combat singulier, alléguant qu'Ecke étant entré en Vasolt, il ne tenait pas à lutter un contre deux. Et Vasolt de lui répliquer : Mais toi-même, Dietrich, n'es-tu pas doublé de ton frère Dieter, qui passa en toi, sitôt après avoir été tué par Wittich ?

La résistance et la matérialité de ces âmes, ancien modèle, nous stupéfie, nous autres modernes, façonnés que nous sommes par vingt siècles de spiritualisme renforcé. C'est à croire que plusieurs d'entre elles ont la dureté du bois, la raideur du cuir. On les accroche à murailles ou poteaux, on les martèle comme métal, tantôt on les fait fondre au feu, tantôt on les y durcit ou les affine.

Parmi ces âmes nombreuses, et de mécanisme encore imparfait, toutes ne coopéraient pas simultanément au même acte. Par contre, elles pouvaient se suppléer et répondre l'une pour l'autre. Telle — la plus précieuse — ne se défendait pas ; dans les moments de péril le grand souci était de la mettre en sûreté. Mille histoires, surtout de l'Asie et de l'Europe septentrionales, racontent comment l'âme la plus précieuse était, par mesure de précaution, mussée en tronc creux, dissimulée sous un rocher du désert ou bien en ténébreuse caverne. Après quoi, l'homme intuable allait provoquer gaiement tous ceux qui avaient une vie à perdre ; le fier à bras houspillait le monde, égorgeait le tiers, assommait le quart, se saoûlait de sang et de carnage. De même, aux Jacques dépenaillés, aux paysans souabes ou bavarois du « Bund-Schuh », n'ayant pour se défendre que bâtons et aiguillons, faulx mal-emmanchées et les pierres du chemin, couraient sus les escadrons des fer-vêtus, et de nobles chevaliers faisant blanc de leur épée. « Mort aux vilains ! »

Ainsi Tranche-Montagne s'était débarrassé du viscère qui palpite dans la poitrine du commun des mortels. D'abord, cela lui paraissait étrange et singulier d'avoir les muscles pectoraux comme glacés...

— Mais il faut se faire une raison. Et après tout, pour ce qu'il en avait jamais fait, de son cœur ! Sitôt qu'il en fut allégé, plus rien ne lui fut difficile, il se moqua de tout et du reste. — La conscience ? Affaire aux scrupuleux et délicats, aux idéalistes et vertueux, qui ne savent pas les délices du crime, les voluptés de la vengeance ! Point ne s'encombrent de futilités pareilles les forts qui rejettent tous fardeaux sur les épaules des faibles, ni les ambitieux qui commandent à la multitude, ni les avides qui l'exploitent. Que faut-il de conscience aux vainqueurs et conquérants, aux favoris du peuple et de l'histoire (aux hommes d'Etat, ministres, grands-juges, puissants industriels, habiles commerçants, formidables manieurs d'argent) ? A cette question un huissier répondra, à Paris, expert instrumenteur, lequel prononça naguère la mémorable parole : « Ne pensez pas vous mettre à la tête de votre profession, si vous n'êtes pas « rosse » du matin au soir ! — Et cela même ne suffirait pas, ajoutait-il mélancoliquement, il faut encore être rosse du soir au matin ! »

Mais revenons aux malotrus et malandrins qui se débarrassaient de leur propre cœur, afin d'être en meilleure posture pour crever celui des autres. Tel, avant de courir les aventures, avait caché son cœur dans le corps d'un serpent, logis approprié. — Qvamuritz Khami, ou Front Etoilé, le héros de la Mingrélie, avait plus nobles instincts ; il insuffla son âme en une hirondelle, mais l'hirondelle n'avait-elle pas à redouter le faucon ? — Raisonnant mieux son affaire, tel Ogre serra sa vie en une boîte, laquelle boîte il enveloppa de mousse, et glissa en un trou que le pivert avait foré sous certaine branche de certain chêne en un recoin déterminé de la Forêt Hercynienne... — « Prince Charmant, vaillant fils de roi, tu as juré la mort du mangeur d'enfants, massacreur de filles aux yeux bleus, aux boucles blondes ?

Prince Charmant, provoque-le donc à pied ou à cheval, attaque-le d'estoc ou de taille ! Mais si tu es sage, Prince Charmant, découvre d'abord le recoin de la Forêt Hercynienne où le chêne porte la branche que le pivert a trouée, avise la boîte où le scélérat recéla, en un flocon de laine, la punaise ou l'asticot qu'il a pour âme maudite. »

*

De ces âmes multiples, quand on fut assez avancé pour distinguer les éléments, les parties extérieures passèrent pour grossières et les intérieures pour délicates. On supposa qu'elles allaient en se raffinant du dehors au dedans, que les chairs se quintessenciaient en fluides, les fluides en rayons. Le dégrossissement n'allait pourtant pas jusqu'à dépouiller l'âme de toute matérialité ; brillât-elle dans l'empyrée, elle restait matière, sauf que cette matière passait à l'état radiant, dirait un moderne.

Toutes de densité différente, les âmes de l'Egyptien devaient servir de support au corps glorifié ; mais la difficulté était de garder intacts cette matière, ce brouillard, ces rayons, pendant une longue série de siècles.

Pour la préservation des parties essentielles, — la peau et le squelette, — le Rituel Funéraire inventa la Science des Tombeaux. Car le fidèle de Hathor et d'Osiris croyait à la Résurrection de la chair ; il y croyait avant le chrétien, et n'y croyait pas du bout des lèvres seulement. Cette chair, comment empêcher qu'elle ne pérît par les injures du temps, ne fût anéantie par les haineuses violences des hommes ? La précieuse enveloppe ne pouvait renaître ; une fois détruite, elle s'évanouissait dans les ténèbres de la seconde mort. Il fallait embaumer les cadavres avec un soin minutieux, prendre de savantes, même d'extraordinaires précautions pour que pardurât la fleur de lotus. Ici l'on enfouissait la dépouille royale au milieu d'une pyramide, colline de moëllons. Là ou mussait la momie en un puits dissimulé dans le labyrinthe creusé aux entrailles d'une montagne. On déposait les potentats en des cuves, lourdes pierres apportées à grands frais de Syène à Memphis. Suivant les inscriptions dictées par les prêtres, ils s'étaient fait construire des Demeures d'Eternité. Peu prévoyaient-ils que des barbares tard venus, feraient un jour éclater les rochers, se fraieraient passage à travers rocs et montagnes, emballeraient la demeure d'Eternité, la convoieraient, à travers les mers. en contrées inconnues, en énormes villes, encore inexistantes, par delà les limites du monde !

Après avoir profité du bois et de la pierre, du goudron et des parfums pour tout ce qu'ils pouvaient donner, on demanda des formules à la magie contre les violateurs de sépultures, des imprécations contre les sacrilèges, des carmines pour les frapper de mort ou de folie.

*

Au-dessus de la momie s'élevait l'Image qu'habitait l'Ombre. Du vivant même de l'individu, l'on préparait sa statue, tout au moins son mannequin, ou son portrait, afin de conserver les traits et la physionomie à travers les âges. Ce fut de ces effigies que dériva l'art de la sculpture. L'Ombre dénommée *Ka*, dite aussi *Seit* ou *Kébi*, habitait cette semblance, le Nom l'animait. Pour plus de précautions, on fabriquait des figurines, — chacune un autre Moi, — on les vivifiait en leur donnant l'appellation du mort, et on leur imposait la fonction de *Shebtis*, d'*Ouashbitis* ou Répondants.

— Répondants... — à qui répondent-ils ? à quoi ?

— Le Nom, pensait-on, donne à l'individu sa personnalité parmi les hommes et lui survit. Ce Ka, l'Ombre-Nom, ne peutautre chose que répondre, s'il s'entend appeler. Quand on l'évoque, il tressaille, se précipite et s'écrie : Me voici. Que veux-tu ? — Le nombre de ces poupées ajoutait à la sécurité de l'original, lui faisait cour et cortège.

Même que nos contemporains de la vallée du Nil ne doutent point que le Ka ne continue à veiller dans la tombe. Convaincus qu'il pourrait les tuer ou les frapper de folie, les détrousseurs cherchent à tromper sa surveillance, à l'endormir par des mots irrésistibles ; puis, ilsl'attaquent résolument, le mutilent, et quand ils l'ont réduit à l'impuissance, volent et pillent à loisir.

L'Ombre n'était point claquemurée avec le cadavre ; il lui était loisible d'aller et venir, de prendre le frais sous les sycomores, d'apparaître, bienveillante ou menaçante, suivant l'occurrence. A certains jours, elle recevait de la famille hommage et adorations, des fleurs, de la victuaille aussi. Car le fantôme, privé de tout aliment, n'eût pas manqué de périr, — danger à redouter, malgré testaments, malgré fondations sacro-saintes. Pour parer à cette éventualité redoutable, intervenait la Magie, inépuisable en ressources. Puisque la vie de l'individu persistait en l'Ombre, l'Ombre dans le Nom, et le Nom dans l'Image, — hé bien ! l'on réagirait par l'Image elle-même. L'Image affamée se nourrirait d'images, — oui, d'images ; — elle se repaîtrait aux bas-reliefs sculptés dans la muraille, humerait la silhouette des plats figurés, absorberait l'essence visuelle des aliments substantiels. Restaurez-vous, Seigneurs Pétésis et Ti-Phtah-Hotep ! et vous, dame Nési-Khonsou, allez-y de bon cœur ! Voici pains amoncelés, oies grasses, cuissots de chevreuil, cruches d'eau, flacons de vin, corbeilles de figues et raisins, bouquets de lotus égayant la table... Ouvrez les grands yeux, absorbez le spectacle, et bien vous fasse !

Toutefois Ka trouve bien longue la nuit de trente siècles

pendant laquelle il faut attendre qu'Osiris renaisse sous forme d'Horus. Dans ses promenades nocturnes de la pyramide de Chéfren à la statue du Sphinx, et de la statue du Sphinx à la pyramide de Chéfren, Ka languit dans l'attente, s'ennuie, s'épuise à regarder s'il ne verra pas enfin poindre les premières lueurs de l'aube ? Les hiéroglyphes représentent le Ka sous la forme d'une figure humaine, surgissant du fond de l'Amenti, levant des yeux, des bras suppliants, vers le Soleil encore invisible.

Passons au *Ba* ou sentiment, l'âme des passions bonnes et mauvaises, l'ensemble des Esprits Vitaux ou Animaux, ainsi qu'on disait au moyen âge, et comme on dit encore aujourd'hui. Ka mangeait et buvait, nourrissait l'organisme, Ba était l'amour et la haine. Il fonctionnait comme intermédiaire entre Ka et Khou ou Chou, lequel Chou, substance éthérée, lumineux rayon, se confondait avec la Raison et l'Intelligence, le *Nous* ou *Pneuma* des Grecs. Du corps sortait Ka, de Ka surgissait Ba et de Ba l'impeccable Chou.

L'âme du Chinois est double ou décuple, comme on voudra, triple suivant la définition la plus répandue.

La Sang Foun du groupement trinaire réside au ventre. Terrestre, rien que terrestre, elle est l'âme végétative, commune aux plantes et à tous animaux. Après la mort, elle adhère au cadavre, tant qu'il conserve une parcelle de muscle, et que la dernière fibre n'est pas tombée en pourriture. Puis elle s'échappe dans l'atmosphère, y voltige quelque temps, rentre tôt ou tard en un organisme de plante ou d'animal ; elle fonctionne végétativement.

Kok Foun, l'âme animale, appartient à tous animaux doués de circulation sanguine. Se nourrissant de passion, l'aspirant et la respirant, elle l'infuse dans l'être. D'elle dérivent l'amour et la haine, la colère et la pitié, l'admiration et la moquerie. Elle ne bouge du tombeau tant qu'un os y subsiste encore, et que tout débris du squelette n'est pas entré en combinaison nouvelle. Tant Kok Foun que Sang Foun, sont du sexe féminin.

L'homme est le seul animal à posséder Lin Foun. De sexe masculin, Lin constitue le Moi, figure le Verbe et la Raison, pense la pensée. Il habitait la tête, mais après la mort se retire dans les tablettes ancestrales, où il reçoit les adorations et les offrandes prescrites. Il est divin, il est dieu.

Comparons les trois Foun à une pêche — on sait la prédilection de la littérature chinoise pour ce fruit — ; la pulpe juteuse représente Sang, le noyau Kok, et Lin l'amande, dont le germe d'immortelle vie se transmet de fruit en arbre et d'arbre en fruit à travers les âges.

*

En y regardant bien, cette trilogie se résout en dualisme, celui du masculin et du féminin. Sang et Kok constituent l'*Anima* humaine en tant qu'opposée à Lin, l'*Animus* ou *Pneuma* divin. Après décès, le corps et l'âme charnelle, principes féminins de la vie physiologique, retourneront à la Terre, tandis que le Pneuma, élément mâle, fait retour aux souffles célestes et lumières astrales. Etincelles du même empyrée, les génies des Ancêtres sont des dieux, tous et chacun ; leur ensemble constitue la divinité : — « Mon esprit est le souffle des ancêtres, ils revivent en moi », disait Chou Hé.

— Mais l'âme que certains Chinois disent décuple ?

Grosso modo, les dix âmes sont diverses combinaisons du Yang et du Ying, du principe femelle sous forme septuple, et du principe mâle sous forme triple. Elles ont été différenciées les unes des autres avec une subtilité digne de nos Scolastiques. En somme, les écoles de l'Extrême-Orient professent que l'individu est constitué par un corps, une âme et un esprit. Quand ces trois éléments se disjoignent, c'est la mort ; s'ils se réunissent à nouveau, c'est la résurrection.

Aux impériales funères, aux enterrements à grand orchestre, trois acteurs personnifient les Foun :

Vêtu en femme, des fleurs dans la chevelure, Sang porte une robe brodée en feuilles, corolles, fruits et tous animaux ; il représente l'âme matérielle.

Habillé en mandarin des enfers, Kok symbolise l'âme passionnelle, à laquelle il faudra, ci-après, régler compte avec le Grand Juge. Qui n'aurait péché parmi les fils et les filles de la femme ?

Et ce casque panaché de plumes altières, ce guerrier victorieux, c'est Lin Foun, l'esprit héroïque. La vie accomplie, il se retirera dans la paisible majesté du sanctuaire domestique, habitera l'autel devant lequel ses descendants feront fumer l'encens de leurs prières.

*

Quand des termes tels que Houen, Kouan et Foun, Sang, Kok et Lin, Ka, Ba et Chou, ont cessé d'étonner nos oreilles par leur résonnance exotique, on s'aperçoit que les idées qu'ils représentent nous ont toujours été familières. On nous éleva dans la doctrine de l'opposition entre le corps et l'esprit, dont la dualité persiste dans la triade de l'âme matérielle, passionnelle et intellectuelle. Du corps, prison de l'Esprit, on fit une matière trop abjecte pour être responsable. Psyché, l'intermédiaire, fut chargée de tous les torts, déclarée responsable de tous les manquements, passa pour coupable et pécheresse, tandis que Pneuma et ses augustes congénères allaient droit au séjour de félicité, entraient dans le divin cortège, prenaient rang après la charmante Hébé et le triomphant Hercule, dont l'Ombre attristée expiait dans l'Hadès. Ainsi qu'Adam rejeta son péché sur Eve qui l'avait tenté, ainsi l'Esprit s'est toujours disculpé aux dépens de la chair.

Parmi les accusateurs de la chair figure le Fils de Dieu lui-même : L'Esprit a bonne volonté, disait-il, mais la chair est faible. Prenez donc garde ! — Les moralistes de l'Empire du Milieu ne tiennent pas la chair en haute estime, mais comme ils sontindulgents, si on les compare à nos docteurs et théologiens ! Thomistes et scotistes, jansénistes, calvinistes et presbytériens, ne s'accordent que sur un point : malmener la chair, la fouailler et maltraiter ; il faut la haïr, cette chair vendue au péché, toujours adultère et concupiscente, il faut la tuer afin de faire vivre l'esprit.

Cette prédilection pour la raison divine, ce mépris pour l'âme entachée de sensualité, est peut-être le legs lointain que nous ont fait les yoguis antiques du bouddhisme et du brahmanisme. Il y a vingt-trois siècles que Platon, le maître-philosophe de l'Occident, enseignait, à l'instar des Chinois, que l'immortelle Raison est logée en la tête et que notre âme mortelle se dédouble en âme cardiaque ou passionnelle, en âme concupiscente ou abdominale. Ces trois âmes, Aristote, à son tour, les infusa dans le corps, leur donnant les noms de nutritive, animale, rationnelle. Ces doctrines se ressemblaient assez pour qu'Aristotéliciens et Platoniciens se disputassent à cœur-joie, jusqu'à ce que fût éliminée l'âme végétative, jugée indigne, depuis François Bacon, de figurer à côté des deux autres. A partir de ce moment, la pluralité des âmes fut combattue au nom de l'unité de conscience. Fut déclaré vrai tout ce qui favorisait cette unité, passa pour faux ce qui lui paraissait contraire. L' « idéalisme transcendantal » de Fichte, et l' « Absolu » de Hegel, marquèrent l'apogée dans la conception monarchique du Moi.

Le système ayant été poussé jusqu'à ses dernières limites, la réaction commence à se dessiner. Aujourd'hui, les naturalistes s'occupent à transformer en républiques et confédérations la monarchie du Moi. En étudiant les mouvements réflexes, ils ont découvert que les renflements échelonnés dans la substance grise de la moelle épinière constituent autant de cerveaux secondaires. — L'étude si curieuse des colonies animales, dans lesquelles l'animal collectif est formé par le groupement d'animaux individuels, — l'observation de consciences disloquées, — certains faits d'hypnotisme, ont fait penser qu'après tout, le Moi n'est peut-être pas formé par un seul atome, mais par plusieurs groupés en une molécule chimique... Cela pourrait ressembler à de la polypsychie.

Et Lucien de Samosate, dialoguant dans l'Hadès avec Claude Bernard lui dirait aujourd'hui : Vous me faites comprendre le cas du brave Hercule. Notre Moi n'est pas une flûte, mais une syringe de nerfs et organes dont joue la Psyché, avec le *Nous* ou la Raison pour première lyre du grand orchestre.

XV

APPLICATIONS DE LA POLYPSYCHIE.

SOMMAIRE

Les Primitifs se figuraient le Moi comme une agrégation d'âmes employées aux diverses fonctions organiques et mentales. Donc leur Moi était une confédération plutôt qu'une monarchie. — Survivance de cette notion : Cœurs, cerveaux, etc., légués en souvenir. — La Polypsychie dans ses rapports avec la faune et avec les phénomènes d'hypnotisme. — Les esprits immanents. Le génie de la langue française. — La théorie polypsychique faisait loi, quand naquirent la plupart des religions. Elle explique maint dogme et quantité de miracles qui, sans elle, seraient parfaitement absurdes. Le chien de Yudhisthira — La Polypsychie dans ses rapports avec les polygamies divines. —Le courrier bigame, Don Juan de Tenorio. — Krichna et les Pastoures. — Les religieuses, épouses du Christ. — L'âme triple de saint François-Xavier. — La théorie polypsychique diminue l'étrangeté des bi-locations et multi-locations. Dont exemples. — Les multi-locations de la Vierge Marie et, tout particulièrement, de N.-D. de Lourdes. — En fin de compte, la polypsychie vulgaire verse dans l'Uchronie, — pour ne pas dire dans l'absurdité.

Les Primitifs, disions-nous, se faisaient du Moi une idée assez différente de celle qu'on se fait aujourd'hui. Au lieu de se le représenter comme un indivisible atome, ils se le figuraient un agrégat plus ou moins confus de multiples âmes. L'individu se subdivisait en organes et facultés, ayant conservé une certaine indépendance ; il passait pour une république composée, comme la Suisse et autres Confédérations, de cantons virtuellement autonomes ; il y avait l'âme qui voyait, l'âme qui entendait, peut-être y en avait-il deux pour regarder et deux pour entendre. Si l'une oreille n'entendait pas, c'est que son préposé dormait ou flânait par ailleurs ; peut-être s'était-il égaré sur quelque route, ou avait-il eu quelque accident. Sur la peau les âmes sensitives abondaient, il y en avait autant que de papilles tactiles. L'homme alors pouvait être comparé à un rucher, dont les innombrables abeilles, nées en même temps, doivent, sauf exception, mourir ensemble. Leur multitude mange la même nourriture, exécute les même travaux, se gare des mêmes ennemis. Cependant, l'une vole à droite, et l'autre à gauche ; les ailes sont plus ou moins robustes, les trompes plus ou moins longues, chacune a sa part de risques et accidents particuliers... De même, le Moi humain passait pour posséder et tenir à sa dévotion tout un groupe de serviteurs, qui en prenaient avec le patron d'autant plus à leur aise que leurs attributions étaient mal définies. Le Moi exerçait, non la dictature, mais une primauté souvent contredite, souvent combattue.

*

La croyance, encore persistante, que plusieurs âmes ont trouvé à se loger dans les diverses parties du corps, motive l'extraction de certaines parties du cadavre pour être léguées ou données en souvenir. Ainsi le fameux peintre Wiertz fut enterré à Ixelles, mais fit réserver son cœur pour Dinant, sa patrie. — Les journaux racontaient naguère qu'une dame avait légué sa peau à l'astronome Flammarion, qui en fit relier un livre de poésies. La célèbre Mme Blavatski ordonna qu'après crémation de son corps, les cendres fussent déposées en trois endroits : — à Londres en un vase de cuivre configuré en pagode, — à New-York pour être scellées dans une paroi de la Société théosophique, — à Madras en un temple. — Galéas Visconti, duc de Milan, donna ses os à la Chartreuse de Savoie, son cœur à la ville de Vienne en Dauphiné, et ses viscères à Saint-Jacques de Compostelle. — Avec quelque industrie, il serait facile de porter une longue liste d'exemples.

*

Mais la polypsychie ne comporte qu'un minimum de personnalité ; l'homme qui vit sous son régime est trop de monde pour être quelqu'un. Poussé par une nécessité intérieure, l'esprit tend à l'unité, son premier effort est pour se posséder, son dernier pour se garder ; il en fut de l'individu comme des tribus sauvages, qui, sous la pression des événements, se groupèrent en alliances défensives, mirent leurs contingents sous les ordres d'un général en chef, — lequel Dictateur, après s'être arrangé bien ou mal avec l'ennemi, ne manqua jamais de tourner ses forces contre les citoyens qu'il traitait en factieux, s'ils rechignaient à l'accepter pour Empereur et Dynaste. Semblablement, les dieux tribaux s'agglomérèrent en dieux régionaux, comme nous verrons plus tard, et les dieux régionaux passèrent dieux nationaux ; le polythéisme devait aboutir au monothéisme. Car l'homme, en les sphères diverses de son activité, obéit aux lois fondamentales de son intelligence. Longtemps, les premiers philosophes eurent grosse besogne à distinguer les facultés entre elles, à les grouper suivant leurs analogies, à disposer les séries secondaires autour du fait décisif. Le groupe central fut investi de pouvoirs toujours plus étendus. De siècle en siècle, la centralisation du Moi fit d'insensibles, mais d'irrésistibles progrès, trouva son expression la plus rigoureuse dans les modernes systèmes du transcendantalisme et de l'Absolu. Quand on sentit ne pouvoir aller plus loin en cette voie, il fallut bien s'arrêter, et il semble aujourd'hui qu'un mouvement de centralisation générale s'opère, en philosophie comme dans la société ambiante. Nos savants naturalistes ne sont pas encore revenus de l'étonnement que leur causa la découverte d'animaux formés par juxtaposition et agglomération d'autres animaux. Renonçant à la faculté de se mouvoir à leur gré, une bande d'individus se soude en un être unique, dont ils ne seront plus que des membres et des organes. Suivant les espèces, varie le libellé du *Contrat Social* ; une Division du Travail plus ou moins rigoureuse en a dicté les conditions. — Quelle poésie, quels enseignements se dégagent de cette histoire naturelle, et combien vous êtes heureux, vous autres jeunes, de plonger dans ces études, qui de fond en comble renouvelleront la science de l'homme !

En tant qu'il y a une psyché animale, les Salpes sont polypsychiques. On les divise en solitaires et agrégées. Les solitaires engendrent des Salpules, lesquelles s'agrègeront, soit en couronne, soit en chaînes flottantes, incroyablement longues, où les nageurs sont rangés sur deux rangs. La double file se contracte et se dilate, manœuvre avec une précision telle que les millions et milliards de rameurs semblent se mouvoir par un mécanisme unique.

— Autre exemple. — On en aurait par volumes !

Chez les Gorgones et Pennatules, nous dit-on, chaque polype a son propre organe digestif, lequel communique avec ceux des voisins. La préparation du liquide nourricier est individuelle, mais sa répartition est collective ; dès qu'il a été suffisamment élaboré, il passe de chaque individu dans la masse, et celui de la masse repasse en chaque individu. Chacun mange pour tous et tous mangent pour chacun. A voir comment la solidarité est organisée dans la république des coraux, — et comment nous la comprenons dans nos Etats embourgeoisés, — nous ne sommes pas tant fiers que ça de notre titre d'hommes !

Cette polypsychie des polypes trouverait quelques analogies en la psychologie humaine, s'il faut en croire les récentes expériences d'hypnotisation dont le monde savant a retenti dans les dernières années. Alors que la Raison de homme serait momentanément écartée, tandis que la maîtresse de maison serait endormie, l'on dirait à ses servantes : « Vous ferez ceci, vous ferez cela. A toi j'ordonne un vol qui sera suivi d'assassinat. Tu prendras ce couteau, tu joueras de ce revolver !

Discuter la portée et la signification de ces crimes, dits de laboratoire, n'est pas de notre compétence. Constatons seulement que les écoles de la Salpêtrière et de Nancy réinventent pour leur compte la polypsychie qui passait pour absurde, quand il n'y avait que les sauvages pour la mettre en avant. Le Primitif se figurait que le Moi recrutait à son service des Moi secondaires, lesquels devenaient ses esprits animaux ou vitaux. — Avait-on tué un homme en combat singulier ou autrement? De son âme, le vainqueur faisait son esclave. la logeait en tête, cœur ou ventre, en bras ou jambes, suivant les aptitudes particulières qu'elle avait marquées dans la vie. Comme faisait le guerrier, ainsi en agissait le sorcier, lequel se peuplait l'intellect d'âmes de choix qu'il évoquait pour se les assimiler. L'atmosphère alors était peuplée d'âmes errantes, affamées souvent, lesquelles cherchaient à se faire hospitaliser, — n'y réussissaient pas toujours, — demandaient à être embauchées ; à l'instar des Flamands et Luxembourgeois, Auvergnats, Ecossais et Gallegos, qui, sur la fin de l'automne, débarquent en nos grand'villes pour trouver à y vivre, et si le veut la chance, à faire fortune, ainsi telle gouge, robuste et bien membrée, s'engage comme servante dans une maison dont elle deviendra la maîtresse.

*

Chez ces populations naïves, quand un personnage faisait

preuve de facultés exceptionnelles, on se figurait qu'il avait à son service un esprit de valeur et de qualité supérieures. Nous-mêmes, ne disons-nous pas dans cet ordre d'idées: « Perdre ou retrouver ses esprits ? »

Parmi ces esprits, dits vitaux et immanents que l'on possédait souvent par groupes entiers, bons les uns, mauvais les autres, d'espèce variée, nous citerons, presque au hasard, ceux des Querelles, Rixes et Batteries, — lutins s'il en fût, — les démons des Cruautés et Vengeances — des industries, des trucs, des tours de main — ceux de la Danse, de la Poésie et de l'Eloquence, ceux de la Flûte ou de la Lyre. Tantôt on les possédait, tantôt on en était possédé ; on leur commandait ou ils vous commandaient ; tel avait en son incontestable, en son incontesté génie, un maître dur et cruel, un féroce tortionnaire.

Tout alors s'expliquait par des esprits, et l'on en mettait partout. Prenons, par exemple, ce que l'on appelle toujours le Génie des langues. Nous aurons le Génie du français. Mais le français comprend plusieurs patois — ainsi le picard, l'auvergnat, le limousin, le saintongeais, le béarnais, le provençal — autant de génies. Et les dialectes et sous-dialectes ! autant de sous-génies, ayant goûts et caractères différents, les uns éloquents et spirituels, d'autres secs et précis, et certains naïfs, facilement attendris. C'est une famille nombreuse. Tant qu'un Allemand en est à traduire son substantif germanique par un substantif français, son adjectif par un adjectif correspondant, son verbe et son adverbe par verbe et adverbe équivalents, il ne sait pas encore le français ; il ne le saura que lorsqu'une âme française, venue on ne sait d'où, sera entrée en sa cervelle pour y devenir l'interprète de ses pensées, interprète indépendante, qui donnera aux pensées le tour qui lui conviendra, et qui même se permettra parfois de penser pour son propre compte, car l'on ne parle français qu'avec des idées françaises, flamand qu'avec des idées flamandes. Pour parler wallon, il faut se faire, il faut être wallon pour le quart d'heure. — Autant vous parlez de langues, vous diront les Primitifs, autant vous possédez d'âmes.

*

La Polypsychie éclaire d'un jour inatendu les mythologies, qui, sans doute, se développèrent sous son influence. Les multiples apparences d'une divinité ont entre elles les mêmes relations que le Moi et ses énergies, qu'une langue et ses dialectes. Rappelons-nous que jadis le nom passait pour être une âme, que l'homme possédait autant d'âmes qu'il avait de noms. Chaque nom ajoutait quelque chose à la personnalité. Pour mieux défendre son âme contre les périls du dehors, l'Egyptien faisait accompagner sa momie de nombreuses figurines qui devaient répondre pour lui. Si nous étudions l'idée que personnifie Isis, la déesse dite Myrionyme, ses dix mille noms ne nous effraieront pas, pourvu que nous puissions les classer suivant leur signification plus ou moins exacte.

Le Moi divin ne fut jamais autre chose que la projection agrandie du Moi humain. Les premiers philosophes furent des théosophes, qui, le plus naïvement du monde, se décalquèrent en personnages divins. Ils imaginèrent des théodicées dualistes, trinitaires, quaternaires ou autres ; ce ne fut jamais que de la polypsychie plus ou moins inconsciente. Il ne nous est plus difficile d'expliquer le mystère de leurs personnes ou hypostases, de leurs épiphanies ou apparitions.

Autant d'âmes que de noms, disions-nous il y a un instant. Ajoutons : autant d'âmes que d'attributs et de fonctions. L'âme principale vaque à la fonction principale et les âmes subordonnées s'appliquent aux fonctions de moindre importance, pour lesquelles remplir elles s'incarnent parfois en héros ou personnages prédestinés.

Ainsi l'Apollon des Hellènes est par essence une divinité solaire. En tant que Soleil, il lui faut éclairer le monde ; il ne peut, il ne veut autre chose. — Mais Apollon est un Myrionyme, lui aussi, de fonctions et d'attributions quasiment innombrables, dont chacune constitue un rayon de son auréole. Quelle variété dans ses énergies et sa puissance ! Combien nombreuses les divinités qui constituent sa déité ! Dieu de la Musique et de la Poésie, dieu de la Lyre, Musagète, prophète et devin, Maître de la Peste et des Epidémies, un massacreur d'hommes, un guérisseur aussi, préposé aux sources thermales. Bâtisseur et protecteur de villes, non moins que leur destructeur. On l'invoque comme Sauveur et Libérateur des hommes, comme chasseur, berger et bouvier. Tout ce que les anciens nous ont raconté d'Apollon serait un inextricable dédale, si l'on n'y mettait de la psychologie, si l'on ne faisait le départ entre ses fonctions principales et ses fonctions secondaires. Mais dès qu'on a distingué son âme maîtresse de celles qui ne sont que secondaires, on le comprend dans son unité : l'Apollon dorien est un Dorien idéal, l'Apollon grec est le génie de la nation grecque.

Les Apollons dont nous venons de parler sont les Apollons officiels. Mais, grâce toujours à la polypsychie, l'Apollon officiel se dédoublait en Apollons extra-officiels, qui, incognito, allaient courir Daphné et Clytie. Ainsi de Jupiter. Il tirait sa révérence à son propre fantôme, auguste et hiératique, un tantinet figé sur son trône, par crainte qu'en fronçant le sourcil il ne fît trembler terre et cieux. Il jetait un coup-d'œil narquois vers Junon, toujours majestueuse et tant soit peu renfrognée. Il s'esquivait avec le compagnon de ses fugues et fredaines, avec le complaisant Mercure, qui avait toujours le mot pour rire ; et les voilà partis en chapeau de paille, et bâton de touriste : — Où irons-nous cette fois ? En Ethiopie ?... Il y fait bien chaud. — Tiens, allons flâner dans les frais vallons de l'Arcadie. Nous passerons la nuit chez Philémon et Baucis... les bons vieux, tu sais ! »

C'était encore une espèce de polypsychie quand Yahvé se dédoublait en Ange, et plus spécialement en Ange de la Face — sa propre Face, bien entendu — et allait voir comment faisaient Abraham et Loth — allait tâter les reins et les biceps de Jacob — allait figurer en Melchisédek, Roi de justice.

La théorie polypsychique qui faisait loi quand naquirent la plupart des religions, explique maint dogme, interprète maint miracle, apporte le grain de sel, condiment si rare dans la cuisine des théologiens. Encore de la polypsychie, quand Brahma, le Maître des Mondes, va passer la nuit chez une bayadère. Le Maha Bharata raconte en un épisode, moins touchant que grandiose, comment Yudhisthira, après une vie dans laquelle il n'avait jamais péché, se présenta à la porte du ciel. Il était accompagné de son chien, ami courageux et fidèle, de son chien, qui lui non plus n'avait jamais failli aux lois de l'honneur et de la vertu, autant qu'un chien peut les comprendre. Les Dieux se présentèrent à la porte du Paradis, complimentèrent Yudhisthira, qu'ils se félicitaient de posséder enfin. Du chien, ils n'en voulaient décidément pas. Indra s'écrie : « Mon ciel n'est pas pour les chiens ! — Mais Yudhisthira tient bon : Ce chien est mon fidèle ami et je suis son ami fidèle ! S'il n'entre pas, je n'entrerai pas non plus ! » Grave perplexité. On voyait poindre mauvaise affaire, quand le chien soudain prit apparence d'homme et figure de Dieu : « Je suis Yama, votre collègue Yama. Il m'avait plu de fraterniser avec Yudhisthira ! »

*

Les polygames trouvaient en la polypsychie des arguments favorables à leur institution. Qu'on ne crie pas au paradoxe, avant d'avoir écouté une historiette bien simple et naïve !

Au temps des diligences Lafitte et Caillard, les voyages de Paris à Strasbourg n'étaient pas mince affaire. Certain conducteur ne faisait que quatre voyages par mois, prenant toute une semaine pour le trajet, les commissions, les achats, les remises d'argent, et enfin le repos ; — il avait quelque loisir... « Marions-nous ! dit notre homme. Nous prendrons celle qui nous voudra. » — A Strasbourg, il rôda autour d'une blonde sentimentale et charmante ; à Paris, il s'empressa autour d'une brune, vive et gaillarde, non moins charmante que la blonde. — Combien lui fut-il agréable de voir ses avances accueillies par l'une et par l'autre ! — « Tu joueras de malheur, pensa-t-il, si l'une ou l'autre n'accepte pas ta demande en mariage. » — Et il fut agréé de part et d'autre. Laquelle choisir ? A laquelle fendre le cœur pour la remercier de sa bienveillante acceptation ? A laquelle dire qu'il lui avait menti ? — Menti ? non point, puisqu'il l'avait sincèrement adorée... Pour ne faire le désespoir d'aucune, bravement il épouse tant la brune que la blonde ; — bravement, disons-nous, car il y allait du bagne, promis au bigame par l'étonnant Digeste qu'on appelle le *Code Napoléon*. Un an ne s'était pas écoulé, qu'il était le père d'un petit Strasbourgeois, et d'une petite Parisienne. — Avait-il quitté Paris, il ne pensait plus qu'à sa famille de Strasbourg ; avait-il quitté Strasbourg, il ne pensait plus qu'à sa famille de Paris. De sa vie il avait fait deux parts, mais non pas de son âme ; car il se donnait tout entier à sa famille de Paris, tout entier à sa famille de Strasbourg.

Combien de temps dura l'aventure ? — Nous ne savons

trop ; mais un jour vint que l'homme deux fois heureux périt en accident de voiture. Arrivent à Vitry les deux mères avec leurs enfants, elles se rencontrèrent, vêtues de noir et sanglotant ; devant le cercueil soudain se devinèrent : cette fillette avait le front, le garçonnet avait les yeux du père... Les épouses se prirent-elles aux cheveux, se jetèrent-elles l'insulte à la face ? — Les paroles d'outrage eussent rejailli contre celui qu'elles aimaient toujours ; — elles se jetèrent au cou l'une de l'autre, mêlant larmes et regrets. Elles comprirent que leur cher et tendre ami avait eu deux âmes ; chacune avait eu la sienne, et lui en restait reconnaissante.

Donc, notre brave conducteur avait eu deux épouses, aimées jusqu'au bout. Quant à Don Juan de Tenorio, il en eut mille et trois, à chacune desquelles il affirmait sous serment : Tu es ma préférée ! Tu es la seule que j'aime. — Il protestait de sa sincérité, peut-être était-il sa propre dupe. Dans cette Espagne, qui était ardemment et même férocement catholique, l'amour divin et l'amour humain se calquaient l'un sur l'autre.

Qu'on se remémore les Pénitents d'Amour, lesquels dans la chevalerie transportaient les pratiques de la moinerie. Quand il se sentait féru d'amour, le paladin se rendait à la montagne pour se préparer aux joutes et aux tournois par des jeûnes et des vigiles. Renouvelant les pratiques des ascètes, il vivait sur un sac de croûtes, mangeait herbes et racines. L'été, il n'allait qu'en guenilles ; l'hiver, il se plaisait à se mettre nu, car il se réchauffait aux flammes de l'amour, qui du cœur irradiaient ses membres. Une barbe inculte, des cheveux broussailleux et vermineux faisaient apparaître ses mérites. Aux rochers et précipices il criait Amour ! Amour ! — se donnait les étrivières avant et après qu'il s'était plongé dans la méditation des tendres et ineffables voluptés. — Enfin, sa retraite accomplie, il sortait de sa thébaïde, débordant de foi et d'enthousiasme ; il s'armait de pied en cap, enfourchait son destrier, inscrivait sur le pennon de sa lance les initiales du nom qu'il avait caché jusque-là, il prétendait forcer tous chevaliers, tant chrétiens qu'infidèles, à confesser que leur maîtresse ne valait pas la sienne. Preux saint Labre, il provoquait un quiconque, à pied, à cheval, à l'épée ou à la lance ; il n'était pas moins certain de la victoire que de la grâce et de la majesté de la Belle des Belles, l'incomparable Dulcinée de Toboso.

De même, les âmes dévotes apportaient au divin Epoux les fureurs et les extases que prodiguaient aux terrestres amants les héroïnes du drame et de la poésie. Du reste, la religieuse est une épouse du Christ, dont elle a pris l'anneau de fiançailles ; le rituel de la prise de voile est calqué sur la cérémonie du mariage ; la nonnain sait qu'en se laissant séduire par un autre amour, elle se rendrait coupable d'adultère. C'est un harem qu'un couvent de femmes, un harem mystique. Sainte Thérèse et Don Juan sont de même famille. Les Tenorio et les Marana prétendaient avoir des maîtresses, comme le Christ avait des saintes. Ce maigre Don Juan donnait au moins quarante-huit heures à chacune de ses maîtresses — consultez la liste dressée par Leporello. Mais songez donc à sainte Ursule, qui en un seul jour s'amena au Céleste Epoux avec onze mille vierges !

Mais ne discutons pas ce fat de Don Juan. Sa mauvaise réputation nuit à la thèse mise sous son nom. D'ailleurs, il n'était qu'un homme — et l'homme, autre éphémère, a mauvaise grâce à parler d'amour éternel. Il faudrait un Dieu pour avoir droit à l'affirmation que l'amour n'est pas moins infini dans la durée d'un éclair que dans celle d'une éternité.

La doctrine que les Occidentaux n'ont que timidement

énoncée par la bouche de leur Don Juan, le poète du Maha Bharata la posa avec puissance, quand il raconta comment Krichna, le jeune et beau dieu Krichna, fut l'amant de mille et dix mille pastoures. Autant y avait-il de bergères au rendez-vous, autant y avait-il de Krichnas. De chacune il était le Tout et l'Unique, à chacune disait-il : Je t'aime comme on ne saurait aimer davantage. Krichna disait vrai ; étant dieu, il était la vérité même. — Krichna fut la brillante idéalisation du thème dont le pauvre Don Juan ne fut peut-être que le mensonge, et dont le petit conducteur de diligence fut la modeste réalisation.

— Thèse, entendons-nous dire, que pourraient discuter des amants au clair de lune ; ou qui pourrait, aux Jeux Floraux, concourir pour l'amarante et la violette d'or de Clémence Isaure...

— Assurément. Ajoutons que cette mystique spéciale fut élaborée ès couvents et monastères, méditée par confesseurs, pourpensée par directeurs de conscience, savamment développée par les enthousiastes de la Vie Dévote. Ces idées inspirèrent d'innombrables dissertations, créèrent une littérature, oubliée en de poudreux *in-folios*. Les théologiens ne se sont jamais privés du plaisir de faire valoir leurs théories de l'amour divin par des comparaisons avec les amours humaines ; toujours les poètes se sont complu à investir d'un caractère céleste les objets de leur adoration. Des platoniciens de toute catégorie ont embrouillé les deux amours ; innocemment, ou de parti pris. Dante, qui adorait Béatrix, ne la voulait pas distinguer de la Vierge Marie, ni de Dieu, ni du Paradis. Les uns se plaisaient à faire monter l'amour vers l'infini, les autres à le faire descendre en cœur mortel : toujours c'était l'Amour, ses parfums, ses extases, ses mystères, ses ravissements, ses joies et ses douleurs.

Tout comme les docteurs mystiques, les plus secs des

théologiens, les plus arides orthodoxes expliquent la présence en leur sacro-sainte Bible du *Cantique des Cantiques*, tout à côté des *Psaumes*, de *Job* et de l'*Ecclésiaste*, par l'affirmation qu'il détaille les rapports du Christ et de l'Eglise. Cette Sulamite, noire parce que le soleil l'a regardée, cette vierge qui défaille d'amour et veut s'enivrer d'amour, c'est l'Eglise, l'Eglise évidemment. Ce Fils de Roi qui a peuplé son harem de soixante reines, de quatre-vingts concubines et de filles sans nombre, ce héros déployant au vent la bannière de l'Amour, après laquelle courent les vierges en troupe — c'est, Jésus, n'en doutez pas, c'est le Fils de Dieu.

Transportons-nous par la pensée aux couvents des nonnes ferventes, disons chez Thérèse d'Avila, Angéla de Foligno, Catherine de Sienne. Chacune de ces Philothées se tient pour l'épouse préférée du Sauveur, s'épanche avec lui en conversations intimes et brûlantes, lui confie ses secrets, en obtient des révélations, dont quelques-unes pour être communiquées au monde, et les autres pour rester un doux mystère avec la bien-aimée. A ces trois couvents illustres dans la chrétienté, adjoignez les pieux harems, béguineries, carméliteries, clarisseries et autres béateries. Quelle différence faire entre cette mirifique multitude de nonnains et les chœurs de pastoures, maîtresses de Krichna ? Chacune se dit, chacune se sent la préférée, chacune possède l'Epoux tout entier, Krichna l'assure et Jésus l'affirme. En douter serait crime et péché.

*

Autres aspects de la polypsychie.

Saint François-Xavier, racontent ses biographes, s'était par la contention si fort immergé dans le Seigneur Jésus, qu'il s'était pénétré de divinité. Il vivait si bien la vie de son

Maître, que lui-même ne distinguait guère entre Jésus et Xavier. A merveille. — Nous apprenons en même temps qu'il avait plongé si avant dans l'humaine divinité et la divine humanité de la Vierge Marie, qu'il ne pensait plus que par elle et que pour elle. La bienheureuse Mère de Dieu respirait en lui. Ce miracle d'une triple vie, d'ingénieux Jésuites l'exprimèrent par une image que l'on admirait, au siècle dernier, dans leur collège de La Flèche. On s'y trouvait en présence d'une figure, qui de face représentait le Saint, tel qu'on le voyait dans sa figure de tous les jours, en apparence de mortel. Mais par le profil droit, cette figure était celle de Notre Seigneur Jésus-Christ, et par le profil gauche, celle de Notre Dame.

Alors, on criait au miracle. Mais aujourd'hui, le procédé a été vulgarisé — il ne s'agit que d'une illusion d'optique, truc fort appréciée des coiffeurs, qui ornent leur boutique, par exemple d'un Don Juan, qui s'évanouit tantôt dans une brune, tantôt dans une blonde.

*

Saint François-Xavier, d'amour éperdu pour Jésus-Christ en même temps que pour la Vierge Marie, est bien l'homme dont on s'étonnera le moins d'apprendre qu'un jour il se trouva présent en deux endroits à la fois — il est célèbre pour avoir été vu simultanément — disons à Pampelune, en son château, et à Montmartre, avec son ami Ignace de Loyola.

Mais le phénomène de bilocation ne fut certes pas un privilège réservé à saint François-Xavier. Dans l'Eglise chrétienne, pour ne parler que de celle-là, quantité de Saints et de Saintes jouirent de cette distinction. A parcourir les vastes tomes des Bollandistes, que Renan aurait eu tant de plaisir à parcourir dans la prison de Mazas, on en trouverait nombre d'exemples. Pour le moment nous ne saurions citer que le fameux saint Antoine de Padoue — puis la béate Marie d'Agrada, qui, tout en faisant des dévotions en un couvent d'Espagne, prêchait les mécréants du Mexique. — Il y a aussi l'admirable sainte Lidwine, qui, sans bouger de son lit, voyageait en Terre Sainte, sous la conduite et la protection de son ange gardien. — Et enfin, dans les temps très récents, la sainte Mère Agnès de Jésus allait de temps à autre conférer, à Saint-Sulpice de Paris, avec l'excellent curé M. Ollier, mais ne quittait pas son couvent de Laujac, près Saint-Estèphe de Gironde.

Les âmes dévotes qui vivent de foi et se repaissent de miracles, sont si bien familiarisées avec les histoires de bilocation, qu'à peine y prennent-elles garde ; mais ces contes nous stupéfient, preuve de notre ignorance en matières religieuses. A y regarder de près, la bilocation et la multilocation, phénomènes assez vulgaires, sont loin d'être une spécialité des saints personnages. Ainsi telle sorcière était enfermée en un cachot du Saint-Office, cadenassée par la jambe à une pierre scellée dans la muraille. Cela ne l'empêchait pas d'aller toute la nuit danser avec les cent mille diables. Voulait-elle être portée au Sabbat ? Elle n'avait qu'à se coucher sur le côté gauche en invoquant un nom d'Enfer. Sitôt qu'elle était assoupie, une vapeur jaunâtre lui sortait de la bouche ; et cette vapeur allait par monts et par vaux, enjambait les forêts, abordait à la vaste lande, s'y trémoussait avec Belzébuth et Belphégor, communiait aux orgies de la messe noire, qu'éclairaient la lune de minuit et les yeux de braise flamboyant à la figure des démons. Pour lesquels crimes dûment constatés, les révérendissimes la faisaient ardre en bûcher. Voire que l'infâme sorcière s'était peut-être en la même nuit esbaudie en plusieurs sabbats, puisqu'elle possédait autant d'âmes que de démons !

En effet, sorciers et sorcières peuvent avoir en leur corps tout un régiment de démons. Les soldats vont et viennent, fourragent de-ci, fourragent de-là, mais restent en communication constante avec le quartier général ; une compagnie se colloque à Saint-Germain, l'autre à Pontoise. Que ce mot de régiment ne scandalise personne ! il traduit exactement a « légion » de nos Evangélistes. qui racontent en trois endroits — tant la chose leur paraissait importante — l'histoire de l'homme dans le corps duquel étaient entrés deux mille diables, que Jésus ayant fait déguerpir, ils allèrent se loger en autant de pourceaux, qu'ils firent se précipiter des pentes escarpées dans le lac des Gadaréniens, où ils se noyèrent.

Des légendes chrétiennes voulurent renchérir sur ce miracle; il advint à Laon que saint Vaast délivra une malheureuse de diables noirs et puants, ayant forme de chauves-souris sans poils. Tant et tant en sortirent, que l'air en fut rempli sur une étendue de plusieurs lieues, et le ciel obscurci ; de là ils se répandirent sur toute l'Ile-de-France, l'Artois et le Boulonnais. On n'eût pu les compter, dit-on. Peut-être que si ! Gaspard de Neubeck, évêque de Vienne en Autriche, ayant exorcisé la jeune Anne Schlutterbauer, sans y épargner l'eau bénite ni les signes de croix, fut assez patient et assez habile pour nombrer les esprits impurs à mesure qu'il les faisait sortir : 12.652, pas un de plus, pas un de moins.

Parmi les fidèles, qui donc oserait nier que la Sainte Vierge n'habite simultanément les dix mille et les cent mille sanctuaires qui lui sont consacrés ? Ses millions et dix millions d'images plus ou moins miraculeuses ? Qui en dirait le compte ? Grandes ou petites, maigres ou grasses, brunes, blondes ou marron; élégantes ou déguenillées, à votre choix. Le fidèle trouve tout simple que la cathédrale du Puy et celle de Chartres possèdent chacune sa Vierge noire ; bien plus, Chartres se glorifie de deux vierges, l'une noire et l'autre blanche.

Dans un de ses derniers romans, l'écrivain Huysmans nous fait la confidence d'un de ses états d'âme :

« J'ai cette impression que la Vierge, attirée, retenue par tant de zèle, ne fait que séjourner dans les autres églises, n'y va qu'en visite, tandis qu'elle est installée à demeure et réside réellement à Notre-Dame des Victoires... »

Le malade que Notre-Dame de la Salette n'aura pas guéri, implorera Notre-Dame de Lourdes. Le Breton approuve Notre-Dame de Port-Blanc d'aller en belle procession faire politesse à Notre-Dame de Clarté. Il s'agenouillera devant l'une et l'autre, tout comme l'astucieux Louis XI se signait devant les cinq ou six Notre-Dame en plomb, cousues à son bonnet ; il confiait à chacune des secrets, qu'il eût été marri si elles eussent été assez indiscrètes pour se les communiquer. Toute proportion gardée, ainsi Rama prenait une et chacune de ses quinze mille bergères par le menton, et lui disait en la regardant au fond des yeux : Garde-toi bien d'en rien dire à ta cousine !

Près Larnaka de Chypre, se trouvent deux couvents, l'un et l'autre dédiés à saint Georges, vainqueur du dragon. On ne sait pourquoi les deux saints Georges n'ont pas même taille : « Saint Georges le Long », disent les paysans, et « saint Georges le Courtaud » ! N'ayant plus souci du monstre, les deux champions de la chrétienté se sont cherché noise ; depuis an et jour ils se détestent cordialement et se jouent de mauvais tours ; tantôt c'est le gros qui a l'avantage, tantôt c'est le maigre, et cela dure ainsi depuis des siècles.

Et puisque nous avons prononcé le nom de la Salette, — « ce monde d'imbécillités », forte expression que nous ne nous fussions pas permise, mais que Sa Sainteté Pie IX, Pio Nono lui-même, prononça en un moment de mauvaise humeur, — disons que Notre-Dame, non contente de se fractionner en Notre-Dame de la Salette, en Notre-Dame de Mont Serrat, d'Einsiedeln, de Lima, de Guadalupe, toutes plus saintes et miraculeuses les unes que les autres, se multiplie en Notre-Dame de Lourdes ; nous disons de Lourdes, et non pas d'ailleurs. Elle a sa grotte de Lourdes à Vichy, et volontiers dans les stations balnéaires. Ont surgi des sanctuaires de Lourdes en mainte chrétienté d'Europe, des deux Amériques, même en Chine et au Japon. Un jour nous tomba sous les yeux un appel en faveur d'un Lourdes quelconque, à Huos de Saint-Bertrand, sur les bords de la Garonne. La réclame finissait sur cette parole qui nous laissa rêveur : « Gloire à Notre-Dame de Lourdes, dont notre grotte est la fille ! »

Ainsi, pensai-je, ainsi des grottes procréent des grottes, et la grotte de Lourdes foisonne en grottes de Lourdes qui ne sont pas à Lourdes. De ces grottes, les unes s'enrichissent, les autres restent misérables. A la longue, telle caverne-fille supplantera la mère-caverne ; entre tant de Lourdes, on finira par ne plus savoir la vraie. Lourdes chemine sur la carte des pays catholiques, comme font les planètes dans les espaces célestes.

Ainsi l'extraordinaire multiplicité des âmes expliquait la multilocation et aboutissait à l'ubiquité des êtres, tant divins que diaboliques. Fantaisistes et vagabondes, des âmes innombrables se plaisent à franchir toutes frontières, celles de l'espace comme celles du temps.

Nous avions déjà remarqué, à propos de la prière et de la foi, que les religions se mettent volontiers au-dessus du temps, n'accordent au fait accompli qu'une valeur relative.

Ainsi le bienheureux Antoine de Padoue vivait en plein

XIIIe siècle, ce qui ne l'empêcha point d'obtenir la grâce de porter ou d'avoir porté le petit Jésus dans ses bras, partageant ainsi les tendres soins que Joseph et Marie prodiguaient au Divin enfant.

Le bienheureux Antoine de Padoue, auquel il est brûlé des cierges en l'église de la Sainte-Croix à Ixelles-les-Bruxelles, a la spécialité de retrouver les objets perdus, et d'assister les gens dans les cas difficiles. Mais si fort qu'il soit, saint Antoine de Padoue n'est qu'un petit garçon à côté de la Bienheureuse Vierge Marie. Oyez, peuple chrétien, le *Miracle de l'Abbesse Grosse.* Nous abrégeons le texte d'un long poème : il était aux Filles-Dieu une abbesse, laquelle trompée par les artifices de Satanas, se laissa engrosser. Pauvre mère abbesse, grièvement apeurée de la rage des mal disants, ora la Bonne Vierge, à tant chaudes larmes, que du ciel descendit la Bonne Vierge, laquelle faisant office de ventrière la délivra sans peine ni trace, et l'enfant emporta. Toutefois rageaient des envieuses et maupiteuses, lesquelles sage-femme appelèrent, matrone experte, qui l'abbesse examina, et pucelle déclara.

« En vous servir, Vierge honnorée,
A moult de joie et de déport ! »

*

Il n'y a pas à dire non ; depuis cinq cents ans, la conscience publique a fait des progrès. Figurons-nous cette affaire portée aujourd'hui devant le tribunal correctionnel. Le procureur général et M. le président de Chambre reviennent de la Sainte-Chapelle, où, vêtus d'une robe rouge fourrée d'hermine, ils ont ouï la messe du Saint-Esprit. Comme ils flétriront ces ignobles manœuvres, dûment et congrûment qualifiées par le Code pénal : dissimulation de part, infanticide, subordination de témoins et le reste. Comme ils vous habilleront la fille-mère, la dame ventrière et la matrone experte ! Comme ils vous logeront tout ce sale monde à Saint-Lazare, en attendant qu'il soit expédié en quelque maison centrale, Nîmes ou Poissy ! Fort bien ! Et dans cinq cents ans d'ici, qu'aura-t-on jeté à bord de notre religion et de notre morale officielles ?

La polypsychie se dégageait trop facilement de toute responsabilité. Elle acceptait tout éloge, refusait tout blâme. L'individu avait-il mal agi ? Ce n'était jamais son vrai moi qui avait commis la faute, mais quelque âme subalterne, peut-être même une étrangère qui s'était glissée dans le for intérieur. Non contente de brouiller les notions élémentaires et indispensables, de multiplier l'utopie par l'uchronie, la théorie polypsychique en prenait trop à son aise avec la justice et la moralité. Ce qui ruina sa cause devant la raison et la conscience.

XVI

SPIRITISME ET SPIRITUALISME

Sommaire

Le nombre des morts est tel, qu'ils rendraient le monde inhabitable, si la matière organique n'était réemployée. La reconstitution des tourbières, des forêts, des végétaux et animaux. Les Fins et les Recommencements. — Transmission de l'âme à l'héritier par l'aspiration du souffle vital, et cela de génération en génération. Le Génie de la famille. Le couteau de Jeannot. — Très grossière au début, l'âme primitive s'affine avec le temps. On distingue entre les âmes sensorielles et les âmes intellectuelles, entre les individuelles et les collectives. Surgit la notion de l'Humanité, comme une entité possible et réelle. — Le laboratoire de l'Hadès. — *Mens agitat Molem.* Activité de l'Esprit, inertie de la matière. — L'esprit selon le dictionnaire Littré. Les esprits des processus chimiques. Pratiques des paysans bavarois. — Avec les esprits, le Sauvage explique tous phénomènes de physique et de chimie. Exemples. Les spiritualistes et les théologiens ont hérité de cette doctrine. — L'antithèse de l'Esprit et de la Matière ayant été manifestement exagérée, il a fallu reprendre le problème à nouveau.

Si, comme l'affirment les religions et maintes philosophies, la vie continue après le tombeau, les morts, on l'a déjà dit, doivent être en quantité innombrable. Une légende raconte qu'à certaine occasion, les morts d'un pays prirent la forme de moucherons et cirons, devinrent ces points diaphanes que l'on distingue quand il y en a nuées, dansant et tourbillonnant au soleil. Ces mites s'abattirent sur une forteresse, et, sous leur poids, s'écroulèrent tours et donjons, murs réputés inexpugnables.

*

D'âge en âge, de génération en génération, augmente le nombre des défunts. Sous les climats habitables, il n'est pouce de terrain qui ne contienne débris de cadavres. Si ces poussières n'entraient en organismes nouveaux, elles constitueraient des couches, profondes autant que dépôts géologiques. Les mousses et les gazons se fondent en tourbières qui s'épaississent lentement, leur substance nourrit autres gazons, autres mousses. Dans la forêt, les feuilles se convertissent en herbes et joncs, en terreau où les troncs poussent drus et robustes. On ne pouvait douter que la matière désagrégée ne se réagrégeât, que les débris organiques n'entrassent en corps nouveaux. Certains soupçonnèrent que la goutte de chair circule aussi bien que la goutte d'eau, qui s'engage en d'incessantes métamorphoses. De semblables spectacles, naquit le sentiment qui se développa en panthéisme.

Ouvrons une parenthèse. Si nous parlons théisme, panthéisme, etc., à propos de Papous, Kanaks ou Galibis, n'oublions pas que ces braves gens sont les premiers à n'en rien savoir. Interprétant leur instinct, nous leur attribuons des intentions dont ils ne se doutent point, des formules qui leur seraient incompréhensibles. C'est qu'ils peuvent sentir nettement, et vouloir résolûment, sans arriver jusqu'à l'idée. Nous qui ne pouvons manier que des idées, nous sommes obligés d'extraire l'idée de manifestations encore inconscientes, et nous interprétons.

La théorie que la sève passe de végétal en végétaux, et le sang, d'animal en animaux, est antérieure à l'histoire. Elle part d'un instinct très net, lequel pourtant ne s'élevait à l'idée que jamais ou rarement, Le sang faisait la chair animale, constituait le fond solide et résistant de l'individu, la matière.

Mais l'individu se montrait autre chose que matière. Puisqu'il ne vivait qu'autant qu'il respirait, la respiration parut la chose primordiale. On en fit « l'Atman », le Moi, le Souffle essentiel, le Vent vivifiant, « Anemos », « Animus ». Ne voulant pas admettre que, sitôt exhalé, le dernier soupir se confondît immédiatement avec l'atmosphère ambiante, on se plut à croire qu'il flottait dans l'espace, toujours lui-même, quoique invisible ou parce qu'invisible.

En Insulinde, le fils a pour devoir sacré d'aspirer le dernier souffle de son père en mélangeant ainsi leur deux âmes; il continue papa, prolonge sa pensée et sa volonté.

Chez les riverains de l'Adélaïde australe, les femmes recueillaient soigneusement la terre sur laquelle avait expiré un des leurs. Deux poignées de terre constituaient la demeure du défunt, la future habitation du souffle qui était censé aller et venir, libre comme l'air, distinct de l'atmosphère dans laquelle il disparaissait, invisible, mais ayant gardé sa forme réduite, haute comme l'ongle. De tous les tombeaux, la taupinière australienne est le plus humble; sa modestie nous émeut si nous la comparons à la fastueuse pyramide que Chéops-Khoufou se fit élever de son vivant.

*

Chéops avait édifié ce qu'il appelait sa « Maison d'Eternité ». Le pauvre Non-Non d'Australie, en son pilotis d'argile, bientôt recouvert de gazon, se doutait bien qu'à la longue le souffle qui le constituait ne pouvait manquer de se mélanger à l'atmosphère ambiante.

Dès que l'enfant voit la lune dans un seau, il veut qu'on la lui donne. Dès que Chéops comprit ou crut comprendre le mot *Immortalité*, mot tout neuf encore, il voulut qu'on lui donnât la chose, et, pour en jouir, fit construire la monstrueuse pyramide. Dès que l'homme eut épelé les syllabes du mot « Eternité », il la voulut pour lui, oui pour lui. — Oh, le gourmand ! A cet enfant gâté, les Révélateurs apportèrent les Religions, — autant de lunes, autant de seaux, — et dirent aux peuples enfants : « Tiens, l'Eternité, la voilà, je te la donne. Dis merci, hein ! » Et les enfants se le tinrent pour dit.

Quelques-uns, de génie pratique, s'essayèrent à tirer la lune du seau et point n'y réussirent. Quelques penseurs voulurent comprendre l'Eternité qu'on leur avait octroyée, mais n'en vinrent à bout. S'avisant que leur intelligence ne pouvait se faire une idée adéquate de l'infini, dans le temps pas plus que dans l'espace, ils conclurent : « Je ne suis pas éternel, je ne puis l'être, puisque je n'arrive pas même à concevoir l'éternité. » Ces modestes se sentaient plus rapprochés de l'humble Antichtone, taupinant en sa taupinière que de l'Auguste Khoufou, « Souverain de la Haute, de la Basse et de la Moyenne Egypte, Dieu des Temps, Seigneur de l'immortelle Vie ».

Mais les petites gens et les pauvres sauvages n'avaient pas si hautes prétentions, ne demandaient qu'à durer, durer encore, durer aussi longtemps que faire se pourrait, se doutant bien, les pauvres, qu'à la longue tout lasse, tout casse, tout passe.

*

Nous disions que mousses et gazons s'accumulaient en tourbières, se fondaient en détritus, nourrissant iris et roseaux, les herbes et les grands arbres. De vastes forêts furent emportées par les crues pluviales. Le courant saisit des troncs par milliers, les entraîna en estuaires où, pris par les courants maritimes, se heurtant, brisant et triturant les uns et les autres, ils se cassèrent et concassèrent. Des bois et sous-bois, des halliers, sylves et bosquets, ce qui restait fut broyé, mis en pâte, en bouillie, en saumures gluantes et bitumeuses, enseveli sous grès, calcaires, argiles schisteuses, puis chauffé sous d'énormes pressions. Siècles après, l'homme s'aperçut que ce qui semblait pierre noire brûlait comme bois. S'en mêlant, la chimie découvrit que le bloc, tout autrement riche que l'or, contient un monde de choses précieuses. Elle en distilla naphte, bitume, benzine, aniline, parafine, gaz d'éclairage, toutes sortes d'huiles et d'acides, les plus brillantes couleurs, et quoi encore? Cette pierre noire renferme des trésors de lumière et de chaleur. Sa substance avait été pénétrée des rayons solaires, les avait gardés dans les obscures profondeurs.

*

On s'avisa que semblable travail s'accomplissait sans doute dans les laboratoires souterrains du vaste Hadès. Les cadavres s'y amoncelaient, pourrissaient, se décomposaient. Le noir et répugnant amas se liquéfiait en magmas, en huiles essentielles. Quant aux âmes, on se rappela qu'elles sont de substance aérienne, mais non dépourvues de toute substance. Elles s'accumulaient, s'écrasaient par leur multitude. Tôt ou tard elles perdaient leur individualité propre, se résolvaient en leurs éléments. La décomposition était finie et parachevée. On appela « matière » l'ultime reliquat des corps, « esprit » le reliquat des âmes.

Virgile, un initié, résuma la doctrine alors enseignée dans les sanctuaires par la formule : « *Mens agitat molem* ». « L'intelligence met la matière en branle », formule que nos spiritualistes n'ont cessé de commenter et de développer. La matière, expliquent-ils, peut emplir d'immenses espaces, mais par elle-même n'est quelque chose que si l'esprit la pénètre et la vivifie. Elle ne vaut que par l'esprit. S'il se retire, elle ne retombe pas dans le néant ; mais ceux qui la confondent avec lui, ne se trompent qu'à demi.

La tradition biblique, écho des penseurs du temps jadis, rapporte que la terre, « informe et vide », fut animée par l'Esprit de Yahvé qui la féconda en battant des ailes au-dessus des eaux. Cette matière amorphe avait besoin qu'on lui donnât forme et contour. Ainsi la vapeur mise en contact avec poussière ou fétu, avec telle ou telle solution saline, se précipite vers le brimborion passionnément, le saisit et l'entoure de ses molécules. La chair aussi, — de la matière la forme la plus élevée, — la chair se passionnerait pour l'Esprit, nous dit-on, voudrait unir sa fragilité à la persistance, marier sa forme mortelle au principe immortel.

Une matière privée d'intelligence serait plus à plaindre qu'une intelligence privée de matière. Car l'intelligence se suffit à elle-même, — à preuve la divinité — ; tout au moins serait-elle quiddité quelconque, intention bombycinant dans l'espace, tandis que la matière telle quelle ne peut qu'être inerte, aveugle et sourde. Ce fut surtout dans les processus le moins compris, que les docteurs d'autrefois multiplièrent l'action des âmes humaines, exilées dans les éléments, en faune, en flore et en tous objets imaginables. On recourut à l'intervention des génies et des démons pour expliquer les phénomènes de la fermentation des pâtes, du jus de raisin, des fruits et des liqueurs. On nagea en pleine panpsychie.

Nous avons eu la curiosité d'interroger le dictionnaire sur les acceptions du mot « Esprit ». Littré énumère des polypsychies ou « esprits collectifs, esprit de parti, —

esprit de corps, — l'esprit d'une assemblée, — de la monarchie, — de la république. Esprit, la partie volatile des corps soumis à la distillation, ainsi l'esprit de vin. Liqueurs alcooliques ou spiritueux. Esprit volatil, nom que l'ancienne chimie donnait aux sous-carbonates d'ammoniaque provenant de la distillation des matières animales. »

La science d'autrefois enseignait que des esprits spéciaux donnent vertus à pomme et poire, au houblon et au raisin, à bière, cidre, poiré et eau-de-vie. Ce que nous appelons l'esprit de vin, le génie du Bourgogne, la gaîté du Champagne, les anciens le nommaient Bacchus ou Dionysos, Homa ou Soma.

*

Dans la campagne bavaroise, l'Evangile dit « des Quenouilles » institue que l'enfant de reins faibles, ou qui ne veut pas grandir, soit tenu au-dessus de la maie dans laquelle on fait lever le pain. L'esprit, qui s'agite dans la pâte, la fait s'étendre et augmenter en volume, passera dans le corps du garçon chétif, lui donnant vigueur et santé. Ce remède se trouve être mieux à la portée des pauvres paysannes que les bains de mer. Etant bien entendu, d'ailleurs, que pour les dites Quenouilles, bains salés ou pilules opèrent par l'intermédiaire des génies et farfadets y enclos.

En ce même pays de Haute-Bavière, quand meurt un père de famille, un paysan aimé de tous, et par ses égaux honoré, ses compagnons demandent que la pâte du gâteau des funérailles soit mise à lever sur le corps, promptement, avant que le bon chrétien ne soit refroidi. Une part du gâteau sera envoyée à tous ceux qui auront suivi le convoi. — Ils se partageront l'âme du mort ? — Mieux que cela, ils l'absorberont tout entière. Car l'âme, une et indivisible, se multiplie indéfiniment. « Un peu de levain fait lever toute la pâte », dit l'Evangile, Cette pratique veut imiter le sacrement de l'Eucharistie, rappelle Jésus se léguant aux apôtres : « Prenez, ceci est mon corps ! » — Prenez, dit au frères et aux amis le campagnard bavarois, ceci est mon âme !

La Pâque, triste et douloureux adieu, fut suivie par le repas d'Emmaüs, que nous contèrent saint Luc et Rembrandt. Jésus ressuscita. Les disciples le prirent pour un voyageur allant par le chemin. On entra dans une guinguette, on devisa. Emus par la douceur des paroles, la profondeur des sentiments, une flamme inconnue leur réchauffait le cœur, et tout d'un coup il regardèrent et reconnurent leur ami à l'éclat des yeux ! — Eux aussi, les pauvres paysans illettrés du Wurm et du Chiem See ont une vague notion que les pèlerins sur cette terre se rejoindront au Paradis. — « Au revoir, frère et ami ! » pensent-ils en avalant chacun sa bouchée de gâteau. « Au revoir, brave Casperl ! On boira encore la chope à l'auberge d'Emmaüs ! Nous inviterons saint Pierre. »

*

Les sauvages attribuent à tous les objets, même à ceux que les civilisés qualifient d'inanimés, une âme qui dort ou se recueille tant qu'il n'y a pas mouvement. Cette panpsychie leur explique tous faits ou accidents dont ils ignorent la raison prochaine. Les Esprits rendent compte de tout, suppriment les difficultés, toute incitation à la recherche. Tous et chacun pourraient dire : Je suis celui qui suis ! En tant que polypsychie, ou collectivité d'Esprits, les inexplicables divinités expliquent tout. Etant miracle, elles opèrent miracle, et pour parler nègre, « elles sont fétiche et font fétiche. »

Mille fois des vapeurs européens ont longé les côtes d'Afrique, abordé les ports. Ces immenses constructions en bois, en fer doublé de cuivre, à roues, à hélices, stupéfiaient les moricauds. Cent mille de ces nègres y montèrent comme passagers, porteurs et déchargeurs, les examinèrent en leurs coins et recoins. Ils opinaient : « Bateau de fer, bateau fétiche. Si bon nègre jette un morceau de fer à l'eau, le fer enfonce. Mais il nage, le grand bateau en fer de l'Anglais ; il crie, il siffle, il vomit nuages de noire fumée. Il a des bras en fer gros comme des arbres ; les bras rament le jour rament la nuit, avec la force de mille rameurs ; ils rament mille lieues et ne sont pas fatigués... »

Un griot écoutait, mi-prêtre, mi-baladin :

— Tu parles bien, Ou Ouachi ! Chez les Anglais, le Faiseur de Pluie a fait fétiche. Il a dit des mots, appelé des noms, fait venir des morts, des revenants. Des grisgris sont entrés dans le fer qui flotte ; des Djou-Djous rament la nuit, rament le jour, jamais ne disent assez ! Mais vienne un Egbo, un grand Egbo, qu'il vienne en nuit de Grande-Lune, qu'il dise le mot que le Blanc ne sait pas. Quand il dira le mot, fer qui flotte et fer qui rame, ça coulera bas, ça fera plouf plouf !

Et dans la négrerie tous les nègres rient d'un long rire sonore.

Les Oua Nika du missionnaire Krapf attribuent à tout cocotier un « Shatani Mougœ », lequel bon Satan fait pousser et fructifier l'arbre. S'il s'en va, le cocotier languit et meurt. Les étangs et les fontaines n'ont d'eau que si leur démon veut bien ne pas aller ailleurs.

Les Peaux-Rouges ont un manitou qui explique tout ce qui dépasse leur science, Les Dacotas ont semblables Oua Kan ; leur Tonnerre est Oua Kingam, ou « la Voix de l'Incompréhensible ».

Les Insulaires des Palaouan questionnaient Semper sur la provenance du *Kalit* qui faisait tic-tac dans sa montre. La voyageuse Carla Serena fit fuir les Mingréliens, en leur ouvrant le boîtier de son chronomètre ; elle n'avait pas voulu leur faire peur, mais seulement montrer la « petite bête qui était dedans ».

« Quand on a brisé une montre, où est allé le mouvement ? » demandait Stendhal, l'auteur de *Rouge et Noir*.

— Hé bien ! eussent répondu les Tongouses, « le Chéïtane qui faisait tourner les aiguilles est parti pour dans le pays des Chéïtanes ».

Combien souvent de braves sauvages prirent une lunette d'approche pour une bête de l'autre monde, une bête avec des yeux énormes !

Quand hache ou couteau perdait le fil, un Fidjien pensait que son âme était devenue paresseuse. Qu'une scie cassât, l'âme était rentrée chez les dieux. Tels se figuraient que des esprits logeaient dans le museau d'un chien, et d'autres en sa queue. Ils eussent cru facilement que de nobles esprits animaient la lyre, les cordes et le musicien. Ne nous a-t-on pas dit que l'âme de Stradivarius hante ses violons ! Les modes musicaux, les airs et les mouvements de danse, la pyrrhique, la cordace, — autant de génies.

*

Les peuples barbares ne sont pas les seuls à entretenir les doctrines du spiritisme.

Du bâton d'encre qu'il prenait en main, un empereur chinois vit sortir de petits prêtres taoïstes. Ils se prosternèrent, le saluèrent selon les règles : « Gracieuse Majesté, que votre vie soit éternelle ! L'arbre du Pin Noir nous envoie pour vous servir. Douze compagnons sont comme nous mis à la disposition des littérateurs doués de votre mérite ».

Le talmudiste Raba s'exprimait ainsi : « Des démons procède l'usure des vêtements que porte un docteur de la Loi. D'eux encore proviennent les genoux tremblants, les poitrines alanguies, l'énervement de la foule qui attend le fiancé et la fiancée. »

« Maudit soit le Satan ! » s'écrie l'Islamite dont le cheval se déferre ou fait un mauvais pas.

Des docteurs catholiques assurent qu'une ribambelle de diables se logea dans les manuscrits du notaire Photius, dont les violents démêlés avec le Pape Nicolas I envenimèrent la haine entre l'Eglise catholique et sa sœur l'Eglise orthodoxe.

Négligeons pour le moment les scélératesses et les perfidies du Prince des Enfers. — Thomas d'Aquin nous dira ses perfidies suffisamment. Voyons plutôt les petits côtés de la question. Le docteur Martin Luther, qui passe pour un réformateur, Luther enseigne, en ses *Sermons* comme en ses *Propos de Table,* « qu'il n'est brin de matière où démon ne soit logé... Il n'y a pourriture sans diablotins ou farfadets... On ne se noie, on ne tombe d'une échelle, on ne meurt de peste, on n'est pris du haut mal, sans que le diable n'y ait mis la main... » Et encore : « L'abominable Satanas m'approche de plus près que ne pourrait Catherine, mon honnête femme. »

Le Diable, rapportent les Bollandistes, le Diable avait cassé les roues d'un chariot chargé de matériaux pour Citeaux. On appela saint Bernard, qui tança le Diable et le ficha dans l'essieu : « Tant pis pour toi ! Roule maintenant ! »

En son livre *Sur les Ruses et les Embûches des Démons,* le célèbre abbé Richeaume raconte qu'il ne pouvait s'enfoncer dans son fauteuil avec un livre dévotieux, sans que le Diable ne lui insufflât l'envie de dormir. Des diablotins, sous forme de puces, détournaient son attention des choses saintes. Disait-il la messe ? Survenaient trente-six Bobelins et Gobelins. Il chantait faux. Une quinte de toux le prenait à la gorge. Il avait mangé du bon, et bu du meilleur, quand survenait « Gueule de Bois ». Les malices sataniques faisaient gémir le pauvre homme.

Les Khasis de l'Inde en diraient autant; les bons Tchèques ne parleraient pas autrement : ils attribuent aux cinq cent mille diables la bave des chiens enragés et les sucs des mauvais champignons. Les Mexicains aussi attribuent à des esprits quelconques tous bruits insolites, les formes vagues qui remuent dans les joncs, émergent de l'étang ou qui, au clair de lune, obscurément entrevues, disparaissent dans les ombres de la nuit. A Puebla, dans une auberge, un voyageur voit les enfants accourir épouvantés : « Madrecita, ça bouge ! Au fond du jardin, quelque chose de blanc ! » — « Du blanc ? Peuh ! Quelque fantôme ! »

Un avocat plaide la défense : « Mais réfléchissez donc ! Nul témoin n'a distingué les traits de l'assaillant... Quand je vous disais que c'est un *duende !*

On prétend que la chose était dite sans ironie.

*

Il n'y a pas que sauvages ignorants ou théologiens pour affirmer que les Esprits s'immiscent en nos affaires.

M. Jobard, — c'était un physicien et un ingénieur de mérite, dont Bruxelles a gardé un honorable souvenir, — M. Jobard écrivait, il y a peut-être une trentaine d'années :

« Ne croyez pas que les Esprits soient étrangers aux phénomènes météoriques et psychiques. Ce sont eux qui répandent ces terreurs paniques, lesquelles mettent des armées en déroute, eux qui sèment le choléra, la suette et la peste sur leur passage. Les savants ne savent pas que ce qu'ils appellent miasmes, typhus, épidémies, sont inventions d'Esprits barbares, sous la conduite de quelque Attila fluidique...

Feraient chorus mille sages de l'ancien temps, philosophes et naturalistes : — Vos bacilles et autres organismes minuscules n'existent que depuis l'invention du microscope. A dire vrai, nos démons, démonules et autre malengeance ne différaient guère de vos ferments, spores infectieux, etc., etc... Vous avez vu et démontré ce que nous pressentions.

Toutes nos félicitations, chers confrères !

Nous concluons : Du Démonisme, conception grossière et barbare s'il en fût, sortit l'idée du Spiritisme. Le Spiritisme à son tour se développa en Spiritualisme.

XVII

PANPSYCHIE ET PANTHÉISME

SOMMAIRE

Les morts sont si nombreux que fatalement ils sont voués à l'oubli, sauf rares exceptions. — Mais l'idée d'anéantissement est insupportable à l'instinct de conservation qui est en nous. Cet instinct proteste si haut, que les religions se sont constituées pour lui donner satisfaction. Parmi les religions, celles-là eurent le plus de succès qui affirmèrent le dogme de la persistance après la mort avec le plus d'autorité et de plausibilité. — Sans doute on pressentait la possibilité, même la probabilité d'une durée inconsciente. On eût voulu mieux. Pourtant l'idée que le corps retourne à la Terre et l'esprit au Grand Esprit était si plausible, qu'elle fut formulée de toutes parts, notamment dans l'Ancien Testament. — La distinction entre l'Esprit et la Matière fut le résultat de longues méditations. On ne trouva les noms collectifs qu'après s'être fatigué à énumérer les individuels. Indigence des langues barbares en termes abstraits. — Quand les dialecticiens eurent trouvé le mécanisme logique, il furent si fiers d'avoir conquis l'Abstraction, qu'ils crurent avoir trouvé le secret de l'Univers. Saint Anselme et Hegel confondirent la logique avec la science suprême. Les Réalistes et les Nominalistes. — Peut-être l'idée de « la démonaille » se généralisa-t-elle en celle de l'Esprit. Les Elohim et Yahvé. — Le premier dualisme n'est pas celui du Bien et du Mal, mais celui de l'Esprit et de la Matière, que l'on se représentait comme l'opposition des sexes qui se complètent plutôt qu'ils ne se combattent. C'est ainsi qu'on imagina la fécondation de la Matière par l'Esprit.

Les morts, combien vite on les oublie ! La figure de ceux avec lesquels on avait frayé autrefois, avec lesquels on avait conversé intimement, elle pâlit de jour en jour, les traits s'effacent peu à peu. Et cependant, on ne voudrait pas la perdre, cette figure ; de temps en temps on essuie la poussière, on lave la toile du portrait. Les grands-pères et les grand'mères se meuvent encore distinctivement dans notre souvenir ; et parce qu'ils avaient été mêlés à notre enfance, leur mémoire vivra autant que nous. Et après ! Quoi de nos aïeux ? Pour ce que nous en savons, ils pourraient être contemporains des Pharamond et des Mérovée. Nous autres Occidentaux, si nous sortons du peuple et n'avons pas de famille mentionnée dans les annales de la patrie, que savons-nous de notre origine ? — Un ancêtre quelconque passe pour être venu de telle ou telle province, ou de quelque pays étranger. On nous a raconté sur son compte une aventure plus ou moins authentique ; nous la transmettrons peut-être à nos propres enfants, mais en nous défendant d'y croire.

Et pourtant, de ces oubliés nous sommes la chair et le sang, les rejetons physiques, intellectuels et moraux. S'ils n'eussent pas existé, nous n'existerions pas nous-mêmes, et s'ils eussent été autres qu'ils furent, nous serions autres que nous ne sommes, — moins bien, aimons-nous à croire. Que le proverbe avait donc raison, d'appeler le Temps un mangeur d'hommes !

Toutefois, à bien y réfléchir, que peut-on faire des vieux morts, sinon les oublier ? — Notre mémoire et notre intelligence ne se forment une idée distincte que d'un nombre d'individus restreint. Les mieux doués en ont quelques milliers dans la tête, les bien doués quelques centaines, les mal doués plusieurs douzaines. Dans la multitude des contemporains et des personnages qui ont marqué ici ou là, il faut effectuer un choix, meubler aussi rationnellement que faire se pourra les cases disponibles dans notre cervelle. Avec les facilités croissantes des communications de ville à ville, de pays à pays, augmente le nombre d'individus avec lesquels nous entrons en contact direct ; avec les progrès de l'histoire foisonnent les illustres ou intéressantes personnalités qui sollicitent l'honneur de nous être présentées et d'attirer un instant notre bienveillante attention. L'antichambre de notre cerveau grouille de grands hommes, poètes, philosophes, héros et héroïnes. Des dieux, même des déesses, nous ont fait passer leur nom, et il nous faut répondre : « Désolés de ne pouvoir vous recevoir aujourd'hui ni demain. Pourtant nous eussions aimé à faire votre connaissance. Si vous vouliez bien repasser ? »

Des morts, il n'y a donc qu'une partie minime, infiniment petite qui pourra prétendre au privilège de ne point être oubliée. Quand les bourdons humains auront suffisamment bourdonné, quand les mouches de notre espèce auront volé et vire-volé, force leur sera de retomber dans l'oubli, dans le néant, gouffre noir et sans fond.

N'être plus... même dans le souvenir ! Cette parole est dure à entendre, si dure que la multitude n'a jamais voulu l'écouter, ne l'entend qu'avec répugnance. Les religions, dont l'histoire fait le sujet de nos études, les religions fonctionnent pour affirmer avec pompe et solennité que l'être conscient persiste après la mort. Parmi les religions, celles qui firent les promesses les plus nettes et positives, eurent le plus de succès ; on les accueillit d'autant plus favorablement qu'elles affirmaient le dogme avec plus d'autorité.

*

Qu'une vie inconsciente, rien qu'inconsciente, puisse et doive persister après le trépas, que nos éléments se perpétuent en d'autres combinaisons, la chose fut rarement discutée. En effet, l'affirmation était trop modeste pour soulever de grands espoirs ou de violentes contradictions. Sans colère, mais aussi sans grande sympathie, on entendait exposer la théorie qui n'a jamais manqué d'adhérents : — N'étant pas sortis de rien, nous ne reviendrons pas à rien. La matière de notre corps entrera en d'autres corps. En même temps nos esprits, étincelles du Grand-Esprit, retourneront au foyer des mondes, puis iront vivifier quelque autre argile. L'Esprit et la Matière, liés l'un à l'autre, jouissent d'une éternité consubstantielle.

Mais on eût voulu mieux. — Tout ou rien ! disaient ceux qui se croyaient dignes des Paradis. Quel prix la simple persistance, la persistance inconsciente, pouvait-elle avoir pour ceux qui réclament l'éternité consciente ! Ils remontrent, — et très justement, — qu'autre chose est la vie, autre chose la durée, et que la continuité du Moi ne peut pas se confondre avec l'indestructibilité d'atomes qui passent d'une combinaison à l'autre.

Ceux qui reconnaissent n'avoir en aucune façon mérité les béatitudes éternelles, répondent modestement que la durée, après tout, n'est pas chose à tant dédaigner, et qu'ils n'en font pas fi puisque, grâce à elle, on échappe à la destruction totale qui répugne à l'âme autant que le vide à la Nature. Faute de mieux, ils rentreront dans la circulation générale, vivront par fragments, puisqu'ils n'osent espérer la continuité du Moi. Tout au moins, comptent-ils renaître en un milieu humain ; ils aiment à penser que notre molécule se maintiendra dans l'espèce privilégiée. En tout cas, pensent-ils, ce qui fut chair ne cessera jamais de sentir et ce qui fut intelligence ne cessera pas de penser.

Telle est d'ailleurs la doctrine qu'enseigne l'Ancien Testament, au moins dans les *Psaumes* et dans l'*Ecclésiaste*, où il est affirmé à plusieurs reprises que « la chair retourne à la poussière, et l'esprit à Dieu qui l'a donné. La doctrine grecque dont nous parlions l'autre fois, *Mens agitat molem*, ou « l'esprit travaille la matière », n'est pas contredite mais fortement corroborée par Salomon, le sage roi d'Orient, quand il dit que la vie est l'haleine que Dieu souffle dans l'argile. Cette argile pourra entrer en mainte chair nouvelle, et recevoir à plusieurs reprises l'insufflation de ce Yahvé, qui arrive, tantôt en flamme de feu, et tantôt en vent frais et subtil.

*

Maints non civilisés pressentent les idées de Matière et d'Esprit, mais leur vocabulaire philosophique n'est pas encore assez développé pour en posséder les mots. Il savent fort bien, à leur manière s'entend, que rien ne se perd n'ignorant pas que les palmes renaissent en d'autres palmiers, et les dattes en nouveaux dattiers. Que de fois sous les chaudes latitudes, les riverains de la mer n'ont-ils pas vu les efflorescences salines couvrir comme d'une croûte blanche les sables du rivage ! — Au flux le sel était dissous et emporté, il disparaissait, mais au reflux suivant il renaissait dans les criques. Tout nègres ou négrites qu'ils étaient, comment n'auraient-ils pas compris que le sel de l'eau marine est prompt à se former, prompt à se dissoudre, prompt à se reformer. Que l'eau salée fait le sel, et le sel l'eau salée! Eux-mêmes, ou leurs voisins, n'incendiaient-ils pas les pâturages, afin de hâter et de fortifier l'éclosion des herbes nouvelles ? Aux gymnosophistes tatoués, aux métaphysiciens nus, il n'avait pas fallu un extraordinaire effort de génie pour découvrir que la mort décompose les organismes en leurs éléments premiers, qui rentrent tout aussitôt en des combinaisons nouvelles. L'adage que la mort se repaît de la vie et la vie de la mort, a été dit et redit sous mille formes différentes.

*

Aux logiciens et raisonneurs que nous sommes devenus, il semble qu'on eût dû passer sans longues hésitations de l'idée des fantômes et revenants à celle d'esprits plus ou moins puissants ; puis à un Dieu suprême. Mais des siècles pouvaient s'écouler sans qu'on formulât cette conclusion. De fait, les sauvages et les primitifs se sont attardés aux premiers termes du raisonnement que nos civilisés tiennent pour élémentaire.

Vous n'ignorez pas que les langues barbares, et mêmenos patois, se montrent d'une singulière indigence à l'endroit des termes abstraits et collectifs. Tel idiome, — supposons qu'il appartienne à des Toupis, — distinguera cinq cents espèces de palmiers, mais ne possédera aucun terme pour désigner la famille des palmiers, ne saura pas même comment exprimer la notion d'arbre ou de végétal. Ce ne fut pas une fois, ni dix seulement, qu'au voyageur bienveillant qui se mettait en peine d'instruire l'enfant de la nature, et lui vantait la commodité des termes botaniques et l'importance des familles végétales, un sauvage intelligent répondit comme suit, ou à peu près :

« Rien de ce qui pousse dans la forêt ne nous est inconnu. Mais jamais personne de notre tribu, ni des tribus voisines, n'a vu le tronc, les branches et les feuilles que tu dis. Jamais nous n'avons rencontré ce que tu appelles un arbre, lequel arbre n'est aucun arbre, mais tous les arbres ensemble. S'il s'en trouve en notre pays, tu le montreras, et sitôt que nous l'aurons vu, nous lui trouverons un nom. En attendant, pourquoi veux-tu que nous embarrassions notre parler de paroles dépourvues de sens, et comprises seulement par les hommes d'outremer ? Nous autres, nous avons des mots pour tout ce qui existe. Cela nous suffit. Peu nous chaut de ce qui n'existe pas.

Par contre, les métaphysiciens, et notamment ceux de la

Scolastique, estimèrent que les jugements abstraits contenaient la quintessence des faits, la synthèse des phénomènes, révélaient le principe des choses et le motif de leur existence. Les lois qu'ils formulaient, ils les prétendaient inspirées par la raison éternelle et la sagesse infinie ; ils disaient qu'elles existaient par elles-mêmes, étaient antérieures à la création ou à la naissance de l'Univers. Les idées abstraites, pensèrent-ils, sont les idées divines, et d'autant mieux divines qu'elles sont plus abstraites. Les concevoir, c'est entrer dans le Plan de Dieu, c'est se rendre maître de la Sagesse universelle ; les formuler, c'est faire œuvre équivalente à celle du Créateur des mondes, savoir tout ce que l'homme peut savoir, et même maintes choses au delà — et ce sont ces dernières qui sont le plus curieuses, évidemment.

Et poursuivant cette pointe, les docteurs chrétiens du moyen âge prétendirent que la divinité étant l'essence première, la Vie au maximum d'intensité, les idées étaient d'autant plus vivantes, d'autant plus riches, qu'elles étaient plus abstraites. La conclusion faisait honneur à ces curieux équilibristes, qui s'évertuaient à faire tenir le monde sur la pointe d'une aiguille, et croyaient à n'en point douter que « la folie de la croix » est la quintessence de toute sagesse. Ces théologiens biscornus baptisèrent « réalistes » ceux qui tenaient leurs formules scolastiques pour les réalités suprêmes, précisément parce qu'elles n'étaient pas matérialisées en fait. Aussi prétendaient-ils que les choses qui existent matériellement, sont moins réelles et vraies que celles qui existent en Dieu, en esprit, par l'esprit et pas autrement. Ces chevaliers de l'Ordre du Saint-Esprit, ces paladins de l'Idée quintessentielle, comme ils le prenaient de haut avec leurs adversaires, les impurs et grossiers « nominalistes ». — Ces myopes de Nominalistes, ces esprits bornés, ne s'obstinaient-ils pas à prétendre que les noms sont des mots, rien que des mots, d'où leur sobriquet, — à soutenir que les raisonnements n'existent point par eux-mêmes ? — L'affirmation était dangereuse ; car, à la prouver, on risquait fort de se heurter à la doctrine du Logos, ou Logique Incarnée, et par contre-coup à nier le dogme de la Présence Réelle. Prenant pour point de départ l'affirmation que les Universaux sont la forme que revêt la pensée divine, les Réalistes — des Fantasmagoristes, dirions-nous aujourd'hui — les Réalistes, ainsi nommés, s'efforçaient dans les discussions à pousser leur adversaires sur le terrain glissant des hérésies.

Eux-mêmes se disaient les orthodoxes de la pure orthodoxie, prétendaient s'appuyer sur l'autorité, à la fois des plus grands docteurs de l'Eglise, et d'Aristote et de Platon, les plus fameux génies de l'antiquité.

L'un et l'autre généralisaient trop facilement, Platon surtout, et les Stoïciens n'avaient pas manqué de le leur reprocher. On eût pu croire que les docteurs chrétiens s'attacheraient plutôt au plus idéaliste des idéalistes ; — mais ce fut à Aristote qu'ils accordèrent leurs préférences, — parce que le Stagyrite avait légiféré sur la logique, les catégories et les entéléchies. Et ce fut au nom d'Aristote, un des plus grands observateurs qui aient jamais existé, que l'observation fut proscrite.

En ceci, les dogmatistes qui avaient accaparé le gouvernement des intelligences faisaient acte prudent ; un instinct très sûr les avertissait que, si on laissait faire l'observation, elle ne manquerait pas de s'insurger contre la Révélation dont ils se disaient les détenteurs. Ils se géraient en docteurs de la loi, en dispensateurs du droit canon, en maîtres de la Vérité éternelle. Ils discutaient, argumentaient, comprouvaient, décrétaient leurs arrêts, sans trouver d'autre contradiction que celle qu'eux-mêmes soulevèrent contre eux-mêmes, quand il leur plut se scinder en Thomistes orthodoxes et en Scotistes non moins orthodoxes.

Après les docteurs de l'Eglise, les professeurs laïques à leur tour s'enivrèrent avec délices à la coupe de l'infaillibilité. Il n'y eut pas qu'Anselme de Canterbury et les fortes têtes de la théologie, il y eut aussi Hegel, et d'autres cabocères de la métaphysique, pour couronner leur chef des lauriers de la Toute Science, pour manier le sceptre de la transcendance et du syllogisme. La logique trouva son apogée dans les leçons du philosophe de Berlin sur la philosophie de la nature et la philosophie de l'histoire ; après lesquelles et par lesquelles, l'âme, la société, la divinité furent définitivement constituées. En effet, avant la découverte de l'Idée Pure, le Créateur des Mondes n'avait pas encore réussi à prendre pleine connaissance de lui-même. Depuis, il sait parfaitement qu'il existe, et même il se comprend assez.

Heureusement que tout à côté, de simples expérimentateurs et calculateurs, élevés à l'école du bon sens, travaillaient avec le compas et le scalpel, le microscope et le télescope, la balance et les réactifs. S'interdisant les discussions en l'air, ne raisonnant que sur les faits et les expériences, ils fondèrent la science moderne. Ce n'est pas à dire que notre généralisation distingue imperturbablement les erreurs de la vérité, qu'elle ne confonde des généralisations hâtives avec des faits démontrés, ne prenne des hypothèses pour des lois, ne soit la dupe d'erreurs parfois monstrueuses, mais présentées sous des apparences scientifiques. (Nous pensons en ce moment aux lois dites d'airain, décrétées par l'Economique officielle pour consacrer l'injustice sociale et l'exploitation de l'homme par l'homme.)

*

Le passage de l'idée concrète à l'idée abstraite n'est donc

pas si facile qu'il paraissait au premier abord. Il se peut que la plus grande différence entre l'intelligence des hommes et celle des animaux, consiste en ceci : l'animal ne dépasse pas l'idée concrète. Il s'ensuivrait que notre espèce s'attarda dans la phase animale, ou enfantine, tant qu'elle se montra incapable de porter des jugements abstraits, lesquels, à y regarder de près, sont obtenus au moyen d'une sorte d'algèbre.

Nous disions que la distinction rigoureuse entre l'Esprit et la Matière présuppose un travail intellectuel assez avancé, un tassement d'idées et une condensation de faits qui n'ont pas été à la disposition immédiate de tous les peuples. Quand l'intelligence a trouvé la solution d'un problème, elle le démontre à son aise, en procédant du simple au composé ; mais tant qu'elle est à la chercher, cette difficultueuse solution, force lui est d'errer dans l'obscurité, d'essayer de toutes les réponses, en commençant par les plus absurdes. Avant de se débrouiller dans la métaphysique des substances, il fallut aux générations ignorantes se débattre en de pénibles tâtonnements, errer en des labyrinthes non moins obscurs que ceux dans lesquels il avait fallu errer, alors qu'on cherchait à distinguer l'Esprit de la Matière. On usa force dieux avant de pressentir la divinité.

Peut-être la multitude des revenants se groupa-t-elle en collectivités démoniques, desquelles émergèrent peu à peu des personnalités divines, plus ou moins caractérisées.

L'intelligence du problème nous est facilitée, pensons-nous, par une particularité grammaticale familière aux lycéens : les pluriels neutres du grec et du latin peuvent avoir leur verbe au singulier. Exemple : la fameuse formule par laquelle Héraclite, dit l'Obscur, résumait sa doctrine : « *Panta rhei* » (1), formule vaguement hindoue, semblerait-

1. Toute chose, ça coule.

il. — « Rien ne dure ! prêchait le Bouddha, sa vie durant, Rien ne dure ! dit-il encore, et expira ».

Constatons à ce propos que la conversion au monothéisme des Israélites polythéistes est indiquée dans les Livres Sacrés des juifs et des chrétiens par l'emploi simultané de la double expression Elohim ou les Dieux et Yahvé, le Dieu. Les multiples Elohim se fondirent en Yahvé, l'Unique. Les Elohim entreprenaient quelque chose, Yahvé la terminait. Les Elohim apostrophaient quelqu'un, il répondait à Yahvé. Là aussi, le verbe dont les Elohim sont le sujet est mis au singulier. Ainsi, les Elohim « il dit », et Yahvé, « il fit ». Les Elohim « il se leva », et Yahvé, « il marcha ». Autant qu'on en peut juger, le Seigneur Adonaï entra comme simple associé dans la maison Elohim et Cie. Ses affaires prospérant, il se retourna contre ses partenaires, élimina les premiers, éjecta violemment les derniers, resta seul maître sous le nom de Yahvé. De même Odhin rejeta dans l'ombre ses frères Vili et Vé, puis, ses compagnons, les Ases. Les républiques italiennes se laissaient absorber par leurs podestats. A Venise, au temps des doges et du Conseil des Dix, maint pêcheur du Lido laissa tomber sans doute une phrase comme celle-ci : les Dix, il a jugé bon, et le Doge, il a ordonné. C'est l'habitude aux dictateurs et stathouders de passer souverains en serrant les rênes des administrations que la République ou la Confédération leur avait confiées. La tradition constante a été pour les Présidents d'accaparer les pouvoirs royaux au nom de l'intérêt public, et aux Empereurs de saisir le sceptre au nom du peuple, duquel ils se prétendaient les délégués.

*

La tête qui raisonne étant lente à se clarifier, disions-nous, les notions de l'Esprit, comme agrégat des âmes, et de la Matière, agrégat des corps, prirent longtemps à se formuler. On ne les énonça avec quelque netteté qu'après d'innombrables rêvasseries ; il fallut force méditations embrouillées et discussions inutiles — ainsi des malheureux vaguant dans les broussailles, tâtonnant par une nuit obscure — avant qu'on ne parvînt à se débrouiller dans la fantasmagorie des fantômes, avant d'y démêler l'action récurrente d'esprits spéciaux, d'esprits élémentaires, d'éléments proprement dits. Sans doute, les fortes intelligences pensèrent que les cadavres, en se décomposant, pénétraient la terre de leur substance, la douaient de propriétés nouvelles, la préparaient à la vie, la façonnaient en matière plastique, idoine aux assimilations successives. On avait observé comment les poussières et molécules, après avoir été mélangées et fortement remuées en un liquide, ne manquaient pas de s'y étager suivant leurs densités respectives. Par analogie, on se figura que, dans le Tartare, les âmes étaient emportées par la tempête, balayées par des vents furieux, roulées de remous en remous. Mises en contact, elles se groupaient suivant leurs affinités et ressemblances, se distribuaient suivant leurs qualités et leurs énergies.

*

Aristote, le représentant par excellence de la science grecque, considérait la Terre et l'Eau, l'Air et le Feu, comme étant les éléments qui entraient dans la composition de tous objets animés ou inanimés. Il admettait l'existence de quatre corps simples, tandis que nos modernes en reconnaissent une soixantaine. La proportion suivant laquelle ces éléments entraient dans l'organisme humain, expliquait la différence des tempéraments, que les anciens distinguaient tantôt en froids ou chauds, en secs ou humides, tantôt en bilieux ou sanguins, en lymphatiques ou mélancoliques. Antérieurement à nos chimistes qui affirment que l'hydrogène, le plus léger des corps, doit être considéré comme le radical des autres, Héraclite, puis les Stoïciens supposaient que les quatre éléments provenaient d'une substance unique, le feu, disaient-ils ; mais Thalès croyait que ce fut le liquide. Certains avançaient que la terre et les roches se liquéfiaient en eau, laquelle se vaporisait en nuages et vents, pendant que l'air se raréfiait en éther. Et combien sont nombreux les penseurs, tant illustres qu'ignorés, et même ignorants, qui réinventèrent, chacun à sa façon, la théorie qu'exposait déjà la Taittirya Oupanischad :

« De l'Athman, où l'âme universelle, naquit l'éther. De l'éther, l'air. De l'air, le feu. Du feu, les eaux. Des eaux, la terre. De la terre, la plante. De la plante, la nourriture. De la nourriture, la semence. Et de la semence, l'homme ; car l'homme provient du suc de la nourriture. »

Les anciens ignoraient notre matière radiante ; maix eux aussi considéraient l'éther comme étant l'élément incorruptible, lequel aurait constitué le ciel et les étoiles. Ils étaient loin de se douter que cette matière impondérable fût capable d'entrer en vibrations, les vibrations se propageant en ondes lumineuses dans l'espace.

*

Autrefois comme aujourd'hui, les théories monistes étaient rares et clairsemées, tandis que les systèmes dualistes abondaient. Le plus fréquent n'était point celui de l'opposition du Bien et du Mal, comprise comme irréconciliable, mais celui du principe mâle et du principe femelle, envisagés comme se complétant l'un l'autre. Le principe femelle était représenté par la Terre, la Mère universelle, que fécondaient incessamment le Grand Esprit et les esprits secondaires. Paracelse, célèbre adepte de cette théorie, donnait aux Esprits des Eléments les noms de Sylphes et Salamandres,

Gnomes, Ondins et Ondines, selon qu'ils se mouvaient dans l'air ou le feu, la terre et l'eau.

Les conceptions grotesques et les fantastiques abondent dans les cosmogonies primitives. Les plus enfantines racontent que le monde a été fait de rien ou de presque rien ; quelques unes attribuent au monde l'éternité et le font évoluer à perpétuité. Avec ces dernières, il n'y a rien qui ne s'arrange, au moins en théorie, dans l'infini des temps. — Si vous en doutez, allez-y voir ! — La Terre, pensait-on, possède le pouvoir de se régénérer sans cesse et de se reproduire éternellement. Elle se dépense, mais se reconstitue, à l'instar de la mer faisant les fleuves et des fleuves faisant la mer. Elle enfante des fils qui, après l'avoir fécondée, seront par elle résorbés, puis régénérés dans ses entrailles, mûris pour une éclosion nouvelle. Après avoir émané les vies individuelles, elle les résorbe pour les faire éclore à nouveau. Si la Matière ne demanda qu'à être imprégnée par l'Esprit, de son côté l'Esprit soupira après son éternelle amante. Les âmes dégagées de leur enveloppe matérielle ne demandent qu'à la reprendre ; les âmes errantes dans les sombres espaces de l'Hadès se consument en regrets et désirs, regrettent le manteau de chair, de chair veinée de sang, maillée de nerfs, sous lequel elles baignaient en un sang voluptueusement tiède ; elles ont la mélancolie de cette argile idéale que caressait l'heureux soleil, lui mettant de sa chaleur au cœur, et de sa lumière aux yeux. — Car il n'y avait rien de mécanique dans ce processus indéfini ; ces éternels recommencements étaient ceux de la vie et du sentiment. La Matière avait juste assez de sensibilité pour sentir son néant en dehors de l'Esprit, pour désirer son approche et solliciter ses embrassements. De son côté, l'Esprit n'était pas tellement éternel, tellement au-dessus de l'espace et du temps, qu'il n'eût délice à s'unir avec la Matière. En devenant poussière, le corps restituait à l'air ou l'éther leurs précieuses molécules ; la terre glaise était retrempée, malaxée, pétrie pour une configuration nouvelle, tandis que l'âme, envolée dans l'atmosphère, se baignait dans la rosée tombant des étoiles et dans les rayons venus des astres lointains.

Cette théorie, professée par les Stoïciens de la belle époque, pensait marier la théorie de l'Evolution avec le système des éternels recommencements. On aimait à croire qu'à chaque existence, la matière devenait plus apte à l'esprit et l'esprit plus apte à la matière, que les individus se perfectionnaient, et les races aussi.

Donc, la terre des antiques cosmogonies était dite la mère de tous vivants passés, présents et futurs, et en même temps la conjointe de tous les dieux. — « Fils et époux de sa mère, » tel est le titre constant, quasiment officiel, que l'Egypte donnait aux grands personnages de son Panthéon.

Les modernes désapprouvent cette phraséologie. Déjà les premiers apologètes et controversistes chrétiens avaient conspué les dieux et déesses de l'Olympe, flétri leurs incestes et perpétuels débordements ; il semblait que la religion nouvelle eût inventé la décence et la moralité — et de fait, nos historiens officiels n'ont pas cessé de broder agréablement sur ce thème. En réalité, les prêtres de Memphis, les mages de Babylone, les sacerdotes de Ninive ne parlaient pas un langage très différent de celui qu'emploient nos savants et praticiens d'aujourd'hui, lesquels ne réprouvent point les multiples unions de l'oxygène avec l'azote, le carbone et l'hydrogène, ne se voilent pas la face aux effervescences de l'acide carbonique, ne protestent point contre les embrasements soudains des gaz sur l'éponge de platine.

Et si les philosophes des temps jadis racontaient les premières manifestations de la vie et les activités naissantes de la matière, comme si elles fussent les amours des dieux.

c'est qu'en effet, il s'agissait alors de choses saintes ; et ils prenaient garde de n'en parler qu'avec le respect dû à des personnages sacrés et à des puissances augustes.

FIN

TABLE DES MATIÈRES

DESACIDIFIE à SABLE 1993

Imp. de la Librairie Giard et Brière, 16, rue Soufflot, Paris.

www.ingramcontent.com/pod-product-compliance
Ingram Content Group UK Ltd.
Pitfield, Milton Keynes, MK11 3LW, UK
UKHW020434200726
13857UKWH00002B/424